湖南省社科基金教育学专项重点课题（20ZDJ03）成果

# 乡村教师专业发展策略研究

Research on the Strategies of Rural Teachers' Professional Development

王华女　著

吉林大学出版社

·长春·

**图书在版编目（CIP）数据**

乡村教师专业发展策略研究 / 王华女著 . — 长春：
吉林大学出版社，2025.6. — ISBN 978-7-5768-4687
-4

Ⅰ . G451.2

中国国家版本馆 CIP 数据核字第 2025M7Y775 号

书　　名　乡村教师专业发展策略研究
　　　　　XIANGCUN JIAOSHI ZHUANYE FAZHAN CELÜE YANJIU

作　　者　王华女
策划编辑　李承章
责任编辑　白　羽
责任校对　赫　瑶
装帧设计　朗宁文化
出版发行　吉林大学出版社
社　　址　长春市人民大街 4059 号
邮政编码　130021
发行电话　0431-89580036/58
网　　址　http://www.jlup.com.cn
电子邮箱　jldxcbs@sina.com
印　　刷　湖南省众鑫印务有限公司
开　　本　710mm×1000mm　1/16
印　　张　16
字　　数　230 千字
版　　次　2025 年 6 月　第 1 版
印　　次　2025 年 6 月　第 1 次
书　　号　ISBN 978-7-5768-4687-4
定　　价　98.00 元

# 前　言

## 一、乡村教师专业发展现状与挑战

### （一）乡村教育现状及乡村教师角色定位

在深入探讨乡村教师专业发展的策略时，我们首先需要审视乡村教育的现实状况。乡村地区普遍面临着教育资源匮乏的困境，教学设施陈旧、教材更新滞后、图书资源有限等问题屡见不鲜。这种资源短缺的现状不仅制约了乡村教师教学水平的提升，也在一定程度上限制了乡村教师的专业成长。

乡村教师在乡村教育体系中扮演着多重角色。他们不仅承担着教书育人、立德树人的重任，还需要积极参与到学校的管理和运营中，同时还要参与社区活动，服务于乡村社会的发展。这种角色的复杂性使得乡村教师需要具备更加全面的素质和能力，以适应不同场合的需求。

乡村学生的家庭背景和学习基础千差万别，这也是乡村教师需要面对的一个重要挑战。为了满足不同学生的个性化需求，乡村教师需要具备因材施教的能力，根据每个学生的具体情况制订适合学生发展的课程计划和教学策略。这不仅要求乡村教师要具备扎实的专业知识，还要求他们具备丰富的教育经验和良好的教育智慧。

针对这些问题和挑战，我们需要从多个方面入手，推动乡村教师的专业发展。首先，政府和社会各界应该加大对乡村教育的投入力度，改善教育环境，提高教育资源配置效率。其次，应该建立完善的培训体系，为乡村教师提供持续的学习和成长机会。同时，还需要加强城乡教育资源的共享和交流，促进城乡教育的均衡发展。

综上所述，乡村教师专业发展的现状与面临的挑战是多方面的、复杂的。

只有通过深入剖析现状、明确挑战、制订有针对性的措施，才能推动乡村教师的专业发展，提升乡村教育的整体质量。

### （二）乡村教师专业发展需求分析

在当前乡村教育的推进中，乡村教师的专业发展状况及面临的挑战显得尤为重要。这些挑战既涉及乡村教师知识体系的更新，又涵盖了乡村教师教育教学技能的进阶，同时还关联到乡村教师职业发展的广阔空间。

随着教育改革的步伐不断加快，乡村教师面临着知识更新的迫切需求。他们必须紧跟时代步伐，不断汲取新的教育理念和教学方法，以适应快速变化的教育形势。这不仅需要他们关注最新的教育动态，更需要他们深入理解教育改革的精髓，将其融入自己的教育教学实践中。

技能提升是乡村教师专业发展的另一重要方面。课堂教学能力、班级管理能力和心理辅导能力等方面的提升，对于乡村教师而言至关重要。他们需要通过不断地学习和实践，提高自己的教育教学水平，以更好地服务学生，促进学生的全面发展。

职业发展需求也是乡村教师普遍关注的问题。他们渴望获得更多职业发展机会，如职称晋升、培训学习等，以提升职业地位，实现自我价值。建立健全的乡村教师职业发展机制，为他们提供更多的职业发展机会，是推进乡村教育发展的重要一环。

乡村教师的专业发展是一个复杂而紧迫的课题。我们需要从多个方面入手，为乡村教师提供全方位的支持和帮助，促进他们的专业发展，进而推动乡村教育的整体提升。这不仅是对乡村教师的关怀，更是对农村孩子的未来成长负责。

### （三）面临的主要困难与挑战

在深入探讨乡村教师专业发展现状与挑战的过程中，我们必须直面乡村教育所面临的三大核心难题。师资力量的薄弱成为制约乡村教育质量提升的关键因素。乡村地区往往难以吸引和留住高水平、专业化的教师团队，这不仅影响了教育教学的深度与广度，也限制了乡村学生接受优质教育的机会。因此，加强乡村师资队伍建设，提升教师整体素质和专业水平，成为推动乡村教育发展的紧迫任务。

培训资源的匮乏是制约乡村教师专业成长的重要障碍。由于缺乏充足的培训资源和渠道，乡村教师接受继续教育和专业学习的机会有限，难以跟上教育领域的最新发展动态和教学改革要求。这导致乡村教师的教育理念、教学方法和教学手段相对滞后，难以适应新时代教育发展的需要。

最后，政策支持的不足也是乡村教育面临的一大挑战。虽然国家已经出台了一系列支持乡村教育的政策，但在实际教学中，这些政策的落实往往存在不到位、支持力度不够等问题。这影响了乡村教师的积极性和工作热情，也制约了乡村教育的整体发展。

面对这些挑战，我们需要采取切实有效的对策措施。一方面，要加大对乡村教育的投入力度，提高乡村教师的待遇和地位，吸引更多优秀人才投身乡村教育事业。另一方面，要加强乡村教师的培训和学习，提升他们的专业素养和教育教学能力。同时，还需要进一步完善政策支持体系，确保各项政策能够真正落地生根，为乡村教师的专业发展提供有力保障。

**（四）政策法规背景及支持力度**

在政策法规层面，国家对乡村教育的重视不言而喻。近年来，随着一系列相关政策的出台与实施，乡村教师的地位得到了显著提升，且其专业发展得到了强有力的保障。政府明确提出了加强乡村教师队伍建设的目标和要求，不仅注重提升乡村教师的教育教学能力，还致力于改善其待遇和福利。

从财政投入角度来看，政府持续增加对乡村教育的资金支持，旨在提升乡村教师的整体待遇，从而吸引和留住更多优秀教师扎根乡村。这些资金不仅用于改善乡村学校的教学设施和学习环境，还通过设立各种奖励机制，激励乡村教师积极进取，不断提升自身专业素养。

政府还积极推动社会力量参与乡村教育的支持与发展。通过多种形式的捐赠和支教活动，社会力量为乡村教师提供了丰富的专业发展资源和机会。这不仅有助于拓宽乡村教师的视野，也为其提供了与同行交流学习的平台，从而不断提升自身的教育教学水平和专业能力。

政策法规的出台与实施，还为乡村教师的专业发展提供了坚实的制度保障。一系列政策的实施，使得乡村教师在职称评定、教师培训、学术交流等方面享有与城市教师同等的权利和机会。这不仅增强了乡村教师的职业认同感和归属感，也为其在专业道路上持续发展和成长提供了有力的支持。

政策法规在促进乡村教师专业发展方面发挥了积极作用。通过加强政策支持、增加财政投入以及推动社会力量参与等方式，国家为乡村教师提供了广阔的专业发展空间和机会，从而推动乡村教育的整体提升与发展。

## 二、乡村教师专业发展策略构建

### （一）整体性规划与顶层设计思路

在乡村教师专业发展的策略构建过程中，我们必须重视整体性规划与顶层设计的实施。首先，我们要清晰地界定乡村教师专业发展的核心目标，这包括显著提高其教育教学水平，加强科研创新能力的培养，并持续推动其专业发展。这些目标的设定，不仅体现了我们对乡村教师全面发展的期待，更是对乡村教育整体质量提升的关键所在。

为了实现这些目标，我们需要制订一套科学、系统的发展规划。这一规划需要详细列出具体的实施步骤和时间节点，确保每一项工作都能得到有序推进。同时，我们还要根据乡村教师的实际情况，灵活调整规划内容，以确保其符合乡村教育的实际需求。

除制订规划，我们还须强化政策支持，为乡村教师的专业发展提供有力的制度保障。在经费投入方面，我们应加大对乡村教师培训的投入力度，提供必要的经费支持，确保其能够参加各类培训和学习活动。在职称评定方面，我们应优化评定机制，充分考虑乡村教师的实际工作情况和贡献，使其能够得到公正的待遇和认可。

同时，我们还应关注乡村教师的专业发展环境建设。通过改善工作条件、提高待遇水平、优化职业发展通道等措施，激发乡村教师的工作热情和积极性，使其能够全身心地投入到教育教学中去。

总之，乡村教师专业发展是一个系统工程，需要我们从多个方面入手，共同推进。只有通过整体性规划与顶层设计的实施，才能确保乡村教师的专业发展得到有效推进，为乡村教育的持续发展提供坚实的人才保障。

**（二）针对性培训计划及课程体系建设**

在深入探讨乡村教师专业发展策略的构建过程中，我们致力于构建一个具有针对性、实效性的培训计划和课程体系。这一努力的首要环节是进行详尽的需求分析，通过深入调研乡村教师群体的真实需求和挑战，我们力求把握他们专业发展的核心关切与方向。我们精心设计了问卷和访谈，以便精准地捕捉乡村教师在教育实践中遇到的痛点与难点，从而为后续的课程体系设计提供坚实的依据。

在课程体系建设方面，我们注重理论与实践的紧密结合。根据需求分析的结果，我们量身定制了一套涵盖教育理论知识、教学技能提升和班级管理技巧等多个维度的课程体系。这套课程体系不仅包含了前沿的教育理论，还注重培养乡村教师的实际操作能力和创新精神。通过案例分析、实践操作等多元化教学方式，我们旨在帮助乡村教师提升专业素养，解决实际问题。

我们还注重培训形式的创新。考虑到乡村教师的实际情况和工作负担，我们采用了线上线下相结合的培训方式。线上课程可以让乡村教师随时随地进行学习，有效利用碎片时间；而线下集中培训则能够为他们提供面对面的交流和互动机会，加深理解和应用。这种灵活多样的培训形式既保证了培训效果，又减轻了乡村教师的负担。

通过构建针对性强、实用性高的培训计划和课程体系，我们旨在为乡村教师的专业发展提供有力的支持和保障。我们相信，随着这些措施的实施和不断完善，乡村教师的专业素养将得到有效提升，为乡村教育事业的蓬勃发展注入新的活力。

### （三）实践性教学能力提升路径设计

在乡村教师的专业发展过程中，教学实践、课题研究和交流合作是提升教育教学能力的三大关键途径。通过积极参与教学实践，乡村教师能够不断深化对教育教学的理解和应用。观摩他人的教学，研讨不同的教学策略，以及深入反思自身的教学行为，都是提升教学技能的有效途径。在这个过程中，教师不仅可以学习到新的教学技巧和方法，还能够将理论知识与实际操作相结合，进而形成具有知识价值的案例。

课题研究是另一个重要的提升方式。引导乡村教师参与课题研究，能够培养他们的科研能力和解决实际问题的能力。通过实践研究，乡村教师能够深入挖掘教育教学中存在的问题，探索解决问题的新路径和新方法。这不仅有助于提升乡村教师的教育教学水平，还能为乡村教育的发展贡献智慧和力量。

加强乡村教师之间的交流与合作也是促进教师专业发展的重要手段。通过分享教学经验，乡村教师之间可以相互学习、相互借鉴，共同提升教学水平。这种交流与合作不仅有助于弥补个别教师在教学上的不足，还能够激发乡村教师的创新精神和团队协作能力。

教学实践、课题研究和交流合作是乡村教师专业发展的三大核心途径。通过这些途径，乡村教师能够不断提升自身的教育教学能力，为乡村教育的繁荣和发展贡献力量。这些途径也有助于形成更多的具有知识价值的案例，为乡村教育的改革和发展提供有力支撑。

### （四）持续性评价机制完善

在深入探讨乡村教师专业发展策略时，持续性评价机制的完善显得尤为重要。作为提升乡村教育质量的关键一环，评价机制的完善须确保能够精准把握乡村教师的核心特质与专业需求。

在制定评价标准时，我们充分考虑到乡村教师的教学环境、学生特点以及专业发展背景，力求使标准更具针对性和实效性。教学能力、科研能力以及师德师风等关键维度被明确纳入评价体系，旨在全面反映乡村教师的综合素质和专业能力。

在评价方式的创新上，我们注重引入多元化评价手段，以打破传统单一评价模式的局限。自我评价能够激发教师的自我反思和自我提升动力，同行评价则有助于教师之间相互学习、共同进步，而学生评价则能够从学生的视角为教师的专业发展提供有益反馈。

反馈与改进环节同样至关重要。我们建立了一套完善的反馈机制，确保评价结果能够及时反馈给乡村教师，并为其提供具体的改进建议。我们还鼓励教师积极参与评价结果的讨论与分析，以便更好地理解自身在专业发展方面的优势和不足，进而制订更加有针对性的提升计划。

通过完善持续性评价机制，我们旨在推动乡村教师专业发展的持续进步。这一机制的建立不仅有助于提升乡村教师的专业素养和教学能力，更能激发乡村教师的工作热情和创新精神，为乡村教育的繁荣和发展注入源源不断的动力。

### 三、实施路径探索与关键环节把握

#### （一）政策支持引导及资源整合利用

在实施乡村教师专业发展的进程中，政策支持与资源整合起到了至关重要的推动作用。政府在此过程中应当发挥其主导角色，出台一系列具有针对性的政策措施，为乡村教师提供多元化的资金支持和项目扶持。通过财政资金的合理分配和使用，政府可以激发乡村教师参与专业发展活动的积极性，为他们提供更多学习和进修的机会。政府还应关注乡村教师的实际需求，结合当地教育资源和文化特色，量身定制专业发展项目，以更好地满足乡村教师的个性化发展需求。

在资源整合方面，乡村地区丰富的当地文化和教育资源为教师的专业发展提供了有力的支撑。通过深入挖掘和利用这些资源，不仅可以丰富乡村教师的教学内容，还可以增强教学活动的趣味性和实效性。例如，乡村教师可以结合当地的文化传统，开展富有地方特色的教学活动，让学生在亲身实践中感受文化的魅力。乡村教师还可以充分利用当地的教育资源，如与其他学校开展交流合作，共享优质教育资源，实现教育资源的优化配置。

　　建立乡村教师专业发展平台也是推动乡村教育发展的重要举措。通过平台的建设，可以为乡村教师提供一个学习、交流、展示的舞台，促进乡村教师之间的合作与共享。在平台上，乡村教师可以分享自己的教育经验和心得，学习他人的先进教学方法和理念，从而不断提升自己的教育教学水平。平台还可以为乡村教师提供与专家学者交流的机会，使他们在与专家的互动中不断成长和进步。

　　政策支持与资源整合是推动乡村教师专业发展的关键所在。政府应当出台有力措施，为乡村教师提供更多的支持和帮助；乡村教师也应积极利用当地资源和平台，不断提升自己的专业素养和教育教学能力，共同推动乡村教育的健康发展。

### （二）名师工作室引领作用发挥机制

　　在深入探索实施路径及关键环节把控的过程中，名师工作室的引领作用显得尤为重要。名师工作室的建设是一项系统工程，其核心在于汇聚乡村地区的优秀教师资源，形成一支高水平的教师团队。通过选拔具有丰富教学经验和卓越教学成果的名师作为工作室的领军人物，他们不仅在教育教学中发挥着引领和示范作用，更能通过自身的实践经验和教育理念，为乡村教师的专业成长提供有力支持。

　　名师工作室的引领机制体现在多个层面。名师通过传帮带的方式，将自身的教学经验和教育智慧传授给乡村教师，帮助他们快速掌握教学技能，提升教育教学水平。名师工作室定期组织教学研讨和交流活动，让乡村教师有机会与名师面对面交流，分享教学经验，解决教学过程中的难题。名师工作室还积极推广先进的教学方法和教育理念，引领乡村教师转变教育观念，提升教育创新能力。

　　在名师工作室的引领下，乡村教师的教育教学水平得到了显著提升。他们不仅在教学技能上有所突破，更在教育理念上实现了更新和升级。同时，名师工作室也取得了丰硕的成果，培养了一批批优秀的乡村教师，为乡村教育的持续发展注入了新的活力。

展望未来，名师工作室将继续发挥引领作用，推动乡村教师的专业成长和教育教学的创新发展。同时，我们也期待更多的乡村教师能够加入名师工作室，共同为乡村教育的繁荣和发展贡献力量。

### （三）"互联网＋"时代背景下的新路径

在当前"互联网＋"时代背景下，我们致力于探寻一条崭新的路径，以助推乡村教育的创新发展，并切实提升乡村教师的专业素养和教育教学能力。我们须深刻认识到"互联网＋"教育应用的重要性。借助互联网技术，我们能够打破地域限制，为乡村教师提供便捷、高效的在线教育和远程培训机会。这不仅能拓宽教师们的学习渠道，还能使他们更加灵活地安排学习时间和内容，从而更好地适应现代教育发展的需求。

在此基础上，我们还应关注线上交流平台的建设。通过搭建一个开放、共享的在线交流平台，我们能够鼓励乡村教师们积极参与在线交流、分享教育经验，从而实现知识与技能的共享与提升。这种平台不仅能够促进教师之间的合作与互动，还能够激发他们的创新思维和教学热情，进一步提升乡村教育的整体水平。

数字化资源的有效利用也是推动乡村教育创新发展的关键一环。我们应当充分利用网络课程、电子图书等数字化资源，为乡村教师提供丰富多样的学习内容。这些资源不仅具有高度的时效性和互动性，还能够根据教师的需求进行个性化推荐，从而帮助他们提升学习效果和教学能力。

通过加强"互联网＋"教育应用、搭建线上交流平台以及有效利用数字化资源等措施，我们能够为乡村教师提供更多元化、更高质量的学习和发展机会，推动乡村教育的创新发展。这将有助于提升乡村教师的专业素养和教育教学能力，为培养更多优秀的人才奠定坚实的基础。

### 四、保障措施完善与优化建议提出

#### （一）资金投入保障机制构建

在深入研讨乡村教师专业发展的保障措施优化时，专项资金设立的重要性不容忽视。这一举措旨在确保乡村教师在其专业成长道路上拥有稳定且可持续的资金支持。鉴于乡村教育环境的特殊性，专项资金不仅能够缓解教师面临的经济压力，更能激励他们不断提升自身教育教学能力，从而推动乡村教育质量的整体提升。

为实现资金来源的多元化，应积极探索并鼓励社会各界的广泛参与。企业捐赠作为其中的一种重要方式，不仅能够为乡村教师专业发展注入新的活力，同时也有助于提升企业的社会责任感和品牌形象。通过社会筹款平台，可以吸引更多关心乡村教育的个人和团体参与到资金筹集的行动中来，从而扩大资金来源的广度和深度。

为确保专项资金使用的透明度和有效性，必须建立严格的资金使用监管机制。这包括设立专门的监管机构，对资金的流向和使用情况进行实时监控和评估；还应建立信息公开制度，定期向社会公布资金使用情况，接受社会各界的监督。这样不仅能防止资金的滥用和浪费，也能增强公众对乡村教师专业发展工作的信任和支持。

构建完善的资金投入保障机制对于推动乡村教师专业发展至关重要。通过设立专项资金、拓宽资金来源、加强资金使用监管等措施的综合实施，我们可以为乡村教师提供更有力的物质保障，促进他们的专业成长，进而提升乡村教育的整体质量。

## （二）激励机制设计及其效果评估

在乡村教育振兴的过程中，激励机制的设计与实施对于提升教师群体的整体素质和教学动力具有不可忽视的作用。为了吸引更多优秀教育人才投身乡村教育事业，我们首先应当关注乡村教师的薪酬待遇问题。通过制定科学合理的薪酬体系，确保乡村教师的收入水平与其劳动价值相匹配，这不仅能提高他们的生活品质，更能从源头上提升乡村教育的吸引力，促使更多有志之士选择扎根乡村，奉献乡村教育。

建立乡村教师荣誉制度，是激发教师工作热情和创新精神的重要举措。通过对在乡村教学工作中表现突出的教师进行表彰和奖励，不仅是对他们辛勤付出的肯定，更是对整个乡村教师队伍的激励和鼓舞。这样的荣誉制度有助于营造尊师重教的良好氛围，激发乡村教师的工作积极性，促使他们在教育教学实践中不断探索创新，提高教育质量。

激励机制并非一成不变，而是需要根据实际情况进行动态调整和完善。我们需要定期对激励机制的实施效果进行评估，以确保其持续有效性和适应性。评估工作应围绕教师的满意度、工作积极性、教学质量等多个方面展开，通过客观的数据分析和反馈，及时发现问题和不足，进而针对性地调整和优化激励措施。

通过提高薪酬待遇、设立荣誉制度以及定期评估激励机制的实施效果，我们可以构建一个既符合乡村教育实际又具有长效激励作用的机制体系，为乡村教育的可持续发展提供有力保障。

**（三）监管评估体系建立健全举措**

在深入探讨乡村教师专业发展的监管保障措施时，我们应首先聚焦于监管政策的科学制定与精准实施。针对乡村教师专业成长的特定需求与挑战，我们须明确界定监管的核心要求及标准，确保政策框架既能符合教育行业的整体规范，又能贴合乡村教育环境的实际状况。通过这些政策规定，我们将为乡村教师提供明确的专业成长路径和可靠的制度保障，从而有效促进乡村教师的专业素质和教育教学能力的提升。

在建立健全评估机制方面，我们应设计一套全面而系统的评估指标体系，定期对乡村教师的专业发展状况进行深度剖析。这包括对教师的教学能力、教育理念、研究素养等多方面的综合评价，旨在全面反映教师的专业成长现状，并及时发现存在的问题与不足。评估结果应作为优化监管政策、提升培训质量的重要依据，为乡村教师的专业发展提供有针对性的指导与支持。

为确保监管措施的有效执行，我们须强化监管力度，建立严格的监督问责机制。这包括对监管政策的执行情况进行定期检查和评估，对执行不力或违反规定的行为进行严肃处理，确保各项措施落到实处、见到实效。我们还应建立畅通的反馈渠道，鼓励乡村教师积极参与监管过程，提出建设性意见和建议，共同推动乡村教师专业发展的持续改进和提升。

通过上述举措的综合实施，我们将为乡村教师的专业发展营造一个更加健康、规范、有序的环境和氛围，为乡村教育的长远发展奠定坚实的基础。

### （四）持续改进方向和目标设定

在深入探讨乡村教师专业发展的持续改进路径与目标设定时，我们需要保持高度的专业性和严谨性。首先，我们必须深化对乡村教师专业发展内在规律的研究，精准把握乡村教师在职业成长中的核心需求，这样才能设计出更加贴合实际、科学有效的专业发展策略。这包括但不限于通过数据分析、案例研究以及田野调查等方式，全面了解乡村教师的教学环境、教学资源及面临的主要挑战，为制定有效的发展路径提供坚实依据。

在探索乡村教师专业发展的道路上，我们需要积极拓展合作交流的渠道。通过与其他地区、其他行业的专家学者以及一线教师建立广泛的联系，我们可以借鉴先进的教育理念和实践经验，共同探索推动乡村教师专业发展的有效途径。我们还应当加强与政府部门的沟通协作，争取更多的政策支持和资源投入，为乡村教师的专业发展创造更加有利的条件。

最后，在设定专业发展目标和方向时，我们必须紧密结合乡村教育的实际情况和发展需求。我们需要根据乡村教育的特点和需求，制定明确、可行的专业发展目标和方向，确保乡村教师的专业成长能够切实服务于乡村教育的整体发展。同时，我们还应当建立有效的评估机制，定期对乡村教师的专业发展情况进行监测和评估，以便及时调整发展策略，确保目标的顺利实现。

综上所述，持续改进乡村教师的专业发展需要我们以高度的专业性和严谨性来对待。通过深化研究、拓展合作以及设定明确的发展目标和方向，我们可以为乡村教师的专业成长提供有力的支持和保障，进而推动乡村教育的整体进步和发展。

王华女

2024年9月

# 目　录

# ·目　录·

# 第一章　乡村教师的专业发展

教师关乎教育改革成败。[1] 教师是提高教育质量和培养高素质人才的关键。虽然我国政府和各级教育行政部门出台了一系列政策，但因诸多具体原因，我国乡村教师的专业发展程度并没有达到预期的水准，因此，有必要对这一问题进行深入研究。

本实证调查研究[2] 选取了几所有代表性乡村小学的教师作为研究对象，主要采用调查法、统计法、循证法等研究方法，从教师专业发展意识、专业发展条件等方面对 ×× 市乡村小学教师的专业发展进行问卷调查，掌握 ×× 市乡村小学教师专业发展现状的第一手资料。其次，在逐项分析 ×× 市乡村小学

---

[1] 迈克尔·富兰. 变革的力量：透视教育改革 [M]. 中央教育科学研究所，加拿大多伦多国际学院，译. 北京：教育科学出版社，2004.

[2] 本实证调查研究由湖南师范大学教育科学学院刘要悟教授主持，笔者与曹俊军、黄楚楚、黄青、何金花、张洁、杨锋等参与。总调查项目分解成多个子调查项目进行，包括对湖南省长沙市城区小学初任教师的专业发展活动现状调查、湖南省湘潭市湘乡县毛田镇乡村小学教师的学习现状调查、湖南省岳阳市城区高中教师专业发展活动状况调查、湖南省永兴县特岗教师专业发展状况调查、湖南省张家界市农村小学教师专业发展状况调查、浙江省台州市若干城区中学和乡村小学教师的学习与专业发展现状调查。问卷调查对象主要分布在湖南长株潭地区和浙江台州、金华、丽水等地方的乡村中小学教师。调查采用自编的《教师专业发展状况调查》《教师学习现状调查》问卷，以学校为单位分别对教师施测。课题组研究成员还分别对各个地域和几十所学校的校长、教师、教研员以及各地市教育局的领导进行访谈，得到了第一手资料。为了阐述的方便，本书主要呈现的是其中的一个子调查结果（选取湖南省 ×× 市）。循学术研究惯例，本书涉及的地名、学校名、人名做了适当的技术性处理。

教师专业发展现状的基础上，总结形成目前专业发展现状的主要原因。力求增强乡村小学教师对专业发展的科学理解和重视，改变自身看法，使××市乡村小学教师在教学一线发挥积极作用。最后，通过综合分析，提出针对××市乡村小学教师专业发展的建议，为××市乡村小学更好地制订教师专业发展计划和乡村小学教师自身的专业发展提供参考。

## 第一节　专业发展现状的研究过程

### 一、研究假设、研究维度及背景因素的设定

（一）研究假设

根据对相关教师专业发展理论和文献资料的分析，结合教育改革大背景，本书提出下列假设。

（1）××市乡村教师专业发展水平可能低于长沙等城市。

（2）教师专业发展因个人因素（性别、学历、教龄、职称等）不同可能存在差异。

（3）教师专业发展因环境因素（学校类型、社会认可度等）不同可能存在差异。

（4）随着国家对教师职业的重视度不断加强，促进教师专业发展的举措不断完善以及教师专业发展意识的不断增强，××市乡村小学教师专业发展可能有不断增强的趋势。

（二）研究维度的设定

（1）从教师主观因素这个维度分析，有教师专业发展意识和专业发展需要两个因素。专业发展意识是教师对自己在专业发展过程中的一种自主意识，也是维持教师专业发展这一过程的内在动力；专业发展需要指随着教师个体的自我发展以及自我完善，对其专业发展会产生更多更高的需求，教师专业发展需要体现专业发展意向和期望的心理状态。

（2）从外界提供的环境和条件这个维度分析，包括专业发展机会和专业发展条件两个因素。专业发展机会指在教育教学实际环境中所能提供给教师进行专业发展的外在机遇，由于教师自身个人因素的差异，在专业发展机会上也会存在差异；专业发展条件可以反映政府、社会及学校对教师专业发展的重视和支持程度，专业发展条件是现实存在的环境状况，它包含有利条件和不利条件。

（3）从教师专业发展过程考察，有专业发展方式和专业发展途径两个因素。专业发展方式指教师通过哪些途径参与专业发展活动，从理论上讲，专业发展方式是多样化的；专业发展途径可以反映当前现实的教学环境中，教师专业发展所能采取的方法、手段及形式。

（4）从教师在专业发展过程面临的问题看，包括专业发展困难和专业发展困惑两个因素。专业发展困难指在专业发展过程中会遇到种种现实环境所带来的影响和制约，有的困难会严重阻碍教师专业发展的顺利进行，比如农村地区教育经费的缺乏等现实困难；专业发展困惑指随着科学技术的变革，乡村小学教师在经历课程改革以及面临教育教学变革所产生的意识层面的困扰，通过对比分析，有助于增强教师的自信，在面对困难时更好地进行自我调节，并积极主动地去迎接教师专业发展所面临的挑战。

教师专业发展的这4个维度8个因素，系统完整地映射了教师专业发展的各个方面，因此，我们选择教师专业发展相关的这8个因素作为研究××市乡村小学教师专业发展的研究维度并依次展开分析。

**（三）背景因素的设定**

依据教师专业发展相关理论及已有的研究结果，结合教师专业发展关系密切的个人因素，我们选定9个个人因素作为本书的背景因素，分别是性别、年龄、教龄、入职学历、最高学历、职前教育类型、岗位类别、职称、任教学校类型等。

性别差异可能对个体的生活期望、职业理想及发展需要等方面产生影响，这在心理学方面已有大量的研究。例如，美国心理学家麦考比（E. E. Maccoby）

和杰克林（C. N. Jacklin）明确提出了性别差异所呈现出的心理需要和社会发展方面的差异；班杜拉（A. Bandura）、科尔伯格（L. Kohlberg）阐明了性别差异对个体发展和社会学习有着不同影响；对于年龄因素的差异，彼得森（Peterson, A.）在教师阶段发展论中阐明不同年龄阶段的教师具备不同特征，并进一步提出如何根据这些特征进行专业发展[①]；傅道春提出教师年龄阶段不同存在的修养差异[②]；对于教龄因素的差异，休伯曼（Huberman, M）等人根据教师教龄划分教师职业生命周期；卡茨（Katz, L.）和伯登（Burden, P. R.）根据不同教龄将教师划分到专业发展的不同阶段[③]；对于职称因素的差异，刘捷提出职业声望与教师的专业发展水平呈正比[④]。其他因素，如职前教育类型、入职学历、最高学历以及任教学校类型，通过阅读相关的数据和观察发现，由于情况不同而存在显著差异。因此，最终选择这9个因素作为背景因素，并就各因素之间的差异做进一步探讨，逐一分析哪些具体因素在教师专业发展上有着显著性影响。

## 二、问卷编制

### （一）编制初始问卷、试测和修订

1. 编制初始问卷

在问卷编制之前，我们查阅了大量有关教师专业发展的文献，并借鉴了相关研究成果，尤其参考了有关教师专业发展的调查研究，再结合本书涉及的教师专业发展因素和背景因素，学习如何科学编制教师专业发展问卷，最后形成了本书研究的问卷（见附录）。

问卷由三部分组成。第一部分是被调查教师的个人基本情况，13道单选题涵盖本书分析的9个背景因素；第二部分为42道单选题，调查包含了教师专

---

① 叶澜，白益民，王枬，等 . 教师角色与教师发展新探 [M]. 北京：教育科学出版社，2001.

② 傅道春 . 教师的成长与发展 [M]. 北京：教育科学出版社，2001.

③ 同①。

④ 刘捷 . 专业化：挑战21世纪的教师 [M]. 北京：教育科学出版社，2002.

业发展的4个维度8个因素，例如第7题、第16题、第20题、第23题、第28题这5项共同反映了教师专业发展需要，因此分析时将其统归于专业发展需要这一因素，其他因素同上述方法；第三部分是21道多选题和2道客观题，从不同方面调查××市乡村小学教师专业发展的途径、困难以及困惑，为最后提出××市乡村小学教师专业发展针对性建议提供事实依据。

2. 试测和问卷修订

初步拟定问卷后，为更好地将问题有效地传达给教师，随机选取××市××区a小学进行问卷试测，预调查共发放初始问卷20份，回收17份，其中3份无效问卷，试测最终获得有效调查问卷14份。

本书采用李克特式五点计分法对8个因素进行分项统计，通过SPSS 20.0统计软件对教师专业发展的8个因素进行分项分析。问卷第二部分42个单选题中，得分均值最高分为4.90，最低分为1.86，其中标准差大于1.000的仅4个，分别是1.010 1、1.111 1、1.128 1、1.134 5。将第二部分反映教师专业发展的42道题划分到8个因素项，得出初始调查问卷的Alpha信度系数为0.815，这表明初始问卷信效度都比较好，可以正式进行问卷调查工作。

（二）正式问卷的形成

测试后经修订，形成正式问卷（共78题），正式问卷结构如下。

第一部分（1~13题）涉及调查对象的基本情况，包括性别、年龄、教龄、入职学历、最高学历、职前教育类型、职称、岗位类别和任教学校类型共9个背景因素。

第二部分（1~42题）是借助调查问卷对××市乡村小学教师专业发展意识和专业发展需要、专业发展机会和专业发展条件、专业发展方式和专业发展途径、专业发展问题和专业发展困惑现状进行调查。

问卷的第二部分，分为正向题、反向题两类。采用李克特式五点计分法，对"非常符合""比较符合""不确定""比较不符合""非常不符合"分别计5分、4分、3分、2分、1分，反向题按5、4、3、2、1计分，其中第24题和40题反向计分，分别计算8个因素的得分以及均分，分数越高表明教师专业发展在相应维度上发展水平越高。8个因素对应的题项分别是：专业发展意识对应的是第1、10、24、25、29、30、40共7项，专业发展需要对应的是第7、16、20、23、28共5项；专业发展机会对应的是第37、38共2项，专业发展条件对应的是2、3、4、5、6、7、19、25共8项；专业发展方式对应的是第12、13、17、21、22、31、42共7项，专业发展途径对应的是第11、14、26、27共4项；专业发展问题对应的是8、15共2项，专业发展困惑对应的是第9题这1项。

第三部分（1~23题）是对影响××市乡村小学教师专业发展原因的补充调查，共涉及21个多项选择题和2个主观题。便于对目前××市乡村小学教师专业发展状况提出针对性建议。

**三、调查对象取样及调查实施**

**（一）调查对象范围及取样**

1. 调查对象范围

××市属湖南省的省辖地级市，位于湖南省西北部，属武陵山脉腹地，地处亚热带季风气候区。四个行政区分别是××区、××区、××县和××县。该市基础教育总体发展比较薄弱。从××市自然地理条件及经济社会发展的现状看，除依托旅游第三产业稍具特色外，有着我国边远地区的显著特征。相当部分乡村小学办学条件仍不理想，学校教学设备简陋，教学实验仪器设备等达不到基本标准。由于××市的地形地貌，人口分布不集中，导致乡村小学校点布局比较散乱，教育资源利用不充分，这是××市乡村教育的整体概况。

2. 调查对象取样

本书的调查对象以分层随机抽取的方式，选取湖南省××市两区两县所在地区的9所乡村小学实施问卷调查，其中，乡镇中心小学5所，农村完小4所。

**（二）调查的实施**

**1.调查的进行**

正式问卷《乡村教师专业发展状况调查问卷》制订后，印制200份调查问卷，最终在9所乡村小学发放180份问卷，回收156份问卷，回收率为86.7%，剔除无效问卷15份，共得到有效问卷141份，有效问卷回收率为78.3%。表1-1为问卷调查××市乡村小学教师的基本情况。

表1-1　研究对象的基本情况

| 基本情况 | | 人数 | 所占比例 |
| --- | --- | --- | --- |
| 性别 | 男 | 61 | 43.3% |
| | 女 | 80 | 56.7% |
| 年龄 | 25 岁及以下 | 13 | 9.2% |
| | 26~30 岁 | 19 | 13.5% |
| | 31~40 岁 | 49 | 34.8% |
| | 41~50 岁 | 39 | 27.7% |
| | 51 岁及以上 | 21 | 14.9% |
| 教龄 | 2 年以下 | 11 | 7.8% |
| | 2~5 年 | 10 | 7.1% |
| | 6~10 年 | 16 | 11.3% |
| | 11~15 年 | 31 | 22.0% |
| | 16 年及以上 | 73 | 51.8% |
| 职称 | 暂无职称 | 23 | 16.3% |
| | 小教一级 | 47 | 33.3% |
| | 小教二级 | 2 | 1.4% |
| | 小教三级 | 9 | 6.4% |
| | 小教高级 | 60 | 42.6% |
| | 小教特级 | 0 | 0 |
| 职前教育类型 | 师范 | 93 | 66.0% |
| | 非师范 | 48 | 34.0% |

续表

| 基本情况 | | 人数 | 所占比例 |
|---|---|---|---|
| 入职学历 | 中专及以下 | 68 | 48.2% |
| | 大专 | 59 | 41.8% |
| | 本科 | 14 | 9.9% |
| | 硕士及以上 | 0 | 0 |
| 最高学历 | 中专及以下 | 17 | 12.1% |
| | 大专 | 91 | 64.5% |
| | 本科 | 33 | 23.4% |
| | 硕士及以上 | 0 | 0 |
| 岗位类别 | 专职教学人员 | 78 | 55.3% |
| | 教学兼行政人员 | 12 | 8.5% |
| | 教学兼班主任 | 47 | 33.3% |
| | 行政人员 | 4 | 2.8% |
| 任教学校类型 | 乡镇中心小学 | 106 | 75.2% |
| | 农村完小 | 35 | 24.8% |

**2. 补充性访谈**

在问卷调查过程中，选择两所不同类型（一所完小，一所乡镇中心小学）的乡村小学的3位教师进行访谈调查，其中，男性教师1位，女性教师2位；年龄段在20~35岁的2位，36~50岁的1位。访谈内容依据教师专业发展状况访谈提纲（见附录）进行。

**四、数据统计及分析**

**（一）数据的统计处理**

在输入问卷第一部分个人基本情况时，每题不同的选项按顺序分别用阿拉伯数字"1、2、3、4……"代替对应的文字输入到 SPSS 软件。问卷第二部分单选题中的"非常符合、比较符合、不清楚、不太符合、不符合"，依次赋分为5分、4分、3分、2分、1分，采用李克特式五点计分法进行统计，8个因素总分值越高说明教师专业发展水平就越高。在分析结果时，得分均值0~1.75分为不合格，得分均值1.76~2.50分为合格，得分均值2.51~3.25分为中等，得分均值3.26~4.0分为良好，得分均值4分以上为优秀。第三部分多选题统计，用数字"1"代表该选项被选中，用数字"0"代表选项未选中，依照数字出现的频率进行统计，计算占调查对象总数的百分比，作为调查结果和原因分析的参照。

（二）问卷信度、效度的检验

问卷的质量优劣直接关乎调查结果的好坏。本书对正式施测的问卷进行数据输入、整理后采用SPSS 20.0统计软件对其内部一致性信度检验。为检验教师专业发展状况调查问卷的可信性，通过信度分析方法对数据的信度、效度进行分析。教师专业发展状况调查问卷信度检测见表1-2。

表1-2 教师专业发展状况调查问卷信度分析

| Cronbach's Alpha | Cronbach's Alpha Based on Standardized Items | N of Jtems |
|---|---|---|
| 0.815 | 0.803 | 42 |

由表1-2可知，问卷的Cronbach's Alpha为0.815，达到了问卷的可接受标准，表明问卷具有较好的信度。用此问卷对乡村小学教师专业发展活动状况进行调查，所得调查结果具有一定的可靠性。

## 第二节 专业发展现状的调查结果

### 一、专业发展意识和专业发展需要

（一）专业发展意识

通过对调查数据统计，得到不同背景下的乡村教师专业发展意识的整体状况（详见表1-3）。

表1-3 不同背景下的乡村教师专业发展意识分析

| 背景 | 分组 | N | Mean | SD | F | Sig. |
|---|---|---|---|---|---|---|
| 性别 | 男 | 61 | 3.1429 | 0.6521 | 4.078 | 0.0640 |
| | 女 | 80 | 3.3464 | 0.5440 | | |

续表

| 背景 | 分组 | N | Mean | SD | F | Sig. |
|---|---|---|---|---|---|---|
| 年龄 | 25 岁及以下 | 13 | 3.4725 | 0.6426 | 1.780 | 0.1360 |
| | 26~30 岁 | 19 | 3.3985 | 0.4431 | | |
| | 31~40 岁 | 49 | 3.1108 | 0.5283 | | |
| | 41~50 岁 | 39 | 3.2271 | 0.6495 | | |
| | 51 岁及以上 | 21 | 3.4014 | 0.7037 | | |
| 教龄 | 2 年以下 | 11 | 3.5974 | 0.5779 | 2.081 | 0.0870 |
| | 2~5 年 | 10 | 3.4857 | 0.5396 | | |
| | 6~10 年 | 16 | 3.0357 | 0.5332 | | |
| | 11~15 年 | 31 | 3.1567 | 0.5116 | | |
| | 16 年及以上 | 73 | 3.2681 | 0.6384 | | |
| 职称 | 暂无职称 | 23 | 3.4907 | 0.5272 | 3.3926 | 0.0111 |
| | 小教一级 | 47 | 3.0426 | 0.5089 | | |
| | 小教二级 | 2 | 3.1429 | 0.2020 | | |
| | 小教三级 | 9 | 3.0635 | 0.7461 | | |
| | 小教高级 | 60 | 3.3714 | 0.6275 | | |
| | 小教特级 | 0 | | | | |
| 职前教育类型 | 师范 | 93 | 3.2811 | 0.5681 | 0.3916 | 0.5325 |
| | 非师范 | 48 | 3.2143 | 0.6603 | | |
| 入职学历 | 中专及以下 | 68 | 3.2416 | 0.5971 | 0.1164 | 0.8902 |
| | 大专 | 59 | 3.2615 | 0.6334 | | |
| | 本科 | 14 | 3.3265 | 0.4866 | | |
| | 硕士及以上 | 0 | | | | |
| 最高学历 | 中专及以下 | 17 | 3.3866 | 0.7950 | 2.0223 | 0.1362 |
| | 大专 | 91 | 3.1837 | 0.5860 | | |
| | 本科 | 33 | 3.3983 | 0.4958 | | |
| | 硕士及以上 | 0 | | | | |
| 岗位类别 | 专职教学人员 | 78 | 3.2949 | 0.6558 | 0.9418 | 0.4224 |
| | 教学兼行政人员 | 12 | 2.9881 | 0.6373 | | |

| 背景 | 分组 | N | Mean | SD | F | Sig. |
|---|---|---|---|---|---|---|
| 岗位类别 | 教学兼班主任 | 47 | 3.2736 | 0.4811 | 0.9418 | 0.4224 |
| | 行政人员 | 4 | 3.1786 | 0.5990 | | |
| 任教学校类型 | 乡镇中心小学 | 106 | 3.3154 | 0.5420 | 0.5995 | 0.1439 |
| | 农村完小 | 35 | 3.08571 | 0.7294 | | |

注：$Sig > 0.05$ 不相关；$Sig < 0.05$ 差异显著；$Sig < 0.01$ 十分显著；$Sig < 0.001$ 极其显著。

由表1-3可知，9个背景因素中，性别、年龄、教龄、职前教育类型、入职学历、最高学历、岗位类别、任教学校类型对教师专业发展意识无显著影响（$Sig > 0.05$，无显著差异）。而职称与专业发展意识有显著性差异（$Sig < 0.05$，差异显著），为了进一步分析职称背景内部各组间的差异，将对职称各组均值进行配对比较分析。

从职称各组均值配对不难看出，暂无职称和小教高级的教师得分均值居前，其中暂无职称教师得分（3.4907）又相对高于小教高级职称教师的得分（3.3714），由此可知暂无职称和小学高级教师的专业发展意识比较强。

由表1-4可知，暂无职称组与小教一级组具有显著性差异；反过来小教高级组与小教一级组具有显著性差异，由此说明职称对于教师专业发展意识有一定的影响。

表1-4 职称背景下各组教师的专业发展意识配对比较结果

| （I）职称 | （J）职称 | 均值差(I-J) | 标准误 | 显著性 | 95% 置信区间 | |
|---|---|---|---|---|---|---|
| | | | | | 下限 | 上限 |
| 暂无职称 | 小教一级 | 0.4481 | 0.1476 | 0.0236 | 0.0400 | 0.8562 |
| | 小教二级 | 0.3478 | 0.4276 | 0.9261 | −0.8344 | 1.5300 |
| | 小教三级 | 0.4272 | 0.2281 | 0.3368 | −0.2033 | 1.0577 |
| | 小教高级 | 0.1193 | 0.1423 | 0.9182 | −0.2740 | 0.5125 |
| 小教一级 | 暂无职称 | −0.4481 | 0.1476 | 0.0236 | −0.8562 | −0.0400 |
| | 小教二级 | −0.1003 | 0.4188 | 0.9993 | −1.2581 | 1.0575 |

续表

| （I）职称 | （J）职称 | 均值差(I-J) | 标准误 | 显著性 | 95% 置信区间 | |
|---|---|---|---|---|---|---|
| | | | | | 下限 | 上限 |
| 小教一级 | 小教三级 | −0.0209 | 0.2110 | 0.9999 | −0.6044 | 0.5626 |
| | 小教高级 | −0.3289 | 0.1123 | 0.0337 | −0.6413 | −0.0165 |
| 小教二级 | 暂无职称 | −0.3478 | 0.4276 | 0.9261 | −1.5300 | 0.8344 |
| | 小教一级 | 0.1003 | 0.4188 | 0.9993 | −1.0575 | 1.2581 |
| | 小教三级 | 0.0794 | 0.4534 | 0.9998 | −1.1742 | 1.3330 |
| | 小教高级 | −0.2286 | 0.4169 | 0.9820 | −1.3813 | 0.9241 |
| 小教三级 | 暂无职称 | −0.4272 | 0.2281 | 0.3368 | −1.0577 | 0.2033 |
| | 小教一级 | 0.0209 | 0.2110 | 0.9999 | −0.5626 | 0.6044 |
| | 小教二级 | −0.0794 | 0.4534 | 0.9997 | −1.3330 | 1.1743 |
| | 小教高级 | −0.3079 | 0.2073 | 0.5739 | −0.8812 | 0.2653 |
| 小教高级 | 暂无职称 | 0.1193 | 0.1423 | 0.9182 | −0.5125 | 0.2740 |
| | 小教一级 | 0.3288 | 0.1130 | 0.0337 | 0.0165 | 0.6413 |
| | 小教二级 | 0.2286 | 0.4169 | 0.9820 | −0.9241 | 1.3813 |
| | 小教三级 | 0.3079 | 0.2073 | 0.5739 | −0.2653 | 0.8812 |

**（二）专业发展需要**

通过对调查数据的分析结果进行汇总，得到表1-5。由表1-5可以看出，性别、年龄、职称、教龄、入职学历和岗位类别对教师专业发展需求无显著影响 [$Sig$ ＞0.05，无显著差异 ]。任教学校类型与专业发展需求有显著性差异 [$Sig$ ＜0.05，差异显著 ]。职前教育类型、最高学历与专业发展需求差异十分显著 [$Sig$ ＜0.01，十分显著 ]。

表1-5 不同背景下的乡村教师专业发展需要分析

| 背景 | 分组 | N | Mean | SD | F | Sig. |
|---|---|---|---|---|---|---|
| 性别 | 男 | 61 | 3.9574 | 0.4213 | 1.1324 | 0.2891 |
| | 女 | 80 | 4.0400 | 0.4820 | | |
| 年龄 | 25 岁及以下 | 13 | 4.0461 | 0.4013 | 0.4721 | 0.7561 |
| | 26～30 岁 | 19 | 4.0526 | 0.3935 | | |

| 背景 | 分组 | N | Mean | SD | F | Sig. |
|---|---|---|---|---|---|---|
| 年龄 | 31~40 岁 | 49 | 3.9592 | 0.5244 | 0.4721 | 0.7561 |
| | 41~50 岁 | 39 | 4.0615 | 0.4381 | | |
| | 51 岁及以上 | 21 | 3.9333 | 0.4258 | | |
| 教龄 | 2 年以下 | 11 | 4.0727 | 0.3717 | 1.9797 | 0.1011 |
| | 2~5 年 | 10 | 4.0800 | 0.4733 | | |
| | 6~10 年 | 16 | 3.8125 | 0.4349 | | |
| | 11~15 年 | 31 | 3.8774 | 0.4971 | | |
| | 16 年及以上 | 73 | 4.0795 | 0.4406 | | |
| 职称 | 暂无职称 | 23 | 3.9304 | 0.4809 | 0.6831 | 0.6048 |
| | 小教一级 | 47 | 4.0000 | 0.4294 | | |
| | 小教二级 | 2 | 3.7000 | 0.1414 | | |
| | 小教三级 | 9 | 3.9111 | 0.5840 | | |
| | 小教高级 | 60 | 4.0600 | 0.4574 | | |
| 职前教育类型 | 师范 | 93 | 4.0839 | 0.4504 | 8.7508 | 0.0036 |
| | 非师范 | 48 | 3.8500 | 0.4337 | | |
| 入职学历 | 中专及以下 | 68 | 3.9206 | 0.4765 | 2.5359 | 0.0829 |
| | 大专 | 59 | 4.1017 | 0.4431 | | |
| | 本科 | 14 | 4.0000 | 0.3508 | | |
| 最高学历 | 中专及以下 | 17 | 3.7176 | 0.4747 | 5.9011 | 0.0035 |
| | 大专 | 91 | 3.9978 | 0.4232 | | |
| | 本科 | 33 | 4.1697 | 0.4747 | | |
| 岗位类别 | 专职教学人员 | 78 | 4.0051 | 0.4856 | 0.1088 | 0.1088 |
| | 教学兼行政人员 | 12 | 4.0500 | 0.4602 | | |
| | 教学兼班主任 | 47 | 4.0000 | 0.4294 | | |
| | 行政人员 | 4 | 3.9000 | 0.2582 | | |
| 任教学校类型 | 乡镇中心小学 | 106 | 4.0585 | 0.4399 | 6.2397 | 0.0136 |
| | 农村完小 | 35 | 3.8400 | 0.4748 | | |

Sig > 0.05 不相关；Sig < 0.05 差异显著；Sig < 0.01 十分显著；Sig < 0.001 极其显著。

从任教学校类型来看，乡镇中心小学的得分均值（4.0585）要高于农村完小（3.8400），说明在乡镇中心小学工作的教师对于教师专业发展需要高于农村完小。

从职前教育类型来看，师范院校毕业的教师的得分均值（4.0839）高于非师范院校毕业的教师的得分均值（3.85），说明师范院校毕业的乡村小学教师相对于非师范院校毕业的乡村小学教师有着更高的专业发展需要。

从最高学历这一背景因素看，本科学历的教师在专业发展需要得分均值最高（4.1697），其他两组教师得分均值为3.25～4.0分，说明××市乡村小学教师专业发展需要总体上良好。

从表1-6可见：中专及以下组与大专学历组差异显著，同时与本科学历组差异十分显著；大专学历组与中专及以下学历组具有显著性差异；本科学历组与中专及以下学历组差异十分显著。结果说明：××市乡村小学教师，通过进修达到本科学历的教师具有更高的专业发展需求。

表1-6　最高学历背景下专业发展意识配对比较结果

| （I）最高学历 | （J）最高学历 | 均值差（I-J） | 标准误 | 显著性 | 95% 置信区间 | |
|---|---|---|---|---|---|---|
| | | | | | 下限 | 上限 |
| 中专及以下 | 大专 | −0.2802 | 0.1167 | 0.0177 | −0.5120 | −0.0493 |
| | 本科 | −0.4520 | 0.1319 | 0.0010 | −0.7128 | −0.1913 |
| 大专 | 中专及以下 | 0.2802 | 0.1167 | 0.0177 | 0.0493 | 0.5110 |
| | 本科 | −0.1719 | 0.0898 | 0.0576 | −0.3494 | 0.0056 |
| 本科 | 中专及以下 | 0.4520 | 0.1319 | 0.0010 | 0.1913 | 0.7128 |
| | 大专 | 0.1719 | 0.0898 | 0.0576 | −0.0056 | 0.3494 |

## 二、专业发展机会和条件

### （一）专业发展机会

调查分析不同背景下教师专业发展机会，得到表1-7。

表1-7 不同背景下的专业发展机会分析

| 背景 | 分组 | N | Mean | SD | F | Sig. |
|------|------|---|------|----|----|------|
| 性别 | 男 | 61 | 3.0492 | 1.1281 | 1.1409 | 0.2873 |
| | 女 | 80 | 2.8563 | 1.0101 | | |
| 年龄 | 25 岁及以下 | 13 | 2.8077 | 0.9691 | 2.2565 | 0.0662 |
| | 26~30 岁 | 19 | 3.0789 | 0.9319 | | |
| | 31~40 岁 | 49 | 2.6531 | 0.1190 | | |
| | 41~50 岁 | 39 | 3.0128 | 0.9833 | | |
| | 51 岁及以上 | 21 | 3.4286 | 0.1100 | | |
| 教龄 | 2 年以下 | 11 | 2.8182 | 0.0553 | 1.392 | 0.24 |
| | 2~5 年 | 10 | 3.2500 | 0.7169 | | |
| | 6~10 年 | 16 | 2.7188 | 0.0950 | | |
| | 11~15 年 | 31 | 2.6452 | 0.9237 | | |
| | 16 年及以上 | 73 | 3.0890 | 10.134 | | |
| 职前职称 | 暂无职称 | 23 | 2.9783 | 0.9229 | 2.6257 | 0.0373 |
| | 小教一级 | 47 | 2.6596 | 0.0167 | | |
| | 小教二级 | 2 | 2.0000 | 0.0000 | | |
| | 小教三级 | 9 | 2.6111 | 0.9280 | | |
| | 小教高级 | 60 | 3.2250 | 0.1177 | | |
| 职前教育类型 | 师范 | 93 | 2.8656 | 10.111 | 1.3312 | 0.2506 |
| | 非师范 | 48 | 3.0833 | 0.9584 | | |
| 入职学历 | 中专及以下 | 68 | 2.9412 | 0.0564 | 2.3234 | 0.1018 |
| | 大专 | 59 | 3.0678 | 0.0645 | | |
| | 本科 | 14 | 2.3929 | 0.9841 | | |
| 最高学历 | 中专及以下 | 17 | 3.2353 | 0.2389 | 0.8917 | 0.4123 |
| | 大专 | 91 | 2.8681 | 0.9685 | | |
| | 本科 | 33 | 2.9849 | 0.2150 | | |
| 岗位类别 | 专职教学人员 | 78 | 2.9872 | 0.0720 | 1.3086 | 0.2742 |
| | 教学兼行政人员 | 12 | 3.3333 | 0.9847 | | |
| | 教学兼班主任 | 47 | 2.7340 | 0.0625 | | |
| | 行政人员 | 4 | 3.250 | 0.9574 | | |

续表

| 背景 | 分组 | N | Mean | SD | F | Sig. |
|------|------|---|------|----|----|------|
| 任教学校<br>类型 | 乡镇中心小学 | 106 | 2.9481 | 0.1040 | 0.0265 | 0.871 |
| | 农村完小 | 35 | 2.9143 | 0.9431 | | |

注：$Sig > 0.05$ 不相关；$Sig < 0.05$ 差异显著；$Sig < 0.01$ 十分显著；$Sig < 0.001$ 极其显著。

由表1-7可知，9个背景因素中，性别、年龄、教龄、职前教育类型、入职学历、最高学历、岗位类别和任教学校类型对专业发展机会无显著影响 [$Sig > 0.05$，无显著差异 ]。职称与专业发展机会具有显著性差异 [$Sig < 0.05$]。

从职称单一背景看专业发展机会，小教高级均分（3.2250）最高，小教二级得分（2.0000）最低。职称背景下教师专业发展机会均分为2~3.2，表明××市乡村小学教师所获专业发展机会普遍较低。

表1-8　职称背景下各组教师的专业发展机会的配对比较结果

| （I）职称 | （J）职称 | 均值差(I-J) | 标准误 | 显著性 | 95% 置信区间 | |
|----------|----------|-----------|--------|--------|--------|--------|
| | | | | | 下限 | 上限 |
| 暂无职称 | 小教一级 | 0.3187 | 0.2645 | 0.2303 | 0.2043 | 0.8417 |
| | 小教二级 | 0.9783 | 0.7662 | 0.2038 | −0.5369 | 2.4934 |
| | 小教三级 | 0.3671 | 0.4086 | 0.3705 | −0.4409 | 1.1752 |
| | 小教高级 | −0.2467 | 0.2549 | 0.3347 | −0.7508 | 0.2573 |
| 小教一级 | 暂无职称 | −0.3187 | 0.2645 | 0.2303 | 0.8417 | 0.2043 |
| | 小教二级 | 0.6596 | 0.7504 | 0.3809 | 0.8243 | 2.1434 |
| | 小教三级 | 0.0485 | 0.3781 | 0.8982 | −0.6993 | 0.7963 |
| | 小教高级 | −0.5654 | 0.2024 | 0.0060 | −0.9658 | −0.1651 |
| 小教二级 | 暂无职称 | −0.9783 | 0.7662 | 0.2038 | −2.4934 | 0.5369 |
| | 小教一级 | −0.6596 | 0.7504 | 0.3809 | −2.1434 | 0.8243 |
| | 小教三级 | 0.6111 | 0.8124 | 0.4532 | −2.2178 | 0.9955 |
| | 小教高级 | −1.2250 | 0.7470 | 0.1034 | −2.7023 | 0.2523 |

| （I）职称 | （J）职称 | 均值差(I-J) | 标准误 | 显著性 | 95% 置信区间 | |
|---|---|---|---|---|---|---|
| | | | | | 下限 | 上限 |
| 小教三级 | 暂无职称 | −0.3671 | 0.4086 | 0.3705 | −1.1752 | 0.4409 |
| | 小教一级 | −0.0485 | 0.3781 | 0.8982 | −0.7963 | 0.6993 |
| | 小教二级 | 0.6111 | 0.8124 | 0.4532 | −0.9955 | 2.2178 |
| | 小教高级 | −0.6139 | 0.3715 | 0.1007 | −1.3486 | 0.1208 |
| 小教高级 | 暂无职称 | 0.2467 | 0.2549 | 0.3347 | −0.2573 | 0.7508 |
| | 小教一级 | 0.5654 | 0.2024 | 0.0060 | 0.1651 | 0.9657 |
| | 小教二级 | 1.2250 | 0.7470 | 0.1034 | −0.2523 | 2.7023 |
| | 小教三级 小教高级 | 0.6139 | 0.3715 | 0.1007 | −0.1208 | 1.3486 |

注：$Sig > 0.05$ 不相关；$Sig < 0.05$ 差异显著；$Sig < 0.01$ 十分显著；$Sig < 0.001$ 极其显著

表1-8表明，小教一级组与小教高级组在专业发展机会上具有显著性差异；同时，小教高级组也与小教一级组有显著性差异。统计发现，职称与教师所获专业发展机会之间差异十分显著。

## （二）专业发展条件

由表1-9可知，9个背景因素中，性别、年龄、职称、职前教育类型、入职学历、最高学历、岗位类别和任教学校类型对教师专业发展需求无显著影响 [$Sig > 0.05$，无显著差异 ]。教龄与专业发展条件有显著性差异 [$Sig < 0.05$，差异显著 ]，需要对教龄背景下教师专业发展条件进行进一步配对比较和分析。

表1-9 不同背景下的专业发展条件分析

| 背景 | 分组 | N | Mean | SD | F | Sig. |
|---|---|---|---|---|---|---|
| 性别 | 男 | 61 | 3.8820 | 0.4710 | 0.1482 | 0.7008 |
| | 女 | 80 | 3.9100 | 0.3928 | | |
| 年龄 | 25 岁及以下 | 13 | 3.7923 | 0.3861 | 1.0693 | 0.3742 |
| | 26~30 岁 | 19 | 3.9105 | 0.3494 | | |

续表

| 背景 | 分组 | N | Mean | SD | F | Sig. |
|---|---|---|---|---|---|---|
| 年龄 | 31~40 岁 | 49 | 3.8265 | 0.4907 | 1.0693 | 0.3742 |
| | 41~50 岁 | 39 | 3.9897 | 0.4278 | | |
| | 51 岁及以上 | 21 | 3.9476 | 0.3356 | | |
| 教龄 | 2 年以下 | 11 | 3.7909 | 0.4134 | 2.604 | 0.0386 |
| | 2~5 年 | 10 | 3.9700 | 0.3268 | | |
| | 6~10 年 | 16 | 3.6438 | 0.4147 | | |
| | 11~15 年 | 31 | 3.8452 | 0.4241 | | |
| | 16 年及以上 | 73 | 3.9822 | 0.4260 | | |
| 职前职称 | 暂无职称 | 23 | 3.8870 | 0.3609 | 1.3268 | 0.2631 |
| | 小教一级 | 47 | 3.8319 | 0.4719 | | |
| | 小教二级 | 2 | 3.4500 | 0.3536 | | |
| | 小教三级 | 9 | 3.8667 | 0.3428 | | |
| | 小教高级 | 60 | 3.9733 | 0.4198 | | |
| 职前教育类型 | 师范 | 93 | 3.9065 | 0.4442 | 0.1096 | 0.7411 |
| | 非师范 | 48 | 3.8813 | 0.3955 | | |
| 入职学历 | 中专及以下 | 68 | 3.9456 | 0.4057 | 3.328 | 0.6716 |
| | 大专 | 59 | 3.9068 | 0.4437 | | |
| | 本科 | 14 | 3.6286 | 0.3832 | | |
| 最高学历 | 中专及以下 | 17 | 3.8294 | 0.3996 | 0.5492 | 0.5787 |
| | 大专 | 91 | 3.9253 | 0.4024 | | |
| | 本科 | 33 | 3.8576 | 0.5062 | | |
| 岗位类别 | 专职教学人员 | 78 | 3.9679 | 0.3969 | 2.1321 | 0.0990 |
| | 教学兼行政人员 | 12 | 3.9167 | 0.4549 | | |
| | 教学兼班主任 | 47 | 3.7723 | 0.4652 | | |
| | 行政人员 | 4 | 3.9500 | 0.1000 | | |
| 任教学校类型 | 乡镇中心小学 | 106 | 3.8849 | 0.4694 | 0.3920 | 0.5322 |
| | 农村完小 | 35 | 3.9371 | 0.2613 | | |

注：Sig > 0.05 不相关；Sig < 0.05 差异显著；Sig < 0.01 十分显著；Sig < 0.001 极其显著。

从教龄背景来看，教龄2年以下的教师得分为3.7909，教龄为2～5年的教师得分为3.9700，教龄为6～10年的教师得分为3.6438，教龄为11～15年的教师得分为3.8452，教龄在16年及以上的教师得分为3.9822。数据表明教龄在16年及以上的教师获得的专业发展条件相对优于其他教龄组。

表1-10 教龄背景下各组教师的专业发展条件配对比较结果

| （I）教龄 | （J）教龄 | 均值差(I-J) | 标准误 | 显著性 | 95% 置信区间 | |
| --- | --- | --- | --- | --- | --- | --- |
| | | | | | 下限 | 上限 |
| 2 年以下 | 2～5 年 | −0.1791 | 0.1824 | 0.3280 | −0.5399 | 0.1817 |
| | 6～10 年 | 0.1472 | 0.1635 | 0.3698 | −0.1763 | 0.4706 |
| | 11～15 年 | −0.0543 | 0.1465 | 0.7118 | −0.3441 | 0.2356 |
| | 16 年及以上 | −0.1913 | 0.1351 | 0.1590 | −0.4584 | 0.0758 |
| 2～5 年 | 2 年以下 | 0.1791 | 0.1824 | 0.3280 | −0.1817 | 0.5399 |
| | 6～10 年 | 0.3263 | 0.1683 | 0.0547 | 0.0066 | 0.6591 |
| | 11～15 年 | 0.1248 | 0.1519 | 0.4125 | 0.1755 | 0.4251 |
| | 16 年及以上 | −0.0122 | 0.1400 | 0.9311 | 0.2906 | 0.2662 |
| 6～10 年 | 2 年以下 | −0.1472 | 0.1635 | 0.3698 | −0.4706 | 0.1763 |
| | 2～5 年 | −0.3263 | 0.1683 | 0.0547 | −0.6591 | 0.0066 |
| | 11～15 年 | −0.2014 | 0.1285 | 0.1195 | −0.4556 | 0.0528 |
| | 16 年及以上 | −0.3384 | 0.1153 | 0.0039 | −0.5664 | −0.1105 |
| 11～15 年 | 2 年以下 | 0.0543 | 0.1465 | 0.7118 | −0.2356 | 0.3441 |
| | 2～5 年 | −0.1248 | 0.1519 | 0.4125 | −0.4251 | 0.1755 |
| | 6～10 年 | 0.2014 | 0.1285 | 0.1195 | −0.0528 | 0.4556 |
| | 16 年及以上 | −0.1370 | 0.0895 | 0.1281 | −0.3141 | 0.0400 |
| 16 年及以上 | 2 年以下 | 0.1913 | 0.1351 | 0.1590 | −0.0758 | 0.4584 |
| | 2～5 年 | 0.0122 | 0.1408 | 0.9311 | −0.2662 | 0.2906 |
| | 6～10 年 | 0.3384 | 0.1153 | 0.0039 | 0.1105 | 0.5664 |
| | 11～15 年 | 0.1370 | 0.0895 | 0.1281 | −0.0400 | 0.3141 |

由表1-10可知，6～10年教龄组与16年及以上教龄组具有显著性差异，同时教龄组16年及以上与教龄组6～10年也具有显著性差异。数据表明，××市乡

村小学教师教龄在16年及以上的教师获得更好的专业发展条件。

教师专业发展需要具备一定的内外在条件。从外界所提供的支持教师专业发展的条件有以下6个方面，根据调查结果得表1-11。

表1-11　外界提供的专业发展条件选择概率分析

| 外界提供的专业发展条件 | 选择概率 |
|---|---|
| 学校的支持与鼓励 | 69.5% |
| 行政部门的政策保障 | 58.2% |
| 社会氛围良好 | 40.4% |
| 本人发展潜力 | 27.7% |
| 工作压力适度 | 25.5% |
| 业余时间较为充裕 | 12.1% |

表1-11表明，学校的支持与鼓励是教师专业发展存在的最普遍的有利条件，达到所调查教师的69.5%，其次分别是行政部门的政策保障（58.2%），然后是社会氛围良好（40.4%）。其他的如本人发展潜力（27.7%）、工作压力适度（25.5%）和业余时间较为充裕（12.1%）所占比例则比较小，这说明在教师日常教学活动中，社会氛围、本人发展潜力、工作时间长、工作压力大也或多或少成为影响专业发展的不利条件。

### 三、专业发展方式和途径

#### （一）专业发展方式

专业发展方式关系到教师专业发展是否能够成为现实。可能在教学环境中实现的专业发展方式有进修与培训、教学反思、经验交流、创新性实践和教育科研5种。

由表1-12可知，进修与培训和经验交流是最受教师们欢迎的2种方式，占同样的百分比（51.1%）。其次，创新性实践（43.3%）、教学反思（36.9%）和教育科研（7.8%）。其中进修和培训以及经验交流在最大范围内被教师们所接受，成为他们进行专业发展的主要方式。而对于教学过程中的教学反思以及教育科研相对甚少，这也是××市乡村小学教师没有充分重视和未很好利用的专业发展方式，在这2种发展方式上面存在很大的发展空间。

表1-12　专业发展方式的选择概率分析

| 发展方式 | 选择人数 | 所占概率 |
|---|---|---|
| 进修与培训 | 72 | 51.10% |
| 教学反思 | 52 | 36.90% |
| 经验交流 | 72 | 51.10% |
| 创新性实践 | 61 | 43.30% |
| 教育科研 | 11 | 7.80% |

（二）专业发展途径

教师专业发展最重要的一环是通过什么途径来具体指导专业发展实践。在教师职业各阶段，通过教学过程增进关于教学方法和课堂管理知识的途径做出具体分析，详见表1-13。

表1-13　教师专业发展途径的选择概率分析

| 发展途径 | 选择人数 | 所占概率 |
|---|---|---|
| 作为中小学学生时的经历 | 33 | 23.30% |
| 师范教育 | 59 | 41.80% |
| 职后学历补偿教育 | 26 | 18.40% |
| 职后专业培训 | 43 | 30.50% |
| 教学观摩活动 | 64 | 45.40% |
| 和同事的日常交流 | 52 | 36.90% |
| 阅读专业书刊 | 21 | 14.90% |
| 有关专家的讲座 | 35 | 24.80% |
| 骨干教师（教研员）的指点 | 14 | 9.90% |

表1-13表明教学观摩活动是教师在日常教学活动最喜闻乐见的专业发展途径，占所调查教师总人数的45.4%，其次是师范教育（41.8%）和同事的日常交流（36.9%）、职后专业培训（30.5%）、有关专家讲座（24.8%）、作为中小学学生时的经历（23.3%）、职后学历补偿教育（18.4%）、阅读专业书刊（14.9%）

和骨干教师（教研员的指点）（9.9%）也在很大程度上成为教师进行专业发展的途径被教师们所接受。

### 四、专业发展面临的困难和困惑

#### （一）专业发展面临的困难

在教师专业发展的过程中，当然也会存在一些问题，通过调查反映当前在现实环境中教师专业发展面临的困难。本书从专业发展所面临的外在困难和内在困难两个方面进行分析，首先从专业发展面临的外在困难分析，见表1-14。

表1-14  专业发展面临外在困难的选择概率分析

| 专业发展面临的外在困难 | 选择人数 | 选择概率 |
| --- | --- | --- |
| 缺少培训经费 | 61 | 43.3% |
| 日常工作任务重，时间不够用 | 57 | 40.4% |
| 行政部门无政策支持 | 56 | 39.7% |
| 社会支持不够 | 41 | 29.1% |
| 学校不提供条件 | 38 | 27.0% |
| 家庭负担重，工作压力大 | 29 | 20.6% |
| 培训课程不合理 | 16 | 11.3% |

由表1-14可知，××市乡村小学教师认为在教师专业发展中存在的最大问题是缺少培训经费，占所调查教师的43.3%，其次分别是日常工作任务重，时间不够用（40.4%）和行政部门无政策支持（39.7%）。其他的如社会支持不够（29.1%）、学校不提供条件（27%）、家庭负担重，工作压力大（20.6%）、培训课程不合理（11.3%）也是××市乡村小学教师目前专业发展存在的实际困难。

专业发展面临的内在困难分析具体详见表1-15。

由表1-15可知，××市乡村小学教师认为在教师专业发展中个人存在的最大问题是教学观念陈旧，占调查教师的58.9%。其次是教学方法落后和教学艺术性欠缺，分别占所调查教师的50.4%。对儿童心理了解不够（27.7%）、学科知识不足（12.8%）、师生关系处理不当（8.5%）也分别占有一定的比例。由此可知，教学观念陈旧和学科知识不足是影响××市乡村小学教师专业发展困难的内在的最主要因素。

表1-15 专业发展面临内在困难的选择概率分析

| 专业发展面临的外在困难 | 选择人数 | 选择概率 |
|---|---|---|
| 教学观念陈旧 | 83 | 58.9% |
| 教学方法落后 | 71 | 50.4% |
| 教学艺术性欠缺 | 71 | 50.4% |
| 学科知识不足 | 18 | 12.8% |
| 对儿童心理了解不够 | 39 | 27.7% |
| 师生关系处理不当 | 12 | 8.5% |

## （二）专业发展产生的困惑

在教师专业发展的过程中，每个发展阶段都会存在着困惑，困惑的出现一方面可以促进教师进行思考以解决困难，另一方面，专业发展过程中的困惑不及时处理将会阻碍教师专业发展的积极性。笔者通过预设乡村小学教师专业发展过程中的困惑程度来研究。首先设问主观感觉目前教师越来越难当的认可程度，5个程度分别是：非常符合、比较符合、不确定、比较不符合和非常不符合。

从表1-16可知，××市乡村小学教师在教师专业发展中认为目前教师越来越难当比较符合占到47.5%，非常符合的占到36.2%，这两项占到调查人数的绝大多数，说明××市乡村小学教师在教师专业发展过程中普遍存在着这样或那样的困惑。

表1-16 专业发展困惑的选择概率分析

| 专业发展面临的外在困难 | 选择人数 | 选择概率 |
|---|---|---|
| 非常符合 | 51 | 36.2% |
| 比较符合 | 67 | 47.5% |
| 不确定 | 12 | 8.5% |
| 比较不符合 | 7 | 5.0% |
| 非常不符合 | 4 | 2.8% |

补充测试标志教师成功的因素有哪些，笔者通过9个因素来分析，以反映当前××市乡村地区小学教师的专业发展参照标准，以反映专业发展困惑的源头，具体详见表1-17。

表1-17　专业发展困惑的选择概率分析

| 教师成功因素 | 选择人数 | 所占概率 |
|---|---|---|
| 职务的大小 | 10 | 7% |
| 从条件差的学校向好学校流动 | 19 | 13.50% |
| 任教学生的喜欢程度 | 87 | 61.70% |
| 任教学生成绩的好坏 | 49 | 34.80% |
| 社会知名度的大小 | 30 | 21.30% |
| 发表论文著作的多少 | 5 | 3.50% |
| 上公开课的级别和次数 | 24 | 17% |
| 获得各种奖项的级别与次数 | 37 | 26.20% |
| 职称的高低 | 3 | 2.10% |

从表1-17可知，××市乡村小学教师专业发展过程中认为标志教师成功的因素中任教学生的喜欢程度占据显著性高度，占调查教师的61.7%，其次是任教学生成绩的好坏（34.8%），然后是社会知名度的大小（21.3%）等等其他因素。

以上数据表明，××市乡村小学教师认为最成功的教师是最受学生欢迎和任教学生成绩好的教师。随着学习者获取信息途径的多样化和多元化，乡村教师面临着越来越多的挑战，如何成为学生心目中受欢迎的老师是当前××市乡村小学教师最关注的问题，随之而来的如何让学生喜欢且保证学生好成绩所带来的种种困惑也应运而生。

## 第三节　专业发展现状的调查结论

### 一、教师专业发展状况的总体特征

通过以上对教师专业发展各个维度的具体分析，并得出××市乡村小学教师专业发展在各维度上的总体概况，教师专业发展状况的总体特征表现如下。

**（一）从专业发展意识和需求看**

1. 从专业发展意识看

各组教师在专业发展意识上得分处于中等水平（3.2477），说明××市乡村小学教师专业发展意识不是特别强。同时，调查结果也显示，女教师的专业发展意识略高于男教师。导致这种状况的原因可能是：职业认同。魏淑华、宋广文通过实证研究得出在职业认同度上女教师要高于男教师。研究还表明，教师职业认同的增强也会促进教师专业发展，教师职业认同与专业发展意识、行为有密切的关系。数据说明在××市乡村小学教师中女教师在专业发展意识方面要高于男教师。

2. 从专业发展需求看

在专业发展需求方面，教师均分为3.9987，总体上教师专业发展需求良好。这可能是因为××市位于湖南省西部，作为基础的经济发展欠发达的农村地区，从而导致教育发展程度不高；由于地理位置封闭造成思想观念以及接受新知识的速度和广度都不如城市，更无法与省会城市长沙相提并论。这些环境影响教师专业发展需求，这与当地教育教学环境影响不一致，使得教师自身的提高和发展需求无法得到满足。

**（二）从专业发展机会和条件看**

1. 从专业发展机会看

在专业发展机会上得分2.9527，普遍偏低。这说明××市乡村小学教师得到的专业发展机会相对长沙、株洲等城市地区普遍偏低。××市乡村小学教师中学历较高的年轻教师相对学历较低的教师所获发展机会多；任教科目与所学专业一致的教师获得更多的专业发展机会。

××市乡村小学教师学历水平基本达到了国家规定的小学教师最低学历要求。随着政府对教育的不断重视，无论是为评职称还是提升自身的教育教学能力，教师通过各种途径对自己的学历进行提升，通过调查可知××市乡村小学教师的最高学历与入职学历的对照，见表1-18。

表1-18 ××市乡村小学教师最高学历与入职学历对比

|  | 入职学历 | 最高学历 |
| --- | --- | --- |
| 中专及以下 | 48.23% | 12.06% |
| 大专 | 41.84% | 64.54% |
| 本科 | 9.93% | 23.40% |
| 硕士 | 0.0% | 0.0% |

××市乡村小学教师入职学历水平仅9.9%的教师达到大学本科学历；42.8%的小学教师为大专学历；48.2%中专及以下毕业，比重居于调查教师的首位。××市乡村小学教师职后所达到的最高学历状况：本科学历比重达到23.4%；大专学历达到64.%，中专及以下学历的教师12.1%，无一例获得硕士学位的教师，呈现出"中间大两头小"的橄榄型学历分布格局。

2. 从专业发展条件看

从外界提供的专业发展条件看，调查得知，××市乡村小学教师专业发展条件良好（3.8960）。在××市乡村小学教师的日常教学生活中，其中希望获得学校的支持与鼓励是乡村小学教师最为关注的，其次是希望得到行政部门的政策保障。

（三）从专业发展方式和途径看

1. 从专业发展方式看

最受教师们欢迎的专业发展方式是进修与培训以及经验交流。在调查中发现××市乡村小学教师专业技能方面，认为自身欠缺运用信息技术能力居于首位，占调查人数的61%。其次是科研能力欠缺占到调查总人数的52.5%。然后是缺乏反思能力达到42.6%，以及教育教学能力欠缺达到22%（详见表1-19）。由此可知，××市乡村小学教师在运用信息技术以及科研方面能力欠缺，严重制约着教师的自我发展。教师处于瞬息万变的社会，适时地运用信息技术，无论对于课堂教学内容的解读还是对于学生学习的理解都非常有益。

表1-19  ××市乡村小学教师自我专业技能欠缺评估表

| 欠缺的专业技能 | 人数 | 占比 |
|---|---|---|
| 运用信息技术能力 | 86 | 61.0% |
| 科研能力 | 74 | 52.5% |
| 反思能力 | 60 | 42.6% |
| 教育教学能力 | 31 | 22.0% |

2.从专业发展途径看

在教育界大力倡导教师继续教育方式方法多样化的大环境下，当下教师专业发展途径可谓是五花八门。其中，出人意料的是××市乡村小学教师最受教师们欢迎的是教学观摩和培训这两种途径。对于校本培训可以有效地促进教师专业发展已经受到广泛的关注，并且在促进教师专业发展领域扮演越来越重要的角色，由此可知，××市乡村小学的校本培训还未真正展开。

**（四）从专业发展面临的困难和困惑看**

1.从专业发展面临的困难看

通过调查得知缺少培训经费是××市乡村小学教师专业发展过程中教师们认为遇到的最大困难。其次，教师们认为在专业发展中存在的大问题还有社会支持不够。经济水平一定程度上决定着教育的发展水平，并对教育起着决定性作用，这一观点在教育学理论中就做了明确的表述。缺少社会支持对教师专业发展极为不利，这一观点在很多著作、论文中都有呈现，如唐玉光《教师专业发展研究》就明确地提出社会支持对于教师专业化的重要性等。[①]

从调查可得，××市乡村小学教师呈现老龄化状态（详见表1-20），年龄在30～50岁，甚至51岁及以上占到14.9%。老教师对于信息技术接受速度比较慢，同时对于新事物及教育教学新理念接受相对来说需要一个较长的过程，这也是××乡村小学教师专业发展所面临的一个困难。

---

① 唐玉光.教师专业发展研究 [M].合肥：安徽教育出版社，2008.

表1-21　××市乡村小学教师年龄结构

| 年龄段 | 人数 | 比例 |
| --- | --- | --- |
| 25 岁及以下 | 13 | 9.2% |
| 26~30 岁 | 19 | 13.5% |
| 31~40 岁 | 49 | 34.8% |
| 41~50 岁 | 39 | 27.7% |
| 51 岁及以上 | 21 | 14.9% |

2.从专业发展面临的困惑看

××市乡村小学教师中，大部分人认为现在教师越来越难当。主要困惑有以下5个方面：（1）对继续教育的迷惘；（2）教学理论与教学实际严重脱节；（3）教学资源的低效率使用；（4）对新课改的不适应；（5）代课教师专业发展的缺失等。需要我们全面提高乡村小学教师素质，加强教师专业化发展；不断完善乡村小学教师教育培训体系；改革学校内部管理体制，优化乡村小学教师队伍结构。

以上研究总结从教师专业发展的4个维度8个因素层层进行分析，厘清××市乡村小学教师专业发展状况及专业发展存在的问题，有助于我们更好地开展后续的原因分析及提出××市乡村小学教师专业发展的针对性建议。

**二、研究的基本结论**

湖南省××市乡村小学教师专业发展状况总体低于长沙等城市。调查结果显示教师专业发展因个人背景因素不同存在差异。××市乡村小学教师专业发展状况在4个维度的总体概况如下：××市乡村小学教师专业发展意识和专业发展需要都处于中等水平，专业发展意识和专业发展需要都弱于株洲等城市小学教师（株洲市城市小学教师专业发展意识均值4.3277，专业发展需要均值3.7489）；××市乡村小学教师专业发展机会整体上少，其中经费缺乏、工作环境艰苦等使得专业发展条件不甚理想；进修和经验交流是最受教师青睐的专业发展方式，同时在日常教学工作中教学观摩活动及同事间的日常交流等这些易在乡村小学实现的专业发展途径大受欢迎；自身教学观念陈旧及教学方法落后是××市乡村小学教师认为自身面临的最大的困难和挑战，缺少教育经费，教师的日常工作任务重，时间不够用是当下乡村教师认为面临最大的外在困难，值得关注的是将近83%的乡村小学教师认为如今教师越来越难当。随着国家对教师专业发展越来越重视，××市乡村小学教师专业发展前景良好。

## 第四节　专业发展现状的改进建议

### 一、政府应采取的措施

#### （一）完善乡村教师继续教育政策和制度

1. 立足乡村实际，建立新型乡村教师继续教育体系

要突破整齐划一的标准化模式，对待城乡教师继续教育要有所区别。由于我国特殊的城乡二元结构所致的区域差异性，对于教育也应考虑到具体特点。因此，建立新型乡村教师继续教育体系，必须立足乡村学校实际，有目的有计划地组织乡村教师参与继续教育。

2. 制定乡村教师继续教育学费的优惠政策

向乡村教师倾斜的继续教育优惠政策将大大有益于乡村小学教师专业发展的实现。进修费用参照不同经济程度分别进行不同水平的减免。减轻乡村小学教师参与继续教育的经济负担，提高农村教师参与继续教育的积极性，加大乡村小学教师的继续教育机会，以此来提高乡村教师的教育教学水平。

3. 继续加强乡村教师继续教育制度的建设，力求实效性和系统性

农村基础教育阶段教师基数大，短时间内让乡村教师在各方面达到城市教师的水平是很困难的，继续关注和加强乡村教师继续教育制度的建设，兼顾制度实效性和系统性，统筹资源来完善乡村教师继续教育制度。

4. 建立城市教育支援乡村教育的支持机制

由于缺少返乡的利益驱动机制，多数乡村所培养的人才综合各方面的条件

选择在城市发展，这无形中让农村基础教育培养的人才资源流失。无论是从回馈乡村教育的角度，还是从关注处境不利人群的角度，建立城市教育支援乡村教育的支持机制才能保证整个教育生态平衡并且高质量地运转，这是一项互利的继续教育工程。

### （二）进一步加大对农村基础教育和师资培训投入

当下农村教育投资中，92%由各级地方财政支出，中央财政支出仅8%。要缩小教育差别，当务之急是改变现行的教育投入体制。由于政策体制可能造成新的教育落后地区，这样的悲剧是可以避免的。

教师工作的环境及条件也无形中反映了乡村教育经费的不足。一位数学教师在访谈中提道："我的梦想是当一名老师，怀着学有所成回报家乡的心愿，两年前我开始了我的教师生涯。刚开始分到我们学校时我失落了很久，老师办公室很简陋，教具除粉笔黑板刷很难接触到多媒体，学校图书馆的藏书少而且旧，也没有经济条件外出参加进修。"不难看出××市政府对乡村小学教师继续教育的工作环境和条件改善方面投入还不够。进一步加人对农村基础教育和教师培训的投入，为保障乡村教师专业发展顺利进行显得至关重要。

### （三）逐渐消除城乡二元结构导致的教育资源配置不公

基础教育资源配置不公源于教育的城乡差距。城乡二元结构是我国城市与农村经济社会发展不平衡的体制原因，它严重影响了我国教育资源的均衡配置。我国已经到了城市支持乡村的发展阶段，要让乡村切实享受到经济发展和改革开放的成果，彻底改革城乡二元体制。目前，我国城乡二元结构正逐步消除，这为基础教育资源均衡配置提供了体制保证。只有逐步消除城乡二元结构，才能彻底解决我国教育资源配置不公的问题。

## 二、学校应做出的改进

### （一）制订并完善教师继续教育保障和激励制度

制订教师继续教育制度和激励制度可以有效保证教师继续教育有序进行，同时明确规定教师在接受继续教育过程中享有的权利，以及应该履行的提高自身素质、能力的义务。

首先，在学校制度建设中纳入教师继续教育。教师的继续教育是教师成长的一个重要途径，对教师专业发展有着重要意义。"教师继续教育要适应教师专业化和教育发展的要求，必须完善继续教育立法，建立网络状管理组织，加强继续教育基地建设，改革继续教育模式，创新继续教育方法。"[①] 学校制订教师继续教育制度，并在实践中不断完善和修正，确保教师继续教育真实有效地开展。其次，学校通过各种途径设立继续教育专项资金并保证专项资金可供计划所需。再次，建立健全乡村教师的继续教育的激励机制，鼓励乡村教师正面、积极地参与到继续教育中来，及时总结和鼓励，将在职进修与教师绩效等挂钩。同时，学校建立在职教师继续教育基金，以保证教师进修和发展科研项目等活动的顺利进行。

**（二）利用并寻求专业机构和团体的参与和帮助**

城市学校有许多有效的专业发展方法和方式供教师选择，如通过便捷的网络进行远程教育，参加学术会议，去综合性师范大学参加专业培训等，然而在农村地区，这些专业发展之路似乎难以对接农村的实际。随着知识更新速度的加快，乡村小学教师面临越来越大的挑战，同时青少年身心发展阶段加快，对教师提出了更高的要求，教师专业发展的专业机构和专业团体对乡村小学教师进行专业发展指导和帮助显得尤为重要。

首先，各级教育行政机构建立教师专业发展的专业机构或成立教师专业发展的专业团体，乡村小学根据学校现实情况推荐部分教师进入专业机构学习，然后回归乡村小学带动其他教师进行专业发展的学习和实践。其次，派驻教师专业发展专家、能手进入乡村小学进行实地指导，并重点发展几所不同类型的乡村学校进行专业发展的成功范例，供其他乡村学校学习和研究。最后，鼓励教师个体积极主动寻求教师专业团体帮助。在访谈调查中，教师回答："对所

---

① 刘要悟，张莹，何金花.重视特岗教师继续教育　促进特岗教师专业发展 [J].当代教师教育，2016（1）：84-89.

谓的专业化定位不太清楚，什么样的专业发展，有何发展不懂。"同时有教师回答："多参加一些专业化的培训、阅读一些专业书籍，参加教学观摩，利用网络进行更多的学习"，表明了对教师专业发展理解的欠缺，但同时也表明了对专业发展的向往。专业的教师专业发展机构和团体显得合理而重要。利用并寻求专业机构和团体的参与和帮助，让乡村小学教师能够接触并参与专业机构和专业团体的帮助和指导以实现自身专业发展。

### （三）建立积极、向上、合作的学习型学校文化

在乡村小学教师中营造积极向上的学习氛围，形成有利于乡村小学教师专业发展的学校文化，不仅对提高教学质量有益，而且对于乡村小学教师自身的发展也大有益处。积极、向上与合作的学校文化，给乡村小学教师打开一扇天窗，让乡村教师在一个充满正能量的环境中开心地工作和生活，提高乡村教师的生命质量。同时，学生也是最大受益者，让乡村的学生享受优质的教学资源。

建立积极、向上、合作的学习型学校文化，首先转变传统的集权管理方式。为营造和谐的学校文化，乡村小学校长应当适当放权，让更多的教师参与管理，让更多的教师发声，建立民主平等的学校文化。[1] 其次，为乡村教师专业学习提供学习资源，保证教师学习的硬件设施和设备，为乡村教师专业发展提供硬件保障。如电脑配置、投影仪配置等，便于实现教师唾手可得的学习机会。及时更新图书室资料，建立教师阅览室，方便教师课余交流和分享心得。最后，建立和完善学习型学校文化的相关制度。对于传统教学中的陋习要敢于摒弃，对于有利于学习型学校文化建设的行为要加以鼓励，形成学习大气候。积极、向上、合作的学习型学校文化能引领教师更好地成长，激发乡村教师在工作岗位上的无限热情。

学校环境在一定程度上影响教师的行为和观念，一个好的学校文化能引领教师积极成长。一个积极、向上、合作的学习型学校文化，能激发教师的工作

---

[1] 杰罗姆·布鲁纳.布鲁纳教育文化观[M].宋文里，黄小鹏，译.北京：首都师范大学出版社，2012.

热情及创造性。<sup>①</sup>良好的学习型学校文化也是校园文化的支点，她增强向心力和凝聚力，形成学校团结向上的气候。这对于教师专业发展无疑是一个重要的条件。共同营造互相信任、彼此关心、民主平等、鼓励合作的学习型校园文化，合作互动式的研究氛围，让教师共同成长，建立多元激励式的评价体系，让教师超越自我，只有给教师创造发展的空间，才能激发教师的创新热情、提高创新能力。同时也有助于教师专业共同体的形成。

**（四）将"均衡普及""新课程实施"与"教师专业发展"有机结合**

在教育欠发达的 ×× 市农村地区，普九从量到质，毋庸置疑还有一段距离。亦如课程改革二十多年来，依然还有很多问题需要克服，走进课堂，不论教育理念，还是教学方法仍存在着"新瓶装旧酒"的现象。在新课改实施的大背景下，对教师和学校都提出了一系列的挑战。教师专业发展已是大势所趋。有效地将均衡普九、新课程实施与教师专业发展有机结合将是非常重要的一环。<sup>②</sup>要推行新课程改革，就必须转变教育观念，改变以往的备课方式，提高教师备课的质量。同时，教师专业发展直接推动着新课程改革。教师专业的发展，对于教育质量的提高起着关键作用。三者相互影响相互促进。只有这"三联动"有机结合，教育才会持续、健康地发展。

**三、教师应付出的努力**

**（一）转变观念，把握趋势（教师职业专业化趋势）树立终身学习观念**

20世纪60年代，终身教育思想作为一种思潮应运而生，1965年法国教育家保罗·朗格朗出版了《终身教育导论》一书<sup>③</sup>，这标志着终身教育思潮的形成。在终身教育思想的影响下，教师职业专业化成为国际教师职业主流趋势。<sup>④</sup>为

① 全晓洁，蔡其勇.乡村教师专业发展的文化回应性审思：走向文化理解、反思与实践 [J].教育研究，2024，45（4）：84-95.

② 曹俊军.深化基础教育课程改革的沉思 [M].武汉：华中科技大学出版社，2015.

③ 保罗·朗格朗.终身教育导论 [M].滕星，滕复，王箭，译.北京：华夏出版社，1988.

④ 原左晔，尚瑞茜.终身学习时代的教师角色转变：逻辑向度与实现进路 [J].终身教育研究，2024，35（1）：25-32，65.

适应教育和社会可持续发展，我国提出了教师可持续发展。终身教育理念对教师的专业发展具有指导性作用。我国教育学界的众多学者、专家就终身学习与教师专业发展的联系和影响方面做了一系列研究。然而终身学习理念在××市乡村小学并没有真正地体现在专业发展的各方面。

教师职业专业化不断地提升，教师行业准入门槛相应提高，这就要求教师应及时更新学科知识，不断学习新的教学理念、教学技术和教学方法，[①] 只有这样才能适应学生需要和教学目标的新变化。教师应通过多途径多渠道来加强教师专业理论等综合素质，对教师专业发展有一个宏观性的理解。同时在教学实际环境中参照教师专业发展标准来严格要求自己，充实自己，跟上时代的步伐。

### （二）争取机会加强理论学习，提高教育专业修养

教育理论是教育领域的所有工作人员必须掌握的基本理论，它是关于教育问题的系统性陈述。教育家柯南特曾定义专业教育学训练，即不同于其他专业的分水岭，因为公共教育事业不是任何人都可以有资格从事的，科学理论知识的熟练掌握是现代社会教师的必然要求。教育科学理论知识是教师职业所特有的组成部分。[②]

由于××市乡村小学地处偏远，对于乡村教师来说进修深造的机会和时间受到来自多方面主客观因素的限制。但随着教师专业化这一趋势的加强，国家对教师专业发展高度重视。乡村小学教师为适应教育教学改革及新时代乡村对教育的需要，应自觉积极参加各类教育培训和有关新课程的培训。教师专业理论知识是教师专业发展内涵中不可缺少的一环，在调查中显示，××市乡村小学教师自我评估中认为自身缺乏教育理论知识的占到近调查人数的一半。掌握丰富的教育理论，有助于更好地指导教师的教育教学实践。首先，参加系统的教育理论课程或培训，使教师可以短时间掌握全面、系统的教育理论知识。

① LIEBERMAN A, MACE D H P. Teacher Learning: The Key to Educational Reform[J]. Journal of Teacher Education, 2008, 59(3): 226-234.

② 石中英. 知识转型与教育改革 [M]. 北京：教育科学出版社，2001：224-225.

其次，利用课余时间不断地自我学习以更新自身的知识结构。再次，加强教师之间的交流，同事之间互取所长。由于客观条件的限制，平时工作之余教师之间的交流对于学习教育理论知识是比较有效的途径。最后，教育的理论与日常教学有机结合以指导实践的作用。争取各种机会加强教育理论学习，提高自身教育修养，加强理论修养提高育人效果。

**（三）积极参与教研教改活动，培养实践反思能力**

"对于专业人员来说，最难的问题不是应用新的理论知识，而是从经验中学习。学术对于专业工作是必要的，但又是远远不够的。因此，专业人员必须培养从经验中学习和对自己的实践加以思考的能力。"[1] 所谓教学反思，是指教师在教学活动后，对教学活动再思考，发现教学过程中的优点与不足，进行教学经验总结，以解决教学问题，提高教育教学水平。这也是目前提高教师专业发展水平的有效举措。"反思是教师之所以成为专业教师的核心所在"[2]。因此，培养实践反思能力对于提高教育教学水平有着重要的价值。其中教学反思分为课前反思、课中反思和课后反思。每个阶段都有着不同的效果，帮助教师找到问题根源，有助于在新的课堂教学过程中有效顺利进行。教师反思能力是影响教师专业化水平的重要因素之一，教师通过反思进行自我评价，同时反思促进教师个人专业发展[3]。只有具备反思能力，才能体现教师职业的创造性、应用性和挑战性，以提升自己的教师专业化形象。

**（四）克服工作、生活上的困难，主动参与"校本培训"活动**

校本培训应教育教学改革及教师发展的需要而生，立足乡村小学实际的校

---

① EASTON L B. From Professional Development to Professional Learning[J]. Phi Delta Kappan, 2008, 89(10): 755-761.

② 石生莉.教师文化研究新取向：教师新专业文化的确立 [J].教育理论与实践，2006（10）：19-24.

③ 彭程，曾永红.有效课堂反馈促进学生发展：基于哈蒂"可见的学习"的视角 [J].上海教育科研，2024（3）：13-20.

本培训，能够提高教师的教学水平和科研能力并促进教师自身不断成长。[①]××市乡村小学，教学环境艰苦，在这种环境下，开展校本培训可以缓解教师继续教育以及提升教育教学质量和水平的矛盾。校本培训是立足××市乡村小学实际，为了乡村小学教师专业发展顺利进行，在乡村小学作为教师专业发展的平台和窗口。这种培训模式的首要优势在于针对性强，其次是不受时间和空间的限制，灵活便捷。[②] 最后培训模式效率高，也易于被条件所限的乡村小学教师所接受。

调查"影响教师专业发展最主要原因"这一问题，认为自我学习意识落后的占44.7%，仅次于学校现状对于教师专业发展的影响。要促进乡村小学教师专业发展，重在充分发挥教师主观能动性。教师专业发展，归根结底靠教师自己的力量。[③] 只有教师具备了专业发展的内在动力和专业知识与技能，才能积极寻求自主学习和发展机会来提升自我。在这个过程中学习和利用自我提升的发展机会，倾注自身深厚的专业精神。教师自身的推动力，是维持教师自我专业发展的心理过程。我国学者叶澜指出："只有当教育者自觉地完善自己时，才能更有利于学生的完善与发展；在职业实践中对完美职业角色形象的探究和实践、思考与行动，则对教育质量和教师生命质量都具有决定性意义。"[④] 从这个意义上说，教师专业发展意味着教师要对自己的专业发展负责，是一种专业自主、自我更新的发展，教师不仅是专业发展的对象，也是自身专业发展的主人，对我国教师专业发展水平的高低将产生起着核心作用。

---

① 中央教育科学研究所"校本教研制度实施中的调查分析与对策研究"课题组.全国校本教研实施现状的调查分析与对策研究[J].教育科学研究，2007（1）：31-36.

② 刘要悟，程天君.校本培训的合理性追寻[J].教育研究，2004（6）：74-79.

③ 王华女.幸福的教育人生何以可能：给教师的建议[J].中国教育学刊，2008（1）：46-49.

④ 叶澜.创建上海中小学新型教师队伍决策性研究总报告[J].华东师范大学学报（教育科学版），1997（1）：1-9.

# 第二章　师资培训与专业引领

师资培训与专业引领之间存在紧密的关系，两者在教师专业发展中起着互补和相互促进的作用。通过系统的师资培训，教师可以获得理论上的提升和方法上的掌握；通过专业引领，教师可以在实践中得到具体指导和帮助，将所学知识应用到实际教学中，从而实现专业成长。这种双重支持模式，有助于全面提升教师的专业水平和教育教学质量。

## 第一节　师资培训与教师专业发展

师资培训提供系统的理论知识和教学方法，帮助教师提升专业素养和教学技能，通常包含基础理论、学科知识、教学策略等培训内容，帮助教师夯实基础。师资培训多以课程、讲座、工作坊等形式进行，有计划、有组织地进行系统培训，旨在提升教师的专业素质和教学能力，为教师提供成长平台。

### 一、师资培训与继续教育

师资培训指通过系统的培训和学习活动，提高教师的专业知识和技能，以适应教育教学的需求和发展。师资培训可以分为职前培训和在职培训两大类。职前培训的目的是为即将进入教育行业的人员提供必要的专业知识和技能培训，使其具备成为合格教师的基本素质。职前培训的内容主要包括教育学、心理学、教学法、学科知识等方面的理论学习和实践训练。在职培训的目的是为在职教师提供继续教育和专业提升的机会，帮助他们更新知识、提升技能、适应教育改革和发展。职前培训的内容可以包括新课程标准培训、新教学方法研讨、信息技术应用培训、学科专业知识更新等。

**（一）师资培训的意义与作用**

师资培训在教育体系中扮演着至关重要的角色，其意义与作用体现在多个方面。

1.师资培训的主要意义

首先，提升教师专业素养。师资培训通过系统的知识传授和技能培训，帮助教师掌握最新的教育理论和教学方法，提升他们的专业素养和教学水平。其次，适应教育改革需求。随着教育改革的不断深入，教师需要不断更新和调整自己的知识和技能，以适应新的教育要求和复杂适应系统（CAS）教学模式。[①]师资培训为教师提供了学习和适应新变化的平台。再次，促进教育公平与质量。师资培训可以缩小不同地区和学校之间的教育差距，提升教育的整体质量，促进教育公平。最后，提升教师职业认同感和满意度。通过培训，教师能够看到自身的进步和发展，增强职业认同感和满意度，提高工作积极性和责任感。

2.师资培训的主要作用

（1）更新专业知识，提升教学技能。师资培训可以帮助教师了解和掌握最新的教育理论、教学方法和学科知识，保持专业知识的先进性和时效性。培训课程中包含大量的教学技能训练，如课堂管理、教学设计、学生评估等，帮助教师提升实际教学能力。

（2）提高教学质量，促进教学创新。经过培训的教师在课堂教学中更加游刃有余，教学效果显著提高，学生的学习兴趣和成绩也随之提升。师资培训鼓励教师探索和尝试新的教学方法和技术，培养创新思维，推动教育教学的创新和发展。

（3）更新教育理念，增强教学科研能力。师资培训帮助教师更新教育理念，

---

① 布鲁斯·乔伊斯，玛莎·韦尔，艾米莉·卡尔霍恩.教学模式（第9版）[M].兰英，等，译.上海：华东师范大学出版社，2021.

将先进的教育思想和方法带入教学实践，促进教育理念与实践的结合。通过参加教育科研培训，教师可以提高自己的科研能力，参与教育科研项目，推动教学研究和实践的结合。

（4）促进教师交流，支持教师职业发展。师资培训为教师提供了一个交流和合作的平台，促进教师之间的合作与经验分享，形成良好的教学团队氛围。师资培训也为教师提供了职业发展的机会和平台，帮助他们制订职业规划，实现职业目标，推动个人和专业的全面发展。

（5）提升管理水平，促进学生全面发展。对于教育管理人员的培训可以提升他们的管理能力和领导力，提高学校和教育机构的管理水平和效率。师资培训使教师能够更好地关注学生的全面发展，不仅注重学科知识的传授，还重视学生的综合素质和能力培养。

总之，师资培训在提升教师专业素养、促进教育改革、提高教育质量等方面具有重要意义和作用。通过持续的师资培训，教师能够不断提升自我，适应教育发展的新需求，从而更好地服务于学生和教育事业。

**（二）中小学师资培训的种类与方法**

中小学师资培训的种类和方法多种多样，旨在满足不同教师的需求，提升其专业素养和教学能力。

1. 中小学师资培训的主要种类

（1）职前培训。职前培训是为即将进入教育行业的新教师提供基本的教育理论和教学技能培训。其培训内容主要包括教育学、心理学、学科知识、教学法、课堂管理等。

（2）在职培训。在职培训是为在职教师提供继续教育和专业发展的机会，其培训内容主要包括新课程标准培训、教学方法更新、教育技术应用、学科专业知识深化等。

（3）专题培训。专题培训往往是针对某一特定主题或问题进行深入培训的活动。培训内容涉及某一专题领域，如信息技术与教育融合、课堂管理技巧、学生心理辅导等。

（4）校本培训。校本培训是根据学校具体需求和教师实际情况开展的培训。校本培训内容主要涉及教学案例研讨、校内教学观摩、集体备课等。

（5）远程培训。远程培训是利用互联网和信息技术，为教师提供便捷的学习平台。远程培训内容主要涉及网络课程、在线讲座、教育资源共享等。

2. 中小学师资培训的主要方法

（1）讲座与报告。邀请专家学者进行专题讲座或报告，可以迅速传递前沿知识和理念，激发教师的思考和学习兴趣。通过系统的培训讲座和学习报告，帮助教师了解和掌握先进的教育理念和教学方法，促进教学观念的更新。同时，教师的专业知识和技能得到显著提升，有利于提高教学质量。

（2）研讨与交流。组织教师进行专题研讨和经验交流，通过讨论和分享，促进教师之间的互相学习和共同进步。培训活动中的合作与交流，不仅增强了教师之间的团队合作精神和协作能力，还能增强教师的自信心和职业认同感，提高工作积极性和责任感。

（3）示范课与观摩课。由优秀教师或专家上示范课，其他教师观摩学习，通过实际课堂教学，直观展示优秀的教学方法和教学策略，促进教师能够更好地理解和实施教育教学改革的各项措施，推动教育质量的全面提升。

（4）实践与反思。教师在教学实践中运用所学知识和技能，然后进行反思和总结。通过实际操作和反思，深化对教学理论和方法的理解和掌握。

（5）小组合作学习与远程教育。教师分成小组，围绕特定主题进行合作学习和研究。小组合作学习能够有效地促进教师之间的合作与交流，增强团队合作精神。

利用网络平台进行在线课程、网络研讨会、虚拟课堂等展开的在线学习与远程教育活动，打破时间和空间的限制，为教师提供灵活多样的学习方式。

（6）教学案例分析与教育科研。通过具体教学案例的分析和讨论，研究教学中的问题和解决策略。教学案例分析以实际问题为导向，提高教师解决实际教学问题的能力。组织教师参与教育科研项目，进行课题研究，培养教师的科研能力，促进教学与科研的结合。

总之，中小学师资培训的种类和方法丰富多样，既要满足教师的个性化需求，也要紧跟教育发展的趋势和要求，通过多种培训形式和方法的结合，全面提升教师的专业素养和教学能力。

### （三）师资培训与继续教育的关系

如前所述，师资培训通常指特定时间内，针对教师群体进行的系统性培训，旨在提高教师的专业知识、教学技能和职业素养。培训形式包括集中培训、专题讲座、工作坊、教研活动等。继续教育指教师在职期间通过各种途径持续不断地学习和提升自己的专业能力。继续教育包括学历进修、远程教育、在线课程、校本培训等形式，具有长期性和连续性的特点。中小学师资培训与继续教育关系紧密，互为补充，共同构成提升教师专业素养和教学能力的系统性工程。

（1）目标一致。师资培训与继续教育的共同目标都是促进教师专业成长，提升教师的专业素养和教学能力，推动教育质量的提高。通过不断地学习和培训，教师能够保持专业的持续发展，适应教育改革和教学实践的需要。

（2）内容互补。一方面，师资培训通常集中在特定的专业知识和教学技能的提升上，而继续教育则涵盖更广泛的内容，包括学术研究、教育技术、心理学等多个领域。另一方面，师资培训往往在短期内提供高强度、集中性的学习，而继续教育则是长期、持续的，注重知识的深度和广度。

（3）形式多样。师资培训可以通过集中培训、专题讲座等形式进行，具有灵活性和多样性。而继续教育则包括学历进修、在线课程、远程教育等形式，具有自主性和持续性。校本培训作为师资培训的一种重要形式，与继续教育中的校本学习相结合，更能贴近教师的实际需求和学校的教学环境。

（4）效果增强。师资培训为教师提供了集中学习的机会，而继续教育则保证了教师在职期间的持续学习，两者相结合，可以增强学习效果。同时，师资培训提供了理论和方法的学习，而继续教育则强调实践中的应用和反思，通过不断的实践、反思，再学习，教师能够不断提升自己的教学能力。

（5）政策支持。各级政府和教育部门通过制定政策、提供资金和资源支持，推动乡村中小学师资培训和继续教育的实施，确保教师能够获得持续的发展机会。学校作为实施主体，积极组织和开展各种培训和继续教育活动，社会各界也通过提供资源和支持，参与到教师的专业发展中来。

中小学师资培训与继续教育关系紧密，共同构成了教师专业发展的重要途径。通过集中培训与持续教育相结合，教师能够不断提升自己的专业知识和教学技能，适应教育改革的需求，推动基础教育的发展和进步。各级政府、教育部门和学校需要共同努力，为教师提供良好的培训和继续教育条件，确保教师的专业成长和职业发展。

## 二、师资培训与教师专业发展

### （一）教师专业发展

教师专业发展指教师通过自我反思、持续学习和实践改进，不断提升自己的专业素养和教学能力的过程。教师专业发展是一个长期、动态的过程，包括以下3个方面。

（1）持续学习与教学反思。教师需要不断更新自己的知识和技能，适应不断变化的教育环境和学生需求。这包括参加各种培训、读书学习、参加学术会议等。教师通过反思自己的教学实践，发现问题，寻找改进的方法，不断优化教学策略和方法。

（2）教育科研与专业交流。教师参与教育科研活动，研究教学中的问题，探索新的教育理论和实践，提升教育科研能力。教师通过与同事、专家的交流合作，分享经验和成果，共同探讨教育教学中的问题，形成专业学习共同体。

（3）职业规划。教师根据自身的发展需求和职业目标，制订合理的职业发展规划，明确发展方向和目标。

### （二）师资培训与教师专业发展的关系

师资培训和教师专业发展是教育体系中至关重要的组成部分。它们不仅直接影响教师的教学质量，还对学生的学习效果和整体教育水平产生深远影响。

师资培训和教师专业发展是相辅相成的关系。师资培训为教师专业发展提供了必要的知识和技能基础，而教师专业发展则通过不断地学习、反思和实践，巩固和提升这些知识和技能。两者共同促进教师的专业成长和教育质量的提高。

师资培训和教师专业发展对于提升教师的专业素养和教学水平至关重要。通过系统的培训和持续的发展，教师能够不断适应教育的变革和发展，提供高质量的教育服务，最终实现教育事业的可持续发展和进步。

### （三）教育界关于乡村教师培训与专业发展的论述和观点

教育家对乡村教师的进修和在职培训有着深刻的理解和丰富的论述。以下是一些著名教育家和专家的观点，他们强调了乡村教师培训的重要性及其对专业发展的意义，并提出了具体的建议和看法。

#### 1.朱永新的观点与建议

朱永新认为，实现城乡教育的均衡发展是教育公平的重要体现，乡村教师的进修和在职培训是实现这一目标的关键。他强调教师的终身学习理念，认为教师需要不断更新自己的知识和技能，以适应教育发展的需求。他提出建议：一是加强培训投入。增加对乡村教师培训的财政投入，确保乡村教师有机会参加各种形式的培训。二是构建学习共同体。通过建立教师学习共同体，促进教师之间的交流和合作，共同提升专业素养。[①]

#### 2.魏书生的观点与建议

魏书生认为，教师素质是决定教育质量的关键因素，尤其是乡村教师的素质直接影响乡村教育的发展。他强调理论与实践相结合，认为乡村教师的培训不仅要注重理论知识的传授，更要注重实践能力的提升。他建议：一是实地培训。组织教师进行实地培训，通过课堂观摩、教学实践等形式，提高教师的实际教学能力。二是持续性培训。开展持续性培训，确保教师能够不断更新和提

---

① 朱永新.教师成长密码 [M].北京：教育科学出版社，2018.

升自己的专业素养。[①]

### 3. 陈贵忠的观点与建议

陈贵忠认为，教育公平是社会公平的重要基础，乡村教师的培训是实现教育公平的关键措施。他强调教师的职业发展，认为应为乡村教师提供更多的职业发展机会和平台。他提出两点建议：一是政策支持。制定有利于乡村教师培训和职业发展的政策，提供更多的培训机会和职业晋升渠道。二是多元化培训形式。利用远程教育、在线课程等多种形式，满足乡村教师的多样化培训需求。[②]

### 4. Michael Fullan 的观点与建议

Fullan 是加拿大教育改革专家，他强调教师的专业发展，认为教师是教育变革的核心，特别是乡村教师的专业发展对提升教育质量至关重要。他提出教育系统变革的理论，认为需要从系统的角度推动教师培训和专业发展。他提出两条建议：一是系统支持。提供系统性的支持，包括政策、资源和技术支持，确保乡村教师能够获得持续的专业发展。二是合作学习。倡导合作学习，通过团队合作和互助学习，提升教师的专业素养和教学能力。[③]

### 5. Linda Darling-Hammond 的观点与建议

美国教育学者 Darling-Hammond 认为，教师质量是影响学生成就的关键因素，乡村教师的进修和培训对提高学生学业成绩至关重要。她强调培训模式的有效性，认为培训应具有针对性和实效性。他提出建议：一是基于实践的培训。培训内容应基于教师的实际教学需求，提供实践性强的培训课程。二是持续支持和反馈。提供持续的支持和反馈机制，帮助教师在培训后应用所学知识和技

---

① 魏书生 . 魏书生教育讲演录 [M]. 上海：华东师范大学出版社，2012.
② 陈贵忠 . 教师专业发展：理论与实践 [M]. 北京：教育科学出版社，2020.
③ 迈克尔·富兰 . 变革的力量：透视教育改革 [M]. 中央教育科学研究所，加拿大多伦多国际学院，译 . 北京：教育科学出版社，2004.

能，提升教学效果。[①]

　　教育家们一致认为，乡村教师的进修和在职培训是提升乡村教育质量和实现教育公平的重要途径。他们强调加强培训投入、提供系统支持、倡导持续学习、注重实践与理论结合、构建学习共同体等具体措施，以确保乡村教师能够获得高质量的培训，提升专业素养和教学能力。通过这些努力，乡村教育将迎来更大的发展，城乡教育差距将逐步缩小，实现教育公平和均衡发展。

### 三、乡村中小学教师培训需求及其特点

　　乡村中小学教师的培训需求及其特点有着独特的背景和实际需求。

#### （一）乡村中小学教师培训需求

　　乡村中小学教师的培训需求是多方面的。

　　（1）教育理念更新。乡村教师需要了解和掌握最新的教育理念和教学方法，以适应教育改革和发展的需要。

　　（2）学科专业知识掌握。乡村教师往往需要教授多门学科，因此他们需要在各个学科上不断深化自己的专业知识。

　　（3）教学技能提升。乡村教师需要掌握各种教学技能，包括课堂管理、教学设计、学生评价等，提升教学效果。

　　（4）与信息技术应用。随着信息技术的发展，乡村教师需要学习如何有效地将信息技术应用到教学中，提高课堂教学的效率和质量。

　　（5）心理健康辅导。乡村教师面对的学生可能有特殊的心理和行为问题，因此需要掌握心理辅导和学生管理的技能。

　　（6）职业发展和晋升。乡村教师希望通过培训获得职业发展的机会，如职称评定、岗位晋升等。

---

① HAMMOND L D, WEI R C, ANDREE A, et al.. Professional learning in the learning profession: A status report on teacher development in the United States and abroad[R]. [S.l. : s.n. ]. National Staff Development Council, 2009.

（二）乡村中小学教师培训的特点

（1）地理位置和资源限制。乡村教师通常位于偏远地区，教育资源相对匮乏，培训机会有限。教师难以定期参加集中培训，需要灵活的培训方式。

（2）教学任务繁重。乡村教师往往承担多门学科的教学任务，工作负担较重，培训时间难以安排。

（3）基础设施薄弱。一些乡村学校的基础设施不够完善，如网络覆盖不足，影响在线培训的实施。

（4）培训内容须贴近实际。培训内容需要结合乡村教师的实际教学环境和需求，具有针对性和实用性。

（5）自我提升愿望强烈。乡村教师普遍具有强烈的自我提升愿望，希望通过培训不断提高自己的专业水平和教学能力。

乡村中小学教师的培训需求具有其独特的特点，需要结合实际情况，采取灵活多样的培训方式和内容。通过远程教育、校本培训、资源共享等方式，满足乡村教师的培训需求，提升他们的专业素养和教学能力，从而促进乡村教育的均衡发展和教育公平的实现。

**四、乡村中小学教师培训的现状、问题及改进措施**

乡村中小学教师的进修和在职培训在近年来取得了一定的进展，但仍面临许多挑战。

（一）乡村中小学教师培训的现状

（1）培训机会增多。国家和地方政府通过各种项目和政策增加了乡村教师的培训机会，如"国培计划"和"教师网络研修社区"等。

（2）培训形式多样。乡村教师的培训形式包括集中培训、远程教育、在线课程、校本培训等。

（3）培训内容丰富。培训内容涵盖教育理论、学科知识、教学技能、教育技术应用等多个方面。

（4）资源投入增加。政府加大了对乡村教师培训的财政投入，改善了乡村教师的培训条件。

**（二）乡村中小学教师培训存在的问题**

（1）培训覆盖面有限。尽管培训机会增多，但一些偏远地区的乡村教师仍难以获得充分的培训机会，培训覆盖面不够广泛。

（2）培训质量参差不齐。培训机构和培训师资的水平参差不齐，导致培训质量存在差异。一些培训内容陈旧，缺乏实用性和针对性。

（3）培训形式单一。虽然培训形式多样，但有些培训形式过于单一，缺乏互动性和实效性，难以满足教师的实际需求。

（4）时间安排冲突。乡村教师日常教学任务繁重，培训时间难以与教学时间协调，导致教师无法全身心投入培训。

（5）激励机制不足。乡村教师参与培训的积极性不高，缺乏有效的激励机制，培训效果不理想。

**（三）乡村中小学教师培训的改进措施**

（1）扩大培训覆盖面。一方面，加大对偏远和贫困地区的培训支持力度，确保所有乡村教师都能获得培训机会。另一方面，建立教师培训信息管理系统，动态跟踪和管理教师培训情况，确保培训覆盖面和培训效果。

（2）提升培训质量。一方面，严格培训机构和培训师资的资格审查，确保培训质量。另一方面，优化培训内容，增加实用性和针对性的培训课程，结合最新的教育理论和教学实践。

（3）丰富培训形式。推广远程教育和在线课程，利用现代信息技术为乡村教师提供灵活的学习方式。鼓励开展校本培训和校际交流，结合实际教学情况进行有针对性的培训。

（4）合理安排培训时间。根据乡村教师的实际教学任务，合理安排培训时间，避免与教学时间冲突。通过寒暑假和周末开展集中培训，减轻教师的时间压力。

（5）建立激励机制。建立健全的激励机制，如将培训情况与教师的职称评定、绩效考核等挂钩，激励教师积极参与培训。提供培训补贴和奖励，减轻教师参加培训的经济负担，增强培训的吸引力。

（6）加强培训效果评估。建立培训效果评估机制，定期对培训效果进行评估和反馈，及时改进培训内容和方法。开展教师自我评估和同行评估，鼓励教师反思和总结培训学习的收获和不足。

（7）推动教育资源共享。推动城乡教育资源共享，鼓励城市优秀教师和教育专家到乡村学校开展培训和支教活动。建立教师学习共同体，促进教师之间的经验交流和合作，共享优质教育资源。

通过以上措施，可以有效提升我国乡村中小学教师进修和在职培训的质量和效果，促进教师专业素养和教学能力的提升，推动乡村教育的均衡发展和教育公平的实现。在实施过程中，需要政府、教育部门、学校和社会各界的共同努力和支持。

## 第二节　校本教师培训与远程教育

### 一、乡村教师的校本培训

乡村教师的校本培训是一种基于学校实际情况和教师具体需求而开展的培训方式，旨在提升教师的专业素养和教学能力。

#### （一）校本培训的意义

（1）贴近实际需求。校本培训能够根据学校和教师的实际情况，制订有针对性的培训内容，解决教师在教学中遇到的实际问题。

（2）灵活性强。校本培训时间和内容可以根据学校的教学安排和教师的需求灵活调整，更符合乡村学校的实际情况。

（3）提高教学质量。通过校本培训，教师可以及时学习和应用新的教育理念和教学方法，提高课堂教学质量和学生的学习效果。

（4）促进教师合作。校本培训鼓励教师之间的交流与合作，共同探讨和解决教学中的问题，形成良好的教师团队氛围。

### （二）校本培训的形式

（1）教研活动和教学反思。一方面，组织校内教研活动，如教学研讨会、观摩课、评课等，教师可以互相学习和交流教学经验。另一方面，鼓励教师进行教学反思，书写教学日记或反思记录，并定期组织交流会，分享反思成果。

（2）专题讲座及专家指导。邀请教育专家或优秀教师到校进行专题讲座，分享教育理论和教学实践，拓宽教师的视野。或者，邀请教育专家定期到校进行指导，通过听课、评课、个别辅导等形式，帮助教师改进教学方法和技巧。

（3）工作坊与校际交流。开展课程实施工作坊，针对具体课程教学问题进行深入探讨和实践，如课堂管理、课程设计、教育技术应用等。与邻近学校建立合作关系，开展校际交流活动，如互相听课、联合教研等，共享教学资源和经验。

### （三）校本培训的实施步骤

第一步，需求调研。通过问卷调查、座谈会等形式了解教师的培训需求，确定培训的重点和内容。

第二步，制订计划。根据调研结果，制订详细的校本培训计划，明确培训目标、内容、时间和方式。

第三步，资源准备。学校管理层应重视校本培训工作，提供必要的支持和保障，加大对校本培训的资金和资源投入，准备好培训所需的资源，如教材、教具、培训场地等，确保培训顺利进行。

第四步，实施培训。按计划实施培训活动，保证培训内容的丰富性和实用性，培训内容应结合教师的实际需求和学校的教学情况，增强培训的实效性和针对性，激发教师的学习兴趣和积极性。

第五步，评估反馈。培训结束后，进行效果评估和反馈，不断总结和改进校本培训的经验和方法，探索创新的培训形式，提升培训效果。

乡村教师的校本培训具有重要意义，通过贴近实际需求的培训方式，能够有效提升教师的专业素养和教学能力。成功的校本培训需要科学的计划、丰富的内容、灵活的形式和持续的改进，只有这样，才能真正发挥培训的作用，促进乡村教育的发展和进步。

**（四）乡村教师校本培训成功的经典案例**

乡村中小学教师校本培训成功的经典案例有许多，这些案例展示了如何通过校本培训有效提升教师的专业水平和教学质量。

1. 浙江省苍南县教师校本培训

苍南县教育局通过建立"校本教研"平台，组织教师进行集体备课、教学观摩和评课活动。通过这些活动，教师们能够分享教学经验、探讨教学方法，并从中获取实践中的反馈和指导。这种校本教研活动有效地提升了教师的教学能力，促进了学校教学质量的提高。

2. 四川省凉山州教育发展实验区的校本培训实践

凉山州在教育发展实验区推行了以"教学示范课堂"为核心的校本培训模式。每所学校都设立了示范课堂，邀请优秀教师进行展示教学，其他教师进行观摩和学习。通过实地观摩和专家点评，教师们能够深入理解和掌握先进的教学理念和方法，促进了乡村教师的专业成长和教学能力的提升。

3. 广东省河源市乡村中小学"云教育"校本培训

河源市通过"云教育"平台，开展了针对乡村中小学教师的在线校本培训。教师可以通过网络学习课程内容，参与在线讨论和交流，完成在线考核。这种形式不仅节约了教师的时间和成本，还有效地提升了教师的专业水平和教学质量。

4. 北京市门头沟区乡村中小学教师"对口支教"校本培训模式

门头沟区乡村学校通过与城市中小学建立对口支教关系，邀请城市优秀教师到乡村中小学进行支教和校本培训。城市教师在支教过程中，不仅帮助乡村教师解决实际教学问题，还能够通过实地观摩和个别指导，提升乡村教师的教学水平和专业能力。

这些经典案例展示了不同地区和学校如何通过校本培训，有效提升乡村中小学教师的教学质量和专业能力，推动了乡村教育的发展和进步。每个案例都充分考虑了乡村教师的实际需求和教学环境，采用了多样化和灵活的培训形式，取得了显著的成效。

## 二、乡村教师的远程教育和在线课程

### （一）远程教育和在线课程的意义

乡村教师的远程教育和在线课程对于提升乡村教育质量、促进教育公平具有重要意义。

（1）解决地域限制，推动教育资源共享。远程教育和在线课程突破了地理位置的限制，促进了城乡教育资源的均衡配置，使乡村教师能够方便地接受优质教育资源和培训。

（2）促进教育公平。通过远程教育和在线课程，乡村教师可以获得与城市教师同等质量的培训和学习机会，缩小城乡教育差距，促进教育公平和均衡发展，实现教育的可持续发展。

（3）促进教学创新，提升教学质量。通过学习新的教育技术和教学策略，乡村教师能够在教学中进行创新，提升课堂教学效果。乡村教师通过在线课程学习最新的教育理念和教学方法，提高教学水平，促进学生全面发展。

（4）支持教师专业发展。远程教育和在线课程为乡村教师提供了持续学习和发展的平台，帮助他们掌握更多的教育理论和教学方法，不断提升专业素养和教学能力，增强了自信心和职业认同感，提高了工作积极性。

### （二）远程教育和在线课程的主要形式

（1）网络课程。相关教育机构利用互联网平台，提供各类教育课程，包括教学法、学科知识、教育技术等。网络课程最主要的优点是灵活方便，教师可以根据自己的时间安排学习。

（2）在线讲座和研讨会。相关教育机构邀请教育专家和优秀教师在线讲座或研讨会，分享教育经验和教学策略。在线讲座和研讨会这种形式的优点是实时互动，能够有效地解决教师在教学中遇到的问题。

（3）虚拟课堂。通过视频会议软件，进行实时授课和互动，模拟真实课堂教学环境。虚拟课堂这种形式的优点是互动性强，教师可以及时反馈和讨论。

（4）MOOC（大规模开放在线课程）。MOOC 提供大量免费或低成本的优质课程，涵盖广泛的教育内容。MOOC 的优点是课程丰富，教师可以选择适合自己的课程进行学习。

（5）在线学习社区。创建教师在线学习和交流的平台，促进教师之间的经验分享和互助学习。在线学习社区最大的优点是增强教师之间的联系和合作，共同进步。

**（三）远程教育和在线课程的具体实施方法**

（1）建立远程教育平台。建立专门的远程教育平台，提供各类教育资源和在线课程，并确保平台的稳定性和易用性。

（2）提供技术支持。为乡村教师提供必要的设备和技术支持，确保他们能够顺利参与远程教育和在线课程。

（3）定期开展培训和指导。定期组织在线培训和指导，帮助乡村教师熟悉和掌握远程教育和在线学习的操作方法和技巧。

（4）制订个性化学习计划。根据乡村教师的实际需求和水平，制订个性化的学习计划，提供针对性的课程和培训内容。

（5）建立学习反馈机制。建立有效的学习反馈机制，及时了解教师的学习情况和需求，进行针对性的调整和改进。

总之，远程教育和在线课程为乡村教师提供了宝贵的学习和发展机会，有助于提升乡村教育质量，推动教育公平和均衡发展。在实施过程中，需要政府、学校和社会各界的共同努力，提供充足的支持和资源，确保远程教育和在线课程的顺利进行和有效实施。

## 第三节 名优教师长效的专业引领

寻找适合现时我国中小学实际且能体现教师专业发展大势和"校本培训理念"的教师专业发展方式，名优教师的长效引领则不失为一种有益的策略。近年来，我国教育主管部门高度重视名优教师的作用，一些学校亦以不同的形式聘请名优教师对本区或本校教师进行教学引领并确实取得了很好的效果，诚如有些教师所言："专家引领，让我们如沐春风。"但是，如果名优教师的引领仅限于短期或应时，那其作用便会受到限制，效果亦会大打折扣。因此，应倡导名优教师的长效引领。

### 一、名优教师长效引领的含义、特点及意义

#### （一）名优教师长效引领的含义

名优教师是一种既具先进性、又有专业性的称号，他们大多数是师德的表率、育人的模范、教学的专家。[①]改革开放四十多年来我国基础教育战线已涌现出一批批像斯霞、霍懋征、于漪、魏书生、钱梦龙等那样的名优教师，他们在教学革新方面的表率作用人所共知。近年来，在课程改革向前推进的情况下，我国教育行政部门和一些学校在重视名优教师评选的同时亦越来越重视名优教师的引领作用，要求充分发挥名优教师的长处，带动全体教师更好地践行基础教育改革的理念和举措。于是，"名优教师长效引领"这一话题便被提了出来。

名优教师长效引领指名优教师以其师德感召并以其经验带领教师团队或教研"共同体"共同学习，对团队教师（成员）进行教学、教研等方面长期、高效的引导，以实现教学质量的提高和教师素质的提升。具体而言，名优教师长效引领就是名优教师对团队教师进行长期的教学引导，同时带领教师发现并针

---

① Michael Fullan. 变革的6个秘密：杰出领导人如何帮助组织生存和强盛 [M]. 朱丽，
译. 上海：华东师范大学出版社，2011.

对教学实际问题开展教研,并把教研成果在校内以及校外更大范围内推广,使之发挥更大的辐射作用,从而大面积提高教学质量并促进更多教师的专业发展。

名优教师长效引领主要体现在以下3个方面:首先是师德长效引领,其次是教学长效引领,再次是教研长效引领。需要说明的是,名优教师长效引领虽然主要体现在教学长效引领与教研长效引领上,但由于名优教师的成长经历与高尚的师德也是其之所以"出名""优秀"的标志之一,并且对教师群体有着重要影响,因而也是引导教师成长的重要因素。教学引领、教研引领和师德引领三者是相互影响、相互促进的。

**(二)名优教师长效引领的特点**

教育行政部门和一些学校近年来十分重视名优教师的引领作用,邀请名优教师到中小学学校进行教学指导。这种指导一般仅限于教学且时间较短,可称之短期引领。与这种短期引领相比较,名优教师长效引领有以下特点。

(1)引领时间长久。近年来名优教师的教学引领作用日益受到重视,但大多是短时的,例如全国著名特级教师虞大明受邀于2021年在浙江省平湖市实验小学举行语文教学引领活动,但只有一上午时间;河南省于2021年在郑州举办的"2021年河南省初中高效课堂教学研讨会暨著名特级教师课堂教学现场引领活动"也只有两天时间。短期引领虽效果较好,但毕竟受时间所限,特级教师的整体教学设计思路、教学过程中蕴含的理念、指导思想以及可借鉴经验的精华等很难展现并被教师们所把握。同时,短暂的接触很难让教师感受到名优教师那种对学生的爱、不懈追求与探索的精神。只有与名优教师长期相处,团队教师跟随名优教师长期学习和实践,名优教师的师德才能对教师起到潜移默化的影响作用,成为他们前进的无穷动力;名优教师的教学经验才能被教师所领会,成为他们实践的典范。因此,名优教师长效引领的第一个特点是引领时间长久。

(2)引领内容全面。名优教师的短期引领活动要么采取现场教学观摩的形式进行,要么以报告等形式进行,且大多围绕教学引领展开,引领内容单一,难以取得全面引领的综合效果。名优教师长效引领则注重教学、教研、师德的全面引领，能取得较好的、综合性的效果。通过师德引领，名优教师可"引导教师不断增强责任感和使命感，形成热爱教育、热爱学生、无私奉献的职业精神。"[①]有了这种责任感和奉献精神的激励作用，团队教师就能更好地跟随名优教师从事教学研究，通过教研促进教学质量的提高。教师的专业素质主要包括专业精神、专业知识和教育教学能力3个方面。高尚的敬业精神与职业道德是专业精神的主要内容，也是师德引领的主要内容；教育教学的能力（包含教学研究能力）是教师素质的主要体现，也是名优教师长效引领的重点所在。故此，名优教师长效引领不仅能提高教师的专业素质，也有利于教师综合素质的提高。

（3）引领方式灵活。短期引领活动时间有限，教学引领要么采取课堂示范的方式，要么采取报告（讲座）的方式，或两种方式兼用；教研引领多是通过讲座的方式进行，引领方式相对来说较少且缺乏灵活性。长效引领则是名优教师长期引导的过程，在教学引领上可采取示范教学、跟踪辅导和个别点拨等方式，也可采用现场示范教学、轮流听课、评课、座谈交流与讲座等方式。在科研引领方面，名优教师可通过讲座培训、课题辅导、问题讨论、经验分享、教学反思等方式，实现理论与实践的结合、理念确立与实践贯彻的统一，从而整体提高教师的专业素质。

（4）引领效果显著。由于名优教师的经验系长期积淀且被专家及相关部门所承认，其教学有特色，其成果有水平，所以即便是一节示范课、一次讲座抑或两天会议等形式的短期引领，也会使广大教师受益匪浅、如沐春风。名优教师留给我们更多的是对其教学特色和经验的回味和思考。但由于教学过程情况复杂多变，如若缺乏名优教师的指导，一般教师很难借鉴其经验并将之付诸实施；在教研方面更是如此，问题的发现、行动方案的规划、教学反思的酝酿，

---

① 中央教育科学研究所调研组.学有所教：为制定《国家中长期教育改革和发展规划纲要》提供的六十条建议 [J].教育研究，2009，30（3）：3-25.

无一不需要教研专家的牵引或组织。<sup>①</sup>而名优教师长期引领团队进行教学革新和教学研究，则可以以教学促进教研，以教研带动教学，从而使引领的效果更加显著。综上所述，名优教师长效引领具有引领时间长久、内容全面、方式灵活且效果显著等特点，有助于加快教师向优秀教师的转化。

### （三）名优教师长效引领的意义

（1）可以通过对"好的教学"的模仿，从整体上提高教学质量。名优教师的"名""优"并不在于其职称系列和荣誉上的"名优"，而在于名优教师在职业生涯中显现出来的专业特长、经验价值及教学特色等。特级教师姚青山就认为教师的成长要以追求特色教学为前提，以提升课堂教学效率为动力。因此，由名优教师和团队教师共同探索有特色的、适合学生的好的教学。比如，名优教师进行示范教学、工作室教师跟随观摩学习、课后教师们围绕示范课进行深入的座谈交流、总结观摩感受、挖掘名优教师授课的"亮点"，然后在此基础上进行教学模仿，有利于从整体上提高教学质量。当然，团队教师在对名优教师"好的教学"进行模仿尝试的过程中，务必要超越形似，达到神似，着重于体悟名优教师的创新精神，结合自己的教学经验进行创新，最终形成各自的教学特色；那些"变着法儿地平庸模仿、没有谱儿的标新立异"<sup>②</sup>反而会不利于教学质量的提高。

（2）可以经由"示范"提高教师的胜任力，从而有效地实施新课程。顾泠沅、魏书生、斯霞、李吉林等优秀的特级教师在中小学长期教学实践中形成了兼具科学性和有效性的教学智慧，这些教学智慧是有效实施新课程的宝贵资源。遗憾的是，近年来的课程改革却有意或无意地忽视了名优教师的智慧。本土优秀教学经验的被冷落，外国教育理念在课堂教学中占据主导地位并被过度地强调和不恰当地运用，使得课堂教学更多地注重外在形式而非教学的有效性。

---

① 理查德·杜富尔，小罗伯特·马尔扎诺.学习引领者：学区、学校和教师如何提升学生成绩[M].王牧华，傅芳，万子君，译.重庆：西南师范大学出版社，2016.
② 杨启亮.教师学科专业发展的几个层次[J].教育发展研究，2009（Z2）：45-48.

然而，作为"兼具先进性和专业性"的名优教师，理应成为所执教学科的"领头羊和实施新课程的带头人"①。作为带头人，名优教师的示范作用及其践行的先进的教学理念能够达到更好的引领效果。可以这样认为，名优教师在教学中对广大青年教师真传、真帮、真带，有利于切实地帮助他们提高教学胜任力，从而有效地实施新课程。

（3）可以通过扎根于教学生活的有指导的反思，促进教师的专业发展。教师专业发展指教师作为专业人员，从专业思想到专业知识、专业能力及专业心理品质等方面由不成熟到比较成熟的发展过程，即由一个专业新手发展成为专家型教师或教育家型教师的过程。教师专业化的"化"是"智"而不是"知"。形成并体验智慧是教师专业成长的一种境界。② 因此，这不仅要求名优教师在教学与教研过程中引导着教师去热爱去追寻去创造，更要引导大家去反思，对教学行为及其背后的理论和后果进行反复的、持续的和周密的思考，从而赋予教学实践以意义，寻求改善实践的可行方案。名优教师通过引导团队教师对教学生活进行反思，不仅有利于教师专业信念、专业知识、专业能力的发展，而且有利于专业自我发展意识的形成。③ 例如，名优教师引导团队教师加强学习，可提高理论素养，奠定反思基础；利用课堂教学的集体反思营造反思氛围，可培养反思意识；通过典型形象的案例指导传授反思策略，可增强反思能力；通过名优教师现身说法，可从广度和深度两方面提高反思水平。名优教师长效引领体现了"务实"的教育改革策略，蕴含着"尊重教师实践智识"的教育理念，因应了"通过教师促进教师发展"的趋势，值得大力倡导和推广。

① 应隆之. 特级教师怎样才姓"特"?[J]. 教育发展研究，2006（14）：71-73.

② 马克斯·范梅南. 教学机智：教育智慧的意蕴 [M]. 李树英，译. 北京：教育科学出版社，2014.

③ 袁振国. 当代教育学 [M]. 4版. 北京：教育科学出版社，2010.

## 二、名优教师长效引领的重点及其蕴含的教育理念

### （一）名优教师长效引领的重点

名优教师长效引领的内容和方式很多，但重点应放在以下3个方面。

首先，师德表率感染，激励教师改进教学、参与教研。教师职业道德规范是所有教师都应恪守的行为准则，良好的师德亦是所有教师都应追求的职业境界。名优教师作为师德的表率，他们在热爱学生、爱岗敬业和严谨治学等方面都是教师们学习的楷模。名优教师之"名优"首先应该是对学生和教育事业有着超乎寻常的热爱，如"斯霞老师一生，以一颗爱心，爱所有的学生，以爱心温暖着学生的心灵，以爱心激励着学生的智慧，以爱心关怀着学生的身心健康。"[①] 名优教师为我们所尊敬就在于我们被他们的敬业精神和严谨治学的态度所折服，比如特级教师窦桂梅靠韧劲学习、靠闯劲实践、靠恒劲积累的追求精神，超越教材、超越课堂、超越常规的尝试精神，自悟提升的探索精神等。爱生、敬业、严谨的名优教师很多，他们通过师德表率感染年轻教师，激励他们乐于改进教学并积极参与教研。

其次，教学艺术引领，指导教师向优秀教师转化。如果说骨干教师教学经验较丰富，教学效果较显著，那么，名优教师则教学经验更为丰富、教学效果特别显著，并能在教师业务培训和青年教师教育教学能力的提高上发挥重要作用，因而也被称为"教学专家"。名优教师在教学方面的"名优"主要表现在专业有特长、经验有特色、教学效果显著等方面。名优教师的专业特长主要表现为知识渊博、专业学识扎实、对教学内容的处理科学及教学方法与学科特点吻合等；名优教师一般拥有丰富的教育实践知识并能够有效地指导教学实践，而且对教学问题的思考具有一定的批判性、研究性和创造性。名优教师的经验有特色指他或她具有独特而丰富的教学经验、教学已达"艺术化"境界且已形

---

① 田本娜.爱心育幼苗　风范传世间：悼念全国著名特级教师斯霞 [J].语文教学通讯，
　 2004（3）：57，33.

成自己的个性风格。如特级教师斯霞"于质朴中见真功夫"的教学风格，特级教师于漪娓娓动人的情感教学风格等。将这些经验或"艺术"传授给教师并引导教师们形成个人风格，可使他们在专业发展中少走弯路，加快成长。教学效果显著是指名优教师能通过丰富的教学经验和精湛的教学艺术提高教学效率，增强教学效果。可以说，名优教师具有"教学领袖"的潜质和能力，由其组织和引领团队开展教学，能加快团队教师向优秀教师的转化。

最后，研究领衔牵头，带领教师共同开展教研。名优教师的卓著成绩主要得益于其踏踏实实的教育实践和勇于创新的探索与不懈追求。对教学经验的总结提炼、对教育问题的反复思考、在教学方式上的大胆探索与创新——开展积极的教学研究，是名优教师与其他教师的不同之处。名优教师与普通教师最大的不同，在于名优教师能敏锐地发现教学实践中的不足，并身体力行地去完善它。如邱学华用将近半个世纪永不停息的探索建立了"尝试教学"的操作体系和理论体系；特级教师钟德赣以"追求不止，青春常在"的精神开展的"反刍式单元教学法"试验坚持至今已有29年，不仅从顺德走向全国，而且走出国门推广到了新加坡。因此，由名优教师引领教研，其他教师积极参与，教师团队共同协作，探索教学革新的新路径，更能使教师在教研的道路上不断进步，切实提高研究能力，共同向"研究型教师"迈进。

**（二）名优教师长效引领蕴含的教育理念**

名优教师在教学、教研方面的长效引领蕴含着以下教育理念。

第一，在教学实践中求发展的"行动"理念。名优教师针对教学中的问题"引导教师潜心教学科研"，以教学研究促进教学的改进，具有"行动研究"的基本特征。名优教师和团队教师针对教学实际问题综合运用各种有效的研究方法，以直接推动教育、教学工作的改进为目的的教育研究活动，即"教育行动研究"。可见，名优教师长效引领其实也蕴含着在教学实践中探索、发展的"行动"理念。首先，名优教师带领团队进行教学研究总是从问题开始的，着眼于解决教师自己教学中的真实问题。提出问题意味着教师个体已成为问题的参与者，而不是旁观者。其次，名优教师和团队教师针对提出的问题共同探讨、设计教学方案的过程是指向教学实践问题的解决的。此处的设计由于"研究"意识的强化而非一般意义上的教学设计，在一系列的备课活动中已融入了研究的因素。再次，实施行动是教师自己决定、自己改变自己的一个过程，也是一种积极寻找和探索解决问题、达到目的的最佳途径和最佳策略的过程。[①]

第二，基于学校、在学校中、为了学校的"校本"理念。名优教师长效引领也含有基于学校、在学校中、为了学校的"校本"理念。所谓"基于学校"，是指名优教师无论教学引领抑或教研引领均从学校实际出发，其组织的各种教学、教研活动都充分地考虑了学校的实际，以求挖掘本校的种种潜力，让资源得以充分利用。所谓"在学校中"，指在名优教师带领下团队教师共同努力来解决教学中存在的问题，通过教研形成的解决问题的方案最终要在本校实施以提高教学质量。"为了学校"的基本精神原本是为了解决学校尤其是教师的问题，而教师面临的最多且最主要的问题来自教学。[②]名优教师及其团队针对教学中的实际问题开展教学革新或教学研究，改进教学实践，提高教学质量，终归能形成学校好的风貌，提高学校的实力，促进学校的发展并使学校更好地履行自己的职责。

第三，"名师"牵头、师傅指点的"艺术"理念。《国家中长期教育改革和发展规划纲要（2010—2020）》明确规定，今后要严格教师资质，提升教师素质，努力造就一支师德高尚、业务精湛、结构合理、充满活力的高素质专业化教师队伍。为此要"深化教师教育改革，创新培养模式"[③]以"培养懂得教育规

---

① 克雷格·A.莫特勒.行动研究方法：全程指导[M].王凌峰，叶涯剑，译.重庆：重庆大学出版社，2022.

② 唐纳德·A.舍恩.反映的实践者：专业工作者如何在行动中思考[M].夏林清，译.北京：北京师范大学出版社，2018.

③ 国家中长期教育改革和发展规划纲要工作小组办公室.国家中长期教育改革和发展规划纲要（2010—2020年）[EB/OL].（2010-07-29）[2024-11-16].http://www.moe.gov.cn/srcsite/A01/s7048/201007/t20100729_171904.html.

律和掌握教育艺术的教育家。"[1] 懂得教育规律可从教育理论的学习和理论与实践的结合入手，教学艺术的掌握和传承则适宜采取"师带徒"或传、帮、带的方式。教学艺术何人传？何人帮？何人带？在学校中只能是"名师"，即优秀或特级教师，而非"教育学家"或"课程专家"。教学艺术作为长期实践的结晶和具有个人特性的经验凝练，只能存在于教学实践者之中并在教学实践中传承。[2] 同时，蕴含着教学艺术的教学智慧（经验智慧）"是职业智慧而非专业智慧"[3]，这种智慧须教师借助于教育科学进行总结、反思、凝练，把经验上升到理论，这远非单纯掌握教育学知识或教育理论所能奏效的。而由名优教师以"师带徒"或传、帮、带的方式培养并凝练教学智慧，则能加快教师的成长。

### 三、名优教师长效引领的实践要略

#### （一）形成由名优教师牵头的教研共同体

名优教师是我国基础教育师资队伍中的宝贵财富，为充分发挥名优教师的长效引领作用，教育行政部门、基层教研组织和学校要联合成立由名优教师牵头的教研共同体，即"名优教师工作室"，由工作室来组织、领导教师群体开展各种教学革新和教学研究活动。

（1）建立"名优教师工作室"，吸引教师积极参与教学研究活动。教学研究是行动取向的教育研究，旨在解决教学中的实际问题，探索提高教学质量的路径，其实质具有校本性。校本的、具有"行动研究"取向的教学研究一般以某种共同体的组织形式实施起来效果较好。[4] 目前中小学常见的教研共同体主

---

① 中国教育学会调研组，顾明远，谈松华，等.办好每一所学校 教好每一个学生：关于制定《国家中长期教育改革和发展规划纲要》的32条建议 [J].中国教育学刊，2009（5）：1-4，23.

② （加）马克斯·范梅南，李树英.教育的情调 [M].李树英，译.北京：教育科学出版社，2019.

③ 杨启亮.体验智慧：教师专业化成长的一种境界 [J].江西教育科研，2003（10）：3-6.

④ W.詹姆斯·波帕姆，安德鲁·P.约翰逊，詹姆斯·莱文，等.教育评估、行动研究与课堂管理 [M].王加强，译.上海：上海教育出版社，2021.

要有"大学教师与中小学教师合作，教研员与中小学教师合作，学校部分教师合作三种类型"①。而"名优教师工作室"这一类型则是一种创新，其新颖之处在于以名优教师牵头、部分教师自愿参与合作的方式建立。

（2）以名优教师为中介，组织开展多样、有效的教师专业发展活动。教师专业发展指教师作为专业人员，从专业思想到专业知识、专业能力、专业心理品质等方面由不成熟到比较成熟的发展过程，即由一个专业新手发展成为专家型教师或教育家型教师的过程。教师专业发展的具体内容包括专业理想的建立、专业知识的拓展、专业能力的发展、专业自我的形成等内容。"尽管教师专业发展的主体是教师自身，但是仅仅靠教师自身的主观努力还是不够的"②，因此，除参与教育行政部门组织的长期、短期集中培训外，教师应在学校教学实践中积极参与名优教师工作室的教学研究活动。工作室应当以名优教师为中介组织开展形式多样、有效的教师专业发展活动。其具体做法包括以下5个方面。其一，组织教师开展集体备课、听课、评课活动，加强交流，共同探讨提高教学水平的策略。其二，定期开展公开课大赛、优质课评比等活动，激励教师不断进步。其三，定期组织集体学习及教学论坛、教学沙龙等教研活动，以拓宽教师视野。其四，名优教师引导共同体成员做课题研究（教育科学研究），训练并提高教师的研究能力。其五，定期邀请专家到学校作报告并组织教师与之互动，提炼教师的教学经验，提高其教学研究的理论水平。

（3）学校行政部门应提供支持，加强对"名优教师工作室"的指导与管理。学校行政部门对"名优教师工作室"提供的各种支持是保证"名优教师工作室"持续良性运行的重要条件，因此，学校行政部门应支持并鼓励工作室的活动，同时也应加强对工作室的指导与管理。不同地区、不同学校在教师管理办法与相关政策中应根据实际情况适当减少名优教师其他方面的工作量，使之全身心投入工作室的工作，将更多的精力用于教学引领和教研引领。教育行政部门和

---

① 郑金洲. 校本研究指导 [M]. 北京：教育科学出版社，2002.

② 饶从满，杨秀玉，邓涛. 教师专业发展 [M]. 长春：东北师范大学出版社，2005.

学校还应协助或指导名优教师健全工作室管理规章制度，完善工作规划和计划，给予经费和物质资助，并加强对名师工作室的监督评估。[1]

**（二）挖掘并发挥名优教师的示范引领作用**

名优教师工作室的建立仅仅解决了"如何组织教研共同体"这一问题，教研共同体的形成也只是为教师提供了一个活动、交流的平台，那么，具体的教学研究活动和教师专业发展活动如何开展呢？名优教师如何进行长效引领呢？我们认为，发挥名优教师长效引领作用要做好以下3个方面的工作。

（1）由"名师"指导教学，带动青年教师逐渐成熟走向名师。名优教师长效引领首先表现在教学引领上。名优教师之"名优"首先在于"教学有特色"，故他们被称为"名师"或"教学专家"，教学专家指导是引领青年教师走向名师的捷径。名优教师可以通过以下3种方式对青年教师进行教学指导。一是示范教学。名优教师进行现场示范教学，工作室教师跟随观摩学习，课后教师围绕示范课进行深入的座谈交流，总结观摩感受，挖掘名优教师授课的"亮点"。这种示范教学不是一次性的，而是多次进行。二是跟踪辅导。学校教研共同体的每位教师在名优教师示范引领的基础上认真备课、上课，名优教师带领工作室其他教师轮流跟踪听课，课后集体对该教师的课进行评议和研讨，分析其授课中的优点与不足，并提出完善教学设计、改进教学方法的建议。三是个别点拨。经过前两个阶段后，工作室教师需要对自身教学进行反思，此时，名优教师要根据每个教师的特殊情况进行有针对性的点拨，以帮助其尽快提高教学水平并在反思与感悟的基础上形成自己的教学特色。

（2）开展真正"校本"且"行动导向"的教学研究活动。行动研究是为行动而研究、对行动的研究、在行动中研究。教育行动研究的理念集中体现在教师成为研究者、从经验中学习、追求实践合理性等方面。而校本教学研究则是教师为了改进教学，在教学中发现某个问题并在教学过程中以追踪反思或借

[1] 郝保伟.一花引来百花香：特级教师发挥引领与辐射作用的研究综述[J].中国教师，2011（20）：24-26.

鉴他人经验的方式予以解决的探索或尝试，有人将校本教研的特征概括为"为了教学""在教学中""通过教学（教师）"①。校本教研是立足于学校教学实践的，是"校本"的，同时也是"行动取向"的，是一种教育行动研究，即探讨"采取什么样的行动以解决教育教学过程中面临的实际问题"②，在此过程中教师既是实践者亦是研究者。开展真正"校本"且"行动取向"的教研活动主要有以下5种形式。其一，听课、评课式教研活动。开展听课、评课式教研活动可以在工作室中形成良好的学习氛围，促进教师团队成员之间相互学习，取长补短。为做好听课、评课式教研活动，讲课教师要精心准备，评课教师要实事求是地点评，针对讲课不足提出改进意见。其二，教学比武式教研活动。教学比武即教学水平竞赛，参赛者准备并讲授一节自我感觉最优秀的课来展示，教师间通过相互借鉴以提高教学水平。其三，经验交流式教研活动。其主要通过举办座谈会、交流会等形式组织工作室教师展开交流、讨论。交流前各位教师要有准备，交流时畅所欲言。其四，学术沙龙式教研活动。学术沙龙是一种可以自由发言的专题讨论会，每次围绕教学实践中某个教师不易理解或存在争议的话题展开讨论，其旨在开阔思路，加深教师对某一问题的认识，形成多个可选的教学策略或方案，经过教师筛选后用于自己的教学实践。其五，课题研究式教研活动。即将教学研究与教育科学研究有机融合，以教学过程中较复杂的问题或内容为对象制订研究计划，围绕课题进行理论分析，以探寻教学策略或问题解决方式的合理性、可行性。课题研究式教研活动具有理性、深入、规范、严谨等特点。

（3）"教学研究"与"科学研究"结合，提高教师的教育研究能力。教育研究包括"教学研究"与"教育科学研究"2个方面。前者是一种工作研究，主要解决"怎么做"的问题，后者是一种溯因研究，主要回答"是什么"或"为什么"的问题。教学研究与教育科学研究也有一致性，即都是为了促进学校发

① 刘良华.校本教学研究[M].成都：四川教育出版社，2003.
② 刘要悟，雷顺利.中小学教育科研的异化与回归[J].教育科学研究，2002（8）：56-60.

展、提高教育质量，都具有应用研究的特点。二者是相辅相成的关系。名优教师长效引领在注重教学引领和教学研究引领的同时，也应努力将教学研究与教育科学研究结合起来，从培养"专家型"和"研究型"教师的目的出发，切实提高教师的教育研究能力。为此，名优教师及其工作室成员应做好以下两项工作。第一，引导团队成员形成并强化科研意识。"作为一个合格的教师，不仅应当具备较强的教学能力，而且应当具备一定的科研能力，尤其是在实施新课改的条件下，教师必须从'经验型'向'科学型''创造型'转换，必须走教育教学与教育教研一体化的道路。"[①] 因此，作为工作室领导者或共同体核心的名优教师要身体力行，在教师群体中形成重视科研、参与科研的氛围，强化教师的科研意识，要让教师深刻体会科研是"每位教师分内的事，是每位教师心灵深处的需要"[②]。第二，有计划、有步骤地培养团队成员的科研能力。名优教师应通过日常活动对工作室成员的科研能力进行综合考察，并根据实际情况制订工作室成员科研能力培养方案。举办以课题研究为案例的科研培训在短期内可有效提高教师的理论水平，而倡导教师自学教育学理论、心理学理论以及教育研究方法等，则可夯实教师的教育理论功底。名优教师应结合课题对教师进行研究指导或引导，训练并提高教师从事科研的能力，同时要通过"教学研究"与"教育科学研究"的结合，以研促培，以研促教，以研促改，最终促进教师整体素质的普遍提高。

（三）由"室"到"校"再到"片"，重视经验和成果的推广

名优教师工作室的教学经验和教研成果只有用于教学实践才是其旨归，名优教师的长效引领不仅在于"长"，同时亦在于"广"，因此，名优教师的引领作用不应仅局限于"工作室"，而应扩展到学校乃至辐射到一定区域。

（1）总结经验，提炼成果，由点到面逐步推广。教学革新旨在改进实践，

① 张秀芝.深入贯彻科学发展观用新理念推进学校新发展 [M]// 张彦春.中国名校和谐校园文化全书.北京：中国广播电视出版社，2008：384-385.

② 魏书生.教学工作漫谈 [M].桂林：漓江出版社，2005.

教学研究主要指向实践问题的解决，其成果具有实用性与实效性；同时，由名优教师引领、教师团队参与的教学革新和教研活动一般水准较高、价值更大，故教育行政部门和学校都要重视对这些成果的推广应用，以工作室或名优教师或教师群体的名义，采取点面结合的方式逐步推广。成果推广首先应在学校内部进行。如果名优教师工作室的教学革新或教学研究取得成效并有推广价值，学校应通过各种形式大力宣传，确保成果在校内得到切实推广。全体教师结合自己所教学科特点采用或实施这些研究成果。通过反思、总结、提炼来进一步改进或完善后，这些研究成果可在片、区甚至更大范围内推广，具体实施可采取分片推广的策略。在推广应用的过程中，名优教师及其工作室成员可通过与各校骨干教师的集中交流或深入各校进行巡讲等形式展示成果、介绍经验，亦可通过校际日常交流、座谈或研讨的方式进行宣传和推广。

（2）"室""室"互动，群体间交流，扩大工作室成果的辐射面。名优教师工作室或围绕学科建立或依共同的兴趣形成，一所学校可能会有多个名优教师工作室。为使之发挥更大的引领作用，校内名优教师工作室应加强"室"与"室"之间的联系和互动。同时，各学校都会建立或形成同类的工作室或教师共同体，校际名优教师工作室之间的互动也是必要的。这两种不同层次的交流和互动可采取不同的交流策略。校内工作室之间可加强日常交流，而校际工作室之间可定期交流。这样的交流有利于相互学习、借鉴并完善教研成果，改进工作室的工作，例如，借鉴其他工作室的教学经验、管理模式、运行程序、活动形式等。

（3）注重专业凝练，力求使教学研究成果成为教育理论的重要构成。中小学教学研究大多是针对各学科的课程目标、教材内容、课堂教学过程与行为等进行的常规或随机的研究活动，研究者最终以适当的形式表述并公布研究结果，以获得承认或得到推广。[1] 常见的教学研究成果表述形式主要有教学案例、

---

① 埃蒂纳·温格，理查德·麦克德马，威廉姆·M.施耐德.知识社群：将个体知识融汇成集体智慧 [M].边婧，译.北京：机械工业出版社，2020.

教育叙事、经验总结、研究报告、教学日志、教学反思记录、课例实录等。虽然教学研究主要是为了解决教学问题，提高教学质量，但也需要进行理论升华以补充、丰富教育理论或验证、支持教育科研成果。因此，名优教师应通过与教育研究者的合作，对自身的教学研究成果予以专业凝练，形成更为系统的教育科研成果。这一系统化精炼的教学研究成果就能成为教育理论的重要构成，有利于教育科学的深化和发展。

名优教师作为我国基础教育的宝贵资源，应当在课程改革、教学革新和教师专业发展中发挥其应有的作用。轻视名优教师的作用是对优质教育资源的巨大浪费，而重视发挥名优教师的长效引领作用，建立名优教师长效引领机制，则是推进基础教育课程改革、促进教师专业发展的务实选择和可行之策。

## 第四节  国内外的经验与经典案例

### 一、国内师资培训的经验与经典案例

#### （一）教育部实施的"国培计划"

1. 背景

"国培计划"是我国教育部发起的一项大规模教师培训项目，旨在提升中小学和幼儿园教师的专业素养和教学能力，特别是乡村教师。

2. 实施内容

（1）远程培训。通过在线课程、网络直播和视频会议等形式，提供教育理论、学科知识和教学方法等方面的培训。举办在线讲座和研讨会，邀请教育专家和名师分享经验和教学策略。

（2）混合式培训。结合线上学习和线下培训，开展集中面授培训和校本培训，增强培训效果。提供教师自主选择的学习模块和课程，满足个性化学习需求。

（3）教育资源共享。建立教师培训资源库，提供丰富的教学资源和学习资料，供教师下载和使用。开展教师在线学习社区，促进教师之间的经验分享

和交流。

3. 成效

通过"国培计划",大批乡村教师获得了优质的培训机会,专业水平和教学能力显著提升。同时,教师之间的合作和交流得到增强,形成了良好的学习氛围和教学共同体。此外,教育公平得到促进,城乡教育差距逐渐缩小。

### (二)浙江省桐乡市的教师培训与继续教育

浙江省桐乡市在教师培训与继续教育方面采取了一系列卓有成效的措施,形成了系统化、多样化和持续化的教师专业发展机制。

1. 桐乡市教师培训与继续教育的背景

桐乡市位于浙江省北部,教育资源丰富,教育质量较高。为了进一步提升教师的专业素养和教学能力,桐乡市教育局积极推进教师培训与继续教育工作,探索并实施了一系列创新举措。

2. 桐乡市教师培训与继续教育的主要措施和做法

(1)建立教师发展中心。桐乡市建立了教师发展中心,作为全市教师培训与继续教育的核心平台。该中心负责统筹规划、组织实施全市教师的培训与继续教育工作,提供系统化的培训课程和专业发展服务。

(2)多样化的培训形式。①集中培训。组织全市教师参加集中培训,邀请国内外教育专家进行专题讲座、教学研讨和案例分析,提升教师的专业知识和教学技能。②校本培训。在各中小学开展校本培训,根据学校实际情况和教师需求,开展校内教研活动、示范课、评课和教学反思,促进教师的实践能力提升。③远程教育与在线课程。利用互联网和信息技术,开展远程教育和在线课程,教师可以通过网络平台随时随地进行学习,获取最新的教育理念和教学方法。④教师交流与合作。组织教师参加教育交流活动、教育论坛和校际合作,促进教师之间的经验分享和合作学习,拓宽教师的专业视野。

(3)持续的学历进修。桐乡市鼓励和支持教师进行学历进修,通过攻读高一级学历(如硕士、博士)提升学术水平和专业素养。市教育局设立专项资金和奖学金，资助教师参加学历进修，减轻教师的经济负担。

（4）创新的培训内容。①教育科研培训。组织教师进行教育科研培训，培养教师的教育科研能力，鼓励教师开展教学研究，撰写教学论文和研究报告。②信息技术应用培训。开展信息技术应用培训，帮助教师掌握现代教育技术，提高信息技术在课堂教学中的应用水平。③心理健康与辅导培训。提供心理健康与辅导培训，帮助教师掌握学生心理辅导技能，提升教师的班级管理能力和学生心理健康教育水平。

3. 案例和成效

（1）桐乡市第三中学的校本培训。桐乡市第三中学开展了"同课异构"的校本培训活动，通过不同教师对同一课题进行不同的教学设计和课堂实践，再进行集体评课和反思。此活动有效提升了教师的教学设计能力和课堂管理水平，促进了教师的专业成长。

（2）桐乡乌镇中学的在线课程培训。桐乡乌镇中学利用"云教育"平台，开展了丰富的在线课程培训，教师根据自己的时间安排进行学习，极大地提升了学习的灵活性和自主性。通过在线课程，教师能够及时掌握最新的教育理念和教学方法，应用到实际教学中。

4. 未来发展方向

（1）加强政策支持。加强政府和教育部门的政策支持，提供更多的培训资源和资金，确保教师培训与继续教育工作的持续推进。

（2）优化培训内容。不断优化和丰富培训内容，结合教师的实际需求，提供更具针对性和实效性的培训课程。

（3）深化校本培训。深化校本培训机制，鼓励学校根据实际情况创新培训形式，提升教师的实践能力和教学水平。

（4）促进教师交流。加强教师之间的交流与合作，搭建更多的交流平台，促进教师的经验分享和共同成长。

浙江省桐乡市在教师培训与继续教育方面通过建立教师发展中心、多样化的培训形式、持续的学历进修和创新的培训内容等措施，形成了一套系统化的教师专业发展机制。这些举措不仅提升了教师的专业素养和教学能力，也促进了全市教育质量的提升。未来，桐乡市将继续加强政策支持，优化培训内容，深化校本培训，促进教师交流，推动教师培训与继续教育工作再上新台阶。

**（三）湖南省岳阳市的乡村教师继续教育**

湖南省岳阳市在实施乡村教师培训的同时，鼓励教师通过学历进修和在线学习等方式进行继续教育。通过设立专项资金和奖学金，支持教师参与各种继续教育活动，提升教师的职业发展水平。

**1. 岳阳市乡村教师继续教育的背景**

岳阳市位于湖南省东北部，拥有丰富的自然资源和文化底蕴。为了缩小城乡教育差距，提升乡村教育质量，岳阳市教育局积极推动乡村教师的继续教育工作，实施了一系列有针对性的培训和教育计划。

**2. 主要措施和做法**

（1）制定政策支持。岳阳市教育局制定了一系列支持乡村教师继续教育的政策，明确继续教育的目标、内容和实施方式，并设立专项资金，确保各项继续教育活动的顺利开展。

（2）多样化的培训形式。①集中培训。定期组织乡村教师参加集中培训，邀请教育专家和优秀教师进行专题讲座、教学示范和研讨活动，提升教师的专业知识和教学技能。②校本培训。各乡村学校根据实际情况和教师需求，开展校本培训，包括教学观摩、集体备课、评课和教学反思等活动，促进教师在实践中的成长。③远程教育与在线课程。利用网络平台和现代信息技术，开展远程教育和在线课程，教师可以随时随地进行学习，获取最新的教育理念和教学方法。④教师交流与合作。组织乡村教师与城市学校进行交流与合作，通过教师互派、校际联谊等方式，促进教师之间的经验分享和共同成长。

（3）持续的学历进修。岳阳市鼓励乡村教师进行学历进修，教师通过攻读本科、硕士等高一级学历提升专业素养。市教育局设立奖学金和资助项目，减轻教师的经济负担，支持他们参加学历进修。

（4）创新的培训内容。培训内容主要包括教育科研培训、信息技术应用培训和心理健康与辅导培训。

3. 成效与案例

（1）平江县乡村教师培训基地。平江县建立了乡村教师培训基地，定期组织乡村教师进行集中培训和校本培训。通过基地培训，教师们不仅学习了先进的教育理念和教学方法，还能够进行实际教学实践和反思，有效提升了教学能力。

（2）岳阳县的"互联网＋教育"项目。岳阳县实施了"互联网＋教育"项目，通过在线课程和远程教育平台，为乡村教师提供丰富的学习资源。教师可以根据自己的需求选择适合的课程进行学习，提升了继续教育的灵活性和便利性。

湖南省岳阳市通过多样化的培训形式、持续的学历进修和创新的培训内容，积极推进乡村教师的继续教育工作。这些措施不仅提升了乡村教师的专业素养和教学能力，也促进了城乡教育的均衡发展。未来，岳阳市也将继续加强政策支持，优化培训内容，深化校本培训，促进教师交流，推动乡村教师继续教育工作再上新台阶。

## 二、国外农村教师师资培训的经验与经典案例

国外在乡村教师师资培训与继续教育方面有许多成功的经验和经典案例，这些措施和项目对促进教师专业发展起到了积极作用。以下是一些国家的典型经验与经典案例。

### （一）美国的经验与措施及案例

1. 经验与措施

（1）专业学习社区（Professional Learning Communities，PLC）。鼓励教师定期聚会，分享教学经验，探讨教学策略，促进合作与共同成长。

（2）持续职业发展（Continuing Professional Development，CPD）。提供在线课程、研讨会、工作坊等形式的培训，使教师能够不断更新知识和技能。

（3）教师领导力培训。培养教师在学校和教育系统中的领导能力，鼓励他们参与教育改革和创新。

2. 经典案例

（1）Teach For America（TFA）

背景：TFA 派遣优秀大学毕业生到贫困和偏远地区任教，为期两年，并提供全面的培训和持续支持。

特色：项目涵盖教学技巧、文化敏感性、课堂管理等多方面的培训，并通过持续的反馈和指导，帮助教师成长。

成果：许多参与者在 TFA 结束后继续从事教育工作，项目有效地提高了乡村教育质量和教师专业水平。

（2）The Rural Schools Collaborative（RSC）

背景：RSC 通过支持乡村学校的创新项目，促进教师专业发展。

特色：提供小额资助、专业发展机会和教师网络，鼓励教师在教育项目中运用创新理念和方法。

成果：项目增强了教师的专业能力，促进了教育创新和学生成绩的提升。

（二）英国的经验与措施及案例

1. 经验与措施

（1）国家级培训计划。英国政府提供各种国家级的教师培训项目，特别是针对乡村地区，提升教师的专业素养和教学能力。

（2）远程教育与在线培训。利用现代信息技术，为乡村教师提供在线培训课程和资源，方便他们在工作之余继续学习。

（3）实践导向的培训。强调实践导向的培训，通过实地教学和实践活动，提高教师的教学技能和实际操作能力。

2. 经典案例

（1）The Princes Countryside Fund

背景：该基金会支持乡村教育项目，改善乡村教育条件，提供教师培训和资源。

特色：通过定制化培训课程和实践活动，帮助教师提升教学能力和兴趣。

成果：项目改善了乡村教育环境，提升了教师的专业能力和教学质量。

（2）The Rural Teaching Partnership

背景：该计划通过教师互访和合作项目，促进乡村教师的专业成长和多元化发展。

特色：鼓励教师交流和分享教学经验，提升教学效果和学生成绩。

成果：项目显著提升了教师的专业能力，促进了教育资源的共享和合作。

### （三）澳大利亚的经验与措施及案例

1. 经验与措施

（1）地方政府支持。地方政府和教育部门提供大量支持，推动乡村教师的专业发展。

（2）混合学习模式。通过混合式学习（结合在线和面授培训），提供灵活的专业发展途径。

（3）社区参与和支持。鼓励社区参与教育，支持教师的专业发展和兴趣培养。

2. 经典案例

（1）Country Education Project（CEP）

背景：CEP 支持澳大利亚乡村学校和教师的发展，提供专业培训、资源和合作机会。

特色：根据不同地区的需求，提供定制化的培训和支持，如农耕教育、环境教育等。

成果：项目提升了教师的专业能力和教学效果，增强了学校与社区的合作关系。

（2）Rural Inspire

背景：通过分享成功案例和提供支持网络，激励和帮助乡村教师实现专业成长。

特色：提供丰富的资源和支持网络，帮助教师在教学中应用创新理念和方法。

成果：项目激发了教师的教学热情，提升了乡村教育质量。

### （四）加拿大的经验与措施及案例

#### 1.经验与措施

（1）本土化培训：根据不同地区的特点，提供本土化的培训和发展机会。

（2）持续支持和指导：提供长期的支持和指导，确保教师能够持续发展和成长。

（3）跨学科合作：鼓励乡村教师跨学科合作，提升综合素质和教学效果。

#### 2.经典案例

（1）Teach For Canada

背景：Teach For Canada派遣教师到偏远的居民社区，提供专业培训和持续支持。

特色：项目包括文化敏感性培训、兴趣课程、持续的支持和指导。

成果：项目提升了教师的专业能力和学生的学习积极性，促进了教育公平。

（2）Rural and Northern Education Fund

背景：该基金提供财政支持，帮助乡村和北部地区的教师开展专业发展活动。

特色：通过小额资助、专业培训和资源共享，支持教师的专业成长。

成果：项目改善了乡村教育条件，提升了教师的教学质量和专业水平。

## （五）印度乡村教师远程教育 "evidyaloka" 项目

### 1. 背景

印度的 "evidyaloka" 项目旨在通过在线教育平台，为印度乡村学校提供优质的教学资源和教师支持。

### 2. 实施内容

（1）虚拟课堂。利用互联网和视频会议技术，连接城市中的志愿教师和乡村学生，开展实时授课。提供数学、科学和英语等科目的在线课程，提升乡村学生的学业水平。

（2）本地支持。在乡村学校设立学习中心，配备必要的设备和技术支持，确保在线课堂的顺利进行。培养本地协调员，负责管理和监督在线教学活动，提供及时的技术支持和反馈。

（3）教师培训。为志愿教师提供培训，帮助他们掌握在线教学的方法和技巧。定期组织教学研讨会和交流活动，促进教师之间的经验分享和学习。

### 3. 成效

乡村学生通过 "evidyaloka" 项目获得了优质的教育资源，学业成绩和学习兴趣显著提高。乡村教师通过参与在线教学和培训，提升了自己的教学能力和专业素养。教育资源得到有效利用，城乡教育差距逐步缩小。

## （六）肯尼亚乡村教师远程教育 "BRCK Education" 项目

### 1. 背景

肯尼亚的 "BRCK Education" 项目旨在通过技术创新，为乡村学校提供稳定的互联网连接和数字教育资源。

### 2. 实施内容

（1）数字教育平台。提供名为 "BRCK Kio Kit" 的数字教育平台，包含平板电脑、服务器和离线内容，适用于没有互联网连接的地区。提供涵盖多个学科的数字教育内容，供学生和教师使用。

（2）教师培训。为乡村教师提供使用数字教育平台的培训，帮助他们掌握教学资源的使用方法和技巧。定期组织教育技术研讨会和培训活动，提升教师的数字素养和教学能力。

（3）社区参与。鼓励当地社区参与教育项目的实施和管理，增强项目的可持续性和影响力。当地教育部门和非政府组织合作，提供持续的支持和资源。

3.成效

乡村学校通过"BRCK Education"项目获得了稳定的数字教育资源，教学条件和质量显著改善。乡村教师的数字素养和教学能力得到提升，能够更好地利用数字资源进行教学。当地社区对教育的重视程度提高，教育项目的可持续性和影响力增强。

这些国外的经典案例和经验表明，通过多样化的培训和持续的支持，可以显著提升乡村教师的专业能力和教学质量。无论是通过政府支持、社区参与、专业学习社区、远程教育，还是混合学习模式，这些措施和项目为乡村教师提供了广泛的发展机会，激发了他们的教学热情和创新能力。这些成功经验为其他国家和地区的乡村教育改革提供了有益的借鉴。

# 第三章　校际交流与联盟发展

乡村教师校际交流与联盟发展的重点有两个。一是实施城乡教师轮岗交流制度，让乡村教师有机会到城市学校学习先进的教育理念和教学经验，同时让城市教师到乡村学校支教，促进城乡教育均衡发展。二是建立城市学校与乡村学校的结对帮扶机制，通过资源共享、师资互派等方式，提高乡村学校的办学水平。

## 第一节　校际交流与教师专业发展

促进教师专业发展的校际交流与合作是提升教师专业素养、教学能力和教学质量的重要途径。

### 一、校际交流与合作的意义与形式

#### （一）校际交流与合作的意义

（1）推动资源共享。通过校际交流与合作，不同学校可以共享教育资源，包括教学设备、教学资料和教育技术等，提升资源利用效率。

（2）促进互相学习。教师通过交流与合作，能够学习和借鉴其他学校的先进教学理念和方法，拓宽教学视野，提升教学水平。

（3）实现共同发展。校际合作可以促进学校之间的共同发展，通过互相支持和帮助，共同提升教育质量和教学效果。

（4）强化创新教育。通过交流和合作，教师能够获取新的教育理念和创新教学方法，推动教育创新，提高教学效果。①

**（二）校际交流与合作的形式**

（1）教师互派。学校之间互派教师进行交流学习，教师可以在不同的教学环境中进行教学实践，提升自己的教学能力和专业素养。

（2）教学观摩。组织教师到其他学校观摩优秀课堂教学，学习先进的教学方法和课堂管理经验，提升自己的教学水平。②

（3）联合教研。不同学校的教师共同开展教研活动，进行教学案例分析、教学反思和专题研讨，共同探讨教学中的问题和解决方案。

（4）专题讲座。邀请教育专家到学校开展专题讲座，分享最新的教育理念和实践经验，帮助教师提升专业水平。

（5）远程交流。利用互联网和信息技术，开展远程交流和合作，通过在线会议、视频讲座等形式，进行教学经验交流和学术研讨。

（6）校际联谊。组织学校之间的联谊活动，包括教学比赛、文化交流和学术研讨等，促进教师之间的互动和交流。

**二、实施校际交流与合作的策略与案例**

**（一）实施校际交流与合作的策略**

（1）政策支持。教育部门应制定相关政策，支持和鼓励学校之间的交流与合作，提供必要的资金和资源保障。

（2）制订计划。学校应根据自身实际情况，制订详细的校际交流与合作计划，明确交流内容、形式和目标，确保交流活动有序进行。

（3）培训与指导。为参与交流的教师提供必要的培训和指导，帮助他们

---

① 联合国教科文组织总部中文科.教育—财富蕴藏其中：由雅克·德洛尔任主席的国际21世纪教育委员会向联合国教科文组织提交的报告 [M].北京：教育科学出版社，1996.

② 佐藤学.静悄悄的革命：课堂改变，学校就会改变 [M].李季湄，译.北京：教育科学出版社，2014.

掌握交流合作的技能和方法，提升交流效果。

（4）评价与反馈。建立交流合作的评价机制，定期对交流活动进行评估，收集教师的反馈意见，不断改进和优化交流合作的形式和内容。

（5）建立长效机制。在交流合作的基础上，建立长效机制，形成常态化的交流合作模式，确保交流合作的持续性和稳定性。

**（二）校际交流与合作的成功案例**

1. 北京市西城区与延庆区的教师交流项目

北京市西城区与延庆区建立了校际交流合作机制，通过教师互派、教学观摩和联合教研等形式，促进两区教师的共同发展。西城区的教师到延庆区进行支教，分享先进的教学理念和方法，同时也学习到延庆区教师在农村教育中的实践经验。

2. 上海市闵行区的"教育联盟"项目

闵行区建立了"教育联盟"项目，通过区域内不同学校之间的合作，开展联合教研、教学观摩和专题讲座等活动。通过这个平台，教师们能够共享教育资源，互相学习，共同提升教学质量。

3. 江苏省南通市的"名师工作室"项目

南通市通过建立"名师工作室"，组织优秀教师进行教学研究和实践探索，并将研究成果推广到其他学校。通过名师工作室的带动作用，提升了全市教师的专业水平和教学能力。

4. 广东省深圳市的"智慧教育"项目

深圳市通过"智慧教育"项目，利用信息技术平台，开展远程教育和校际交流。教师可以通过在线课程、视频会议和教学资源共享平台，进行跨校交流和合作，提升了教师的专业素养和教学水平。

校际交流与合作是提升教师专业素养和教学能力的重要途径，通过共享资源、互相学习、共同发展和创新教育，教师能够不断提升自己的专业水平。[①]教育部门和学校应积极推动校际交流与合作，制订详细计划，提供必要支持，确保交流合作的有效实施。通过一系列的交流与合作活动，推动教师的专业发展，提升教育质量，实现教育的均衡发展。

### 三、教育界论述校际交流与合作对于促进教师专业发展的意义与作用

教育家对校际交流与合作在促进教师专业发展中的意义与作用有着深刻的认识和论述。

#### （一）教育界的观点与论述

**1. 陶行知的观点与论述**

陶行知强调"生活即教育"，提倡教育应与实际生活紧密结合。校际交流与合作通过丰富教师的实践经验，使教师能够在不同的教育环境中学习和成长，有助于提高教师的教育素养和实际教学能力。陶行知在《中国教育改造》中提道："只有让教师在教育实践中不断反思和改进，才能实现真正的教育改革。"[②]校际交流与合作正是教师反思和改进的重要途径，通过与不同学校的教师交流，教师能够不断提升自己的教育水平。

**2. 苏霍姆林斯基的观点与论述**

苏霍姆林斯基认为，教育的根本目的是培养全面发展的人。他强调教师的自我教育和持续学习，认为校际交流与合作能够促进教师的专业成长和教育观念的更新，有助于提高教育质量。苏霍姆林斯基在《给教师的建议》中写道："教师的成长离不开集体的力量，只有在集体中不断学习和进步，才能成为一名优秀的教育者。"[③]校际交流与合作为教师提供了集体学习和成长的平台，促进了教师的专业发展。

---

① 王华女.教师学习与专业发展的实证研究 [M].长沙：湖南师范大学出版社，2019.

② 陶行知.陶行知教育文集 [M].北京：人民教育出版社，1981.

③ 瓦·阿·苏霍姆林斯基.给教师的建议（下）[M].杜殿坤，编译.北京：教育科学出版社，1981.

### 3. 约翰·杜威的观点与论述

杜威强调"教育即生活",主张教育应通过实际活动和体验进行。[①] 校际交流与合作为教师提供了实践教学和经验交流的平台,使教师能够在实际教学中不断改进和创新,提高教学效果。杜威在《民主主义与教育》中提道:"教育的本质在于通过体验和实践进行学习,教育应与实际生活紧密结合。"[②] 校际交流与合作为教师提供了丰富的实践体验,使教师能够在实际教学中不断提高。

### 4. 霍华德·加德纳的观点与论述

加德纳提出了多元智能理论,强调每个学生和教师都有不同的智能类型。通过校际交流与合作,教师可以学习不同的教学方法和策略,发现和发挥自己的智能优势,提高教学水平。加德纳在《多元智能的理论与实践》中指出:"每个教师都有自己的智能优势,通过交流与合作,可以相互学习和借鉴,发现和发挥自己的优势,提高教学水平。"[③] 校际交流与合作为教师提供了发现和发挥自身智能优势的机会,促进了教师的专业成长。

### (二)教育界的共识

教育界对校际交流与合作在促进教师专业发展中的意义与作用有一致的共识,这种共识可以概括为以下4点。

(1)资源共享与互补。教育界认为,校际交流与合作有助于不同学校之间共享教育资源,实现资源的优化配置。通过资源共享,教师能够获得更多的教学资源和支持,提升教学质量和效果。

(2)专业发展与成长。校际交流与合作为教师提供了更多的学习和发展机会。教育界强调,教师的专业发展不仅依赖于个人的努力,更需要在群体中

---

① 约翰·杜威.我们怎样思维·经验与教育[M].姜文闵,译.北京:人民教育出版社,1991.

② 约翰·杜威.民主主义与教育[M].王承绪,译.北京:人民教育出版社,2001.

③ 陈杰琦,玛拉·克瑞克维斯,朱莉·维恩斯.多元智能的理论与实践:让每个儿童在自己强项的基础上发展[M].方钧君,译.北京:北京师范大学出版社,2015.

相互学习和借鉴。通过交流与合作，教师能够拓宽视野，提升专业素养和教学能力。

（3）创新教学与实践。创新是教育发展的动力。校际交流与合作为教师提供了创新教学的实践平台，使教师能够尝试和探索新的教学方法和策略，提高教学的创新性和实效性。

（4）促进教育均衡发展。校际交流与合作有助于缩小城乡教育差距，促进教育的均衡发展。通过交流与合作，农村和偏远地区的教师能够学习到先进的教育理念和方法，提高当地的教育质量。

教育家们一致认为，校际交流与合作在促进教师专业发展中具有重要意义和作用。通过资源共享、互相学习、创新教学和促进教育均衡发展，教师能够不断提升自己的专业素养和教学能力。教育部门和学校应积极推动校际交流与合作，为教师提供更多的学习和发展机会，实现教育质量的整体提升。

## 第二节　城乡教师的轮岗交流制度

城乡教师轮岗交流制度通过促进教师资源的合理配置，提升农村教育质量和教师专业素养，推动教育公平和均衡发展。政府和教育部门应制定科学的实施计划，提供必要的政策和资金支持，确保轮岗交流工作的顺利进行。通过这一制度，实现城乡教育的共同进步，推动教育事业的整体发展。

### 一、城乡教师轮岗交流制度含义与内容

城乡教师轮岗交流制度指通过有计划、有组织地安排城市教师和农村教师在一定时期内互相调换工作岗位，以促进教师资源的合理配置，提升农村教育质量和教师专业素养的一项政策措施。[①] 该制度旨在缩小城乡教育差距，推动教育公平和均衡发展。

---

① 汪瑞林.素养时代的教师专业成长[M].上海：华东师范大学出版社，2022.

城乡教师轮岗交流制度的内容主要包括以下5个方面。

（1）轮岗交流对象。主要包括城市与农村中小学的教师，尤其是骨干教师和优秀教师。也包括学校管理人员和学科带头人，以便通过交流带动整体教学质量的提升。

（2）交流形式。①长期轮岗。教师在对调学校工作一定时间（如一年或更长时间）。②短期交流。教师短期内互换工作岗位（如一个学期或几个月），或定期进行短期交流活动（如每学期几周）。③跟岗学习。教师到对调学校跟随优秀教师学习一段时间，参与教学活动和教研活动。

（3）轮岗时间。根据不同地区的实际情况，轮岗时间可以灵活安排，通常为半年到一年，以保证教师有足够的时间适应新环境并开展有效教学。

（4）政策支持。教育部门制定相应政策，提供资金、资源支持，并明确轮岗交流的工作安排、考核评价和激励措施。确保轮岗教师在职称评定、岗位晋升、工资待遇等方面享有公平待遇。

（5）目标和效果。通过轮岗交流，促进城乡教师相互学习、借鉴优秀的教学经验和管理方法，提升教师的专业素养和教学能力。带动农村学校整体教学水平的提升，缩小城乡教育差距，实现教育资源的均衡配置。

## 二、实施城乡教师轮岗交流制度的意义与策略

### （一）实施城乡教师轮岗交流制度的意义

（1）促进教育公平。缩小城乡教育差距，使农村学生享受到与城市学生同等质量的教育资源和教学服务。

（2）提升农村教育质量。通过优秀教师的轮岗交流，带动农村学校的教学水平提升，促进农村教育质量的提高。

（3）促进教师专业发展。教师通过不同学校的教学实践，拓宽教学视野，丰富教学经验，提升专业素养和教学能力。

（4）推动教育均衡发展。实现城乡教育资源的合理配置，推动城乡教育的均衡发展，促进社会的和谐稳定。

（二）城乡教师轮岗交流制度的实施策略

（1）制订详细的轮岗计划。教育部门和学校应制订详细的轮岗计划，明确轮岗交流的目标、形式和时间安排，确保轮岗工作的有序进行。

（2）提供政策和资金支持。政府应提供相应的政策支持和资金保障，确保轮岗教师在职称评定、岗位晋升和工资待遇等方面享有公平待遇。

（3）加强培训和岗位指导。为轮岗教师提供必要的培训和指导，帮助他们适应新环境，提高教学效果。

（4）建立评价和激励机制。建立科学的评价和激励机制，对轮岗教师的工作进行评估，给予相应的奖励和表彰，激发教师参与轮岗交流的积极性。

（5）推广优秀经验和做法。总结和推广各地在实施城乡教师轮岗交流制度中的优秀经验和做法，推动制度的不断完善和发展。

### 三、城乡教师轮岗交流制度实施的现状、问题和改进措施

目前，中国城乡教师轮岗交流制度在促进教育均衡发展、提升农村教育质量方面取得了一定成效，但在实施过程中也面临一些挑战。

#### （一）城乡教师轮岗交流制度实施的现状

（1）政策支持与推广。各地教育部门积极响应国家政策，制定了相应的城乡教师轮岗交流计划，建立了制度框架和实施细则。多个省市如北京、上海、浙江等地已开展轮岗交流，部分地区取得了显著成效。

（2）交流形式多样。采用长期轮岗、短期交流、跟岗学习等多种形式，适应不同地区和学校的实际需求。通过远程教育和信息技术，促进城乡教师之间的交流与合作。

（3）初步成效显现。优秀教师的交流带动了农村学校的教学质量提升，缩小了城乡教育差距。教师通过轮岗交流拓宽了视野，提升了专业素养和教学能力。[①]

---

① 刘桂辉.乡村教师专业发展的两难困境与破解路径 [J].当代教育科学，2022（12）：
54-60.

**（二）城乡教师轮岗交流制度实施过程中存在的问题**

（1）政策落实不到位。部分地区政策落实不力，缺乏系统的规划和支持，导致轮岗交流效果不明显。有些地区缺乏足够的资金和资源支持，影响了轮岗交流的顺利开展。

（2）教师参与积极性不足。一些教师对轮岗交流的积极性不高，担心影响自身的工作和生活，特别是城市教师对赴农村任教存在一定的抵触情绪。缺乏有效的激励机制，未能充分调动教师参与轮岗交流的积极性。

（3）轮岗时间和形式单一。部分地区轮岗时间过短，教师难以深入了解和适应新的教学环境，影响交流效果。交流形式单一，缺乏多样化的交流方式，影响教师的全面发展。

（4）评价与激励机制不完善。缺乏科学的评价体系，对轮岗教师的工作表现和成效难以进行客观评估。激励措施不到位，无法充分激发教师的参与热情和积极性。[1]

**（三）实施城乡教师轮岗交流制度的改进措施**

（1）加强政策落实与支持。各级政府和教育部门应加大对城乡教师轮岗交流制度的支持力度，制订详细的实施计划，确保政策落实到位。同时，提供充足的资金和资源保障，为轮岗教师创造良好的工作和生活条件。

（2）提高教师参与积极性。建立有效的激励机制，如晋升机会、奖金和表彰等，鼓励教师积极参与轮岗交流。通过宣传和培训，让教师充分了解轮岗交流的意义和作用，消除他们的顾虑和抵触情绪。

（3）优化轮岗时间和形式。根据不同地区和学校的实际情况，灵活安排轮岗时间，确保教师有足够的时间适应和发挥作用。多样化交流形式，结合短期交流、长期轮岗、远程教育和信息技术，提升交流效果。

（4）完善评价与激励机制。建立科学的评价体系，对轮岗教师的工作表现进行客观评估，及时反馈交流效果。制订完善的激励措施，对表现突出的轮

---

① 于维涛.县域教师发展支持体系建设研究 [D].上海：华东师范大学，2009.

岗教师给予奖励和表彰，激发他们的参与热情。

（5）加强培训与指导。对轮岗教师进行必要的培训和指导，帮助他们适应新的教学环境，提高教学效果。建立城乡教师互助机制，通过导师带徒、结对帮扶等方式，促进教师之间的相互学习和共同成长。

（6）推广优秀经验和做法。总结和推广各地在实施城乡教师轮岗交流制度中的优秀经验和做法，推动制度的不断完善和发展。通过案例分享和交流会，促进各地教育部门和学校的相互学习和借鉴，提升轮岗交流的整体水平。

城乡教师轮岗交流制度在促进教育均衡发展、提升农村教育质量方面具有重要意义，但在实施过程中仍须不断完善和改进。通过加强政策落实与支持，提高教师参与积极性，优化轮岗时间和形式，完善评价与激励机制，加强培训与指导，以及推广优秀经验和做法，可以有效地提升城乡教师轮岗交流的效果，实现教育资源的合理配置和教育质量的全面提升。

### 四、城乡教师轮岗交流制度实施的成功案例

城乡教师轮岗交流制度的实施取得了不少成功的案例，这些案例为全国其他地区提供了宝贵的经验。

#### （一）北京市城乡教师轮岗交流制度

1. 背景

北京市作为全国教育改革的先锋，通过城乡教师轮岗交流制度，推动了城乡教育的均衡发展。

2. 实施措施

（1）政策支持。北京市政府制订了详细的轮岗计划，明确了轮岗教师的职责、待遇和考核标准。

（2）交流形式。主要采用长期轮岗和短期交流相结合的方式，每年安排一定比例的城市优秀教师到农村学校支教。

（3）资金保障。提供专项资金用于轮岗教师的生活补助和培训费用，确

保教师在轮岗期间的基本生活保障。

3. 成效

（1）提升教学质量。通过轮岗交流，农村学校的教学质量显著提升，学生的学业成绩逐年提高。

（2）促进教师成长。参与轮岗的教师普遍反映，轮岗经历拓宽了他们的教学视野，提高了教学水平。

### （二）上海市"城乡教育共同体"计划

1. 背景

上海市通过"城乡教育共同体"计划，推动城乡学校结对共建，促进教育资源的均衡分配。

2. 实施措施

（1）学校结对。选择城市优质学校与农村薄弱学校结对，通过教师轮岗、教学交流、资源共享等方式，促进两校共同发展。

（2）跟岗学习。安排农村教师到城市学校进行跟岗学习，参与城市学校的日常教学和教研活动。

（3）信息化手段。利用信息技术手段，开展远程教学和在线交流，实现资源共享和共同提升。

3. 成效

（1）缩小教育差距。通过结对共建，农村学校的教学质量和管理水平得到显著提升，城乡教育差距逐步缩小。

（2）实现教师专业成长。参与轮岗交流的教师在教学方法、教育理念等方面获得了全面提升，回到原校后能够带动整体教学水平的提高。

### （三）浙江省"名师带动工程"

1. 背景

浙江省通过"名师带动工程"，选派省内优秀教师到农村学校支教，带动农村学校的教育教学改革和发展。

2. 实施措施

（1）选派名师。每年从省内选拔一批优秀教师，到农村学校进行为期一年的支教。

（2）教学指导。名师不仅承担教学任务，还负责指导当地教师的教学工作，开展教学研讨和培训。

（3）回访机制。名师支教结束后，定期回访农村学校，持续跟进支教效果和教师成长情况。

3. 成效

（1）提升农村教育质量。名师的引入显著提升了农村学校的教学质量，学生的学习积极性和成绩都有所提高。

（2）促进教师专业发展。当地教师通过与名师的交流学习，教学水平和专业素养得到明显提升。

**（四）广东省深圳市"优质教育资源下乡工程"**

1. 背景

深圳市通过"优质教育资源下乡工程"，推动城市优质教育资源向农村学校流动。

2. 实施措施

（1）教师轮岗。每年选派一批城市优秀教师到农村学校支教，时间为半年至一年不等。

（2）资源共享。建立城乡教育资源共享平台，通过远程教育、网络课堂等方式，实现优质教育资源的共享。

（3）综合评估。建立轮岗教师的综合评估体系，定期对轮岗教师的工作进行考核，确保教学质量。

3. 成效

（1）教育资源优化配置。通过资源下乡，农村学校获得了更多优质教育资源，教学质量显著提升。

（2）教师队伍建设。轮岗教师在农村学校发挥了重要作用，带动了当地教师的专业成长和队伍建设。

以上案例展示了城乡教师轮岗交流制度在实践中的成功经验。这些经验表明，政策支持、资金保障、交流形式多样化、信息技术的运用，以及科学的评价和激励机制，是推动城乡教师轮岗交流制度成功实施的关键因素。通过这些措施，城乡教育的均衡发展得以实现，教师的专业成长得到促进，教育质量显著提升。

## 第三节　城乡学校的结对帮扶机制

城市学校与乡村学校的结对帮扶机制是一种通过城市优质教育资源对农村薄弱学校进行长期、持续支持和帮助的措施，[①]旨在缩小城乡教育差距，提升农村教育质量。

### 一、城市学校与乡村学校结对帮扶的意义、内容和实施步骤

（一）实施城市学校与乡村学校的结对帮扶机制的意义

（1）提升乡村教育质量，促进教育公平。通过城市学校的支援，乡村学校的教学水平和管理能力得到提升，促进乡村教育质量的提高。这种结对帮扶机制有助于缩小城乡教育差距，使乡村学生享受与城市学生同等质量的教育资源和服务。

（2）促进教师专业发展。通过教师交流和培训，乡村教师的专业素养和

---

① 吴云鹏.乡村振兴视野下乡村教师专业发展的困境与突围[J].华南师范大学学报（社会科学版），2021（1）：81-89，206.

教学能力得到显著提升。

（3）推动城乡教育一体化发展。结对帮扶机制推动了城乡教育资源的优化配置，促进了城乡教育的共同发展。

**（二）城市学校与乡村学校结对帮扶的主要内容**

（1）学校结对，资源共享。城市学校与乡村学校建立固定的结对关系，通过双方的合作交流，实现资源共享和共同发展。城市学校向乡村学校提供教学资源，包括教材、教具、图书、网络课程等。通过信息技术手段，如远程教育、网络课堂，实现优质资源共享。

（2）教师交流与培训。城市学校选派优秀教师到乡村学校支教，进行课堂教学和教研指导。乡村学校教师到城市学校跟岗学习，参与教学和教研活动，提高自身的教学水平。

（3）学生交流与活动。组织城市与乡村学生的交流活动，如联谊会、夏令营、冬令营等，开阔学生视野，促进城乡学生的相互了解。

（4）管理经验分享。城市学校的管理团队与乡村学校分享先进的管理经验，提升乡村学校的管理水平。

**（三）城市学校与乡村学校结对帮扶的实施步骤**

（1）政策制定与宣传。教育部门制定结对帮扶的政策和实施方案，通过宣传动员，让城市和乡村学校了解政策，明确任务。

（2）结对学校的选定。根据学校的实际情况，选择有代表性的城市学校与相应的乡村学校结对。

（3）签订帮扶协议。城市与乡村学校签订结对帮扶协议，明确双方的责任和义务，制订详细的帮扶计划和目标。

（4）实施帮扶计划。按照帮扶计划，开展教师交流、资源共享、学生交流和管理经验分享等活动。

（5）监督与评估。教育部门对结对帮扶工作进行监督和评估，定期检查帮扶效果，及时调整和完善帮扶措施。

**二、实施城市学校与乡村学校结对帮扶的挑战与改进措施**

**（一）城市学校与乡村学校结对帮扶的挑战**

（1）资源不均衡。部分地区资源不足，难以持续提供有效的帮扶，影响帮扶效果。

（2）教师积极性不足。一些教师对支教存在顾虑，积极性不高，影响帮扶工作的开展。

（3）管理和协调难度大。城市与乡村学校在管理和协调方面存在一定的困难，需要有效的沟通和协调机制。

（4）持续性和长效性不足。部分帮扶工作缺乏长期规划和持续性支持，难以形成长效机制。[①]

**（二）城市学校与乡村学校结对帮扶的改进措施**

（1）加强政策支持与资金投入。政府应加大对结对帮扶工作的政策支持和资金投入，确保帮扶工作的顺利开展。

（2）提高教师参与积极性。建立有效的激励机制，如提供晋升机会、奖励和表彰，激励教师积极参与结对帮扶工作。

（3）优化管理和协调机制。建立高效的管理和协调机制，加强城市与乡村学校的沟通和合作，提高帮扶工作的效率。

（4）制订长期规划。制订详细的长期帮扶规划，确保帮扶工作的持续性和长效性，实现城乡教育的共同进步。

通过以上措施和策略，结对帮扶机制可以更好地发挥作用，促进城乡教育的均衡发展，实现教育公平和社会进步。

**三、城市学校与乡村学校结对帮扶的成功案例**

我国在实施城市学校与乡村学校结对帮扶方面有许多成功的案例，这些案

---

① 王光雄.乡村教师专业发展支持路径研究 [D].重庆：西南大学，2018.

例不仅有效地促进了城乡教育的均衡发展，也为其他地区提供了宝贵的经验。

## （一）北京市西城区与河北省张家口市的结对帮扶

1. 背景

北京市西城区与河北省张家口市自2014年起开展结对帮扶，通过教师交流、资源共享、教学指导等方式，促进两地教育的共同发展。

2. 实施措施

（1）教师支教。西城区选派优秀教师到张家口市的乡村学校支教，承担教学任务，并指导当地教师的教学工作。

（2）跟岗学习。安排张家口市乡村教师到西城区的学校跟岗学习，参与教学和教研活动，提高教学水平。

（3）资源共享。西城区向张家口市乡村学校提供图书、教具、信息化设备等教学资源，改善教学条件。

3. 成效

（1）提升教学质量。通过教师支教和资源共享，张家口市乡村学校的教学质量明显提升，学生的学业成绩逐年提高。

（2）促进教师成长。乡村教师通过跟岗学习，拓宽了教学视野，提升了教学水平和专业素养。

## （二）上海市黄浦区与云南省怒江州的结对帮扶

1. 背景

上海市黄浦区与云南省怒江州自2015年起开展结对帮扶，旨在通过教育资源共享和教师交流，提升怒江州的教育水平。

2. 实施措施

（1）远程教育。黄浦区利用信息技术手段，建立远程教育平台，将优质课程资源共享给怒江州的乡村学校。

（2）教师交流。黄浦区选派骨干教师到怒江州支教，并与当地教师共同开展教研活动，提升教学质量。

（3）学生交流。组织两地学生的联谊活动，如夏令营、冬令营等，促进城乡学生的相互了解和交流。

3. 成效

（1）教学资源共享。通过远程教育平台，怒江州乡村学校的学生能够享受到与城市学生同等质量的教学资源。

（1）提升教学水平。黄浦区教师的支教和教研活动，显著提升了怒江州乡村教师的教学水平和学生的学习成绩。

**（三）浙江省杭州市与贵州省黔东南州的结对帮扶**

1. 背景

浙江省杭州市与贵州省黔东南州自2016年起开展结对帮扶，通过教师轮岗、资源共享、管理经验分享等方式，促进黔东南州教育的均衡发展。

2. 实施措施

（1）教师轮岗。杭州市选派优秀教师到黔东南州的乡村学校进行为期一年的支教，指导教学工作。

（2）资源捐赠。杭州市向黔东南州乡村学校捐赠图书、教具、信息化设备等资源，改善教学环境。

（3）管理经验分享。杭州市的校长和教育管理人员与黔东南州的学校管理团队进行交流，分享先进的管理经验和方法。

3. 成效

（1）改善教学条件。通过资源捐赠，黔东南州乡村学校的教学环境和条件得到显著改善。

（2）提升管理水平。杭州市的管理经验分享，提升了黔东南州学校的管理水平和教育质量。

### （四）广东省深圳市与广西壮族自治区百色市的结对帮扶

**1. 背景**

广东省深圳市与广西壮族自治区百色市自2017年起开展结对帮扶，通过多种形式的交流与合作，提升百色市的教育水平。

**2. 实施措施**

（1）教师支教。深圳市选派优秀教师到百色市乡村学校支教，进行教学和教研指导。

（2）远程教育。利用信息技术，开展远程教学，深圳市的优质课程资源通过网络传输到百色市乡村学校。

（3）综合评估。建立轮岗教师的综合评估体系，对轮岗教师的工作进行考核，确保教学质量。

**3. 成效**

（1）教育资源优化配置。通过远程教育和资源共享，百色市乡村学校获得了更多优质教育资源，教学质量显著提升。

（2）教师队伍建设。深圳市教师在百色市乡村学校发挥了重要作用，带动了当地教师的专业成长和队伍建设。

这些成功案例展示了结对帮扶机制在实践中的显著成效。通过政策支持、资金保障、教师交流、资源共享等多种措施，城乡教育的差距得以缩小，乡村学校的教学质量和管理水平显著提升。结对帮扶不仅促进了教育公平，也推动了教育资源的均衡配置，为全国其他地区提供了宝贵的经验和借鉴。

## 第四节　中小学教师专业联盟发展

### 一、国内中小学教师专业联盟发展

中小学教师专业联盟的发展是一种通过建立教师间的合作和交流平台，提升教师专业素养和教学水平的机制。① 这种联盟旨在通过集体研讨、资源共享、共同备课等方式，促进教师的专业成长和教育教学质量的提高。

**（一）中小学教师专业联盟发展的意义**

随着教育改革的深入推进，教师的专业发展成为提高教育质量的关键因素。中小学教师专业联盟作为一种新的教师发展模式，能够有效地促进教师之间的交流与合作，提升整体教学水平。②

（1）促进教师专业成长。教师专业联盟通过教研活动、培训和资源共享，提升教师的专业素养和教学水平，促进教师的专业成长。

（2）提升教育教学质量。中小学教师通过共同备课、课题研究和教学观摩，优化教学设计和方法，提高课堂教学效果，提升教育教学质量。

（3）推动教学改革和创新。中小学教师通过联盟平台进行交流和探讨，形成教研课题，推动教学改革和创新，促进教育教学的发展。

（4）增强教师合作意识。教师专业联盟通过集体备课和教研活动，增强了教师之间的合作意识和团队精神，形成良好的教学氛围。

**（二）中小学教师专业联盟发展的主要内容**

（1）专业发展共同体。通过建立专业发展共同体，教师可以定期进行教研活动，分享教学经验和资源，共同解决教学难题。

（2）教学研讨与培训。定期组织教学研讨会和培训活动，邀请教育专家和名师进行专题讲座和示范教学，提升教师的专业素养。

（3）资源共享，集体备课。建立资源共享平台，包括教学资源库、案例库、课件库等，教师可以方便地获取和分享优质教学资源。组织教师进行集体备课，通过讨论和交流，优化教学设计和教学方法，提高课堂教学效果。

（4）课题研究。鼓励教师开展教育教学研究，形成教研课题，共同探讨

---

① 陈静静.学习共同体：走向深度学习 [M].上海：华东师范大学出版社，2020.

② 蔡其勇，刘筱，胡春芳.新时代乡村教师学习共同体建构策略 [J].中国教育学刊，
　2020（2）：83-86.

教育教学中的热点和难点问题，推动教学改革和创新。[①]

**（三）中小学教师专业联盟发展的实施步骤**

（1）建立联盟组织。由教育部门或学校牵头，建立教师专业联盟组织，制订联盟章程和发展规划。

（2）明确发展目标。明确教师专业联盟的发展目标和任务，制订详细的实施方案和工作计划。

（3）开展活动与培训。定期组织教研活动、培训和研讨会，促进教师之间的交流与合作，提升专业素养。

（4）搭建资源平台。建立资源共享平台，汇集优质教学资源，方便教师获取和分享。

（5）评估与反馈。建立评估机制，对教师专业联盟的活动和效果进行评估，及时反馈和调整工作计划，确保联盟的持续发展。

**（四）中小学教师专业联盟发展成功案例**

1. 上海市黄浦区教师专业发展联盟

（1）背景：上海市黄浦区教育局通过建立教师专业发展联盟，促进区内教师的专业成长和教学质量的提升。

（2）实施措施。①建立联盟组织：由教育局牵头，成立教师专业发展联盟，制订发展规划和实施方案。②开展教研活动：定期组织教师进行教研活动和专题培训，邀请名师进行示范教学。③搭建资源平台：建立教学资源共享平台，方便教师获取和分享优质资源。

（3）成效。①提升教学水平：通过教研活动和资源共享，教师的教学水平和专业素养显著提升。②促进教学改革：教师通过联盟平台进行交流和探讨，推动了教学改革和创新。

---

① WANG T. Contrived collegiality versus genuine collegiality: demystifying professional learning communities in Chinese schools[J]. Compare: A Journal of Comparative and International Education, 2015, 45(6): 908-930.

2.北京市东城区教师专业发展共同体

（1）背景：北京市东城区教育部门通过建立教师专业发展共同体，推动教师专业成长和教育质量的提升。

（2）实施措施。①共同备课：组织教师进行集体备课，通过讨论和交流，优化教学设计和方法。②课题研究：鼓励教师开展教育教学研究，形成教研课题，共同探讨教育教学中的热点和难点问题。③教学观摩：定期组织教学观摩活动，教师相互听课和评课，交流教学经验和方法。

（3）成效。①提升教师专业素养：通过集体备课和课题研究，教师的专业素养和教学能力显著提升。②优化教学方法：教师通过教学观摩和评课，优化了教学方法，提高了课堂教学效果。

**（五）中小学教师专业联盟发展的挑战与改进措施**

1.中小学教师专业联盟发展面临的挑战

（1）资源不足。部分地区教育资源不足，难以持续提供高质量的培训和教研活动，影响教师专业联盟的发展。

（2）教师积极性不高。一些教师对参与专业联盟活动积极性不高，存在抵触情绪，影响联盟的有效运作。

（3）管理和协调难度大。教师专业联盟涉及多方管理和协调，工作量大，难度高，需要有效的管理和协调机制。

（4）评估机制不完善。缺乏科学的评估机制，难以对教师专业联盟的活动效果进行客观评估和反馈。[①]

2.中小学教师专业联盟发展的改进措施

（1）加强政策支持与资金投入。政府和教育部门应加大对教师专业联盟的政策支持和资金投入，确保联盟的持续发展。

（2）提高教师参与积极性。建立有效的激励机制，如提供晋升机会、奖

---

① 皮特·本顿，提姆·奥布赖恩.全纳教育与教师发展[M].范晓慧，译.北京：北京师范大学出版社，2008.

励和表彰，激励教师积极参与专业联盟活动。

（3）优化管理和协调机制。建立高效的管理和协调机制，加强教师专业联盟的组织和管理，提高工作效率。

（4）完善评估机制。建立科学的评估机制，对教师专业联盟的活动和效果进行客观评估和反馈，及时调整和完善工作计划。①

通过以上改进措施和策略，教师专业联盟可以更好地发挥作用，促进教师专业成长，提升教育教学质量，实现教育改革和发展的目标。

## 二、国外的中小学教师专业联盟发展

国外中小学教师专业联盟的发展在教育领域起到了显著的示范作用，这些联盟通过集体研讨、资源共享、共同备课等方式②，促进了教师的专业成长和教育质量的提升。

### （一）美国国家教师协会（NEA）

美国国家教师协会（National Education Association，NEA）是美国最大的教师工会，拥有超过300万成员，包括教师、教育支持人员和其他教育工作者。成立于1857年，NEA 致力于提升教师的专业水平，改善教育环境，推动教育公平和学生成功。

1. NEA 的组织背景与历史

（1）成立背景。NEA 成立于1857年，当时名为"国家教育协会"（National Teachers Association），旨在团结教育工作者，提升教育质量。

（2）历史发展。20世纪初，NEA 积极推动教育改革，倡导公共教育和教育公平。20世纪60年代，NEA 参与民权运动，推动教育平等和反对种族隔离。20世纪70年代，NEA 与美国教师联合会（American Federation of Teachers，

---

① 柳立言，张会庆，闫寒冰.智能时代乡村教师专业发展的困境、机遇和实践路径 [J].中国电化教育，2021（10）：105-112.

② 大卫·杰弗里·史密斯.全球化与后现代教育学 [M].郭洋生，译.北京：教育科学出版社，2003.

AFT）合作，推动教师权益和教育改革。

**2. NEA 的主要使命和目标**

NEA 的使命有以下3个方面。

（1）提升教育质量。通过教师培训、专业发展和教育研究，提升教育质量。

（2）倡导教育公平。推动教育公平，确保所有学生都能获得高质量的教育。

（3）改善教师待遇。通过政策倡导和集体谈判，改善教师的工作条件和待遇。

NEA 的主要目标有以下4个。

（1）专业发展。为教师提供专业发展机会，包括培训、研讨会和在线课程。

（2）教育改革。参与教育政策的制定和改革，推动教育创新和进步。

（3）资源共享。建立教学资源库，供教师获取和分享优质教育资源。

（4）学生成功。关注学生的全面发展，推动学生在学术和非学术领域的成功。

**3. NEA 的主要活动和项目**

（1）教师培训与专业发展。NEA 提供多种形式的教师培训和专业发展机会，包括线下工作坊、研讨会和在线课程。通过培训，提升教师的教学能力和专业素养，帮助他们应对教育挑战。

（2）政策倡导与改革。NEA 积极参与教育政策的制定和改革，推动教育公平和质量提升。与政府和立法机构合作，倡导提升教育投入和改善教师待遇。

（3）资源共享。NEA 建立了丰富的教学资源库，包括教材、课件、教学案例等，供教师下载和使用。鼓励教师分享教学经验和资源，促进教育资源的共享和利用。

（4）教育研究。NEA 开展各种教育研究项目，提供数据和分析，帮助教师了解教育趋势和最佳实践。研究结果用于指导教育政策的制定和教学方法的改进。

4. NEA 的典型案例和成效

（1）教师专业发展项目。NEA 的"专业发展学院"（Professional Development Academy）提供各种在线课程，帮助教师提升专业素养。项目成效显著，参与教师普遍反映教学能力和专业水平有所提升。

（2）政策倡导与改革。NEA 在推动"小班化教育"和"全面教育"政策方面取得显著成效，促进了教育质量的提升。通过政策倡导，成功推动了一系列教育投入增加和教师待遇改善的措施。

（3）教育公平与学生成功。NEA 积极参与"每个学生成功法案"（Every Student Succeeds Act，ESSA）的制定，确保教育公平和学生成功。NEA 推动实施了一系列支持弱势学生的项目，改善了教育公平和学生的全面发展。

5. NEA 存在的意义与面临的挑战

NEA 存在的意义主要体现在以下3个方面。

（1）提升了教育质量。NEA 通过教师培训、教育研究和政策倡导，提升了教育质量和教师专业水平。

（2）推动实现教育公平。NEA 致力于推动教育公平，确保所有学生都能获得高质量的教育。

（3）改善了教师待遇。NEA 通过政策倡导和集体谈判，改善了教师的工作条件和待遇，提升了教师的职业满意度。

NEA 面临的挑战主要是以下3个方面。

（1）资源不足。部分地区教育资源不足，难以持续提供高质量的培训和教研活动，影响教师专业发展。

（2）政策变化。教育政策的频繁变化和不确定性，给 NEA 的政策倡导和改革工作带来挑战。

（3）教师积极性。部分教师对参与专业发展活动积极性不高，影响培训和项目的实施效果。

6. NEA 未来发展方向

（1）加强政策倡导。一方面，继续积极参与教育政策的制定和改革，推动教育公平和质量提升。另一方面，加强与政府和立法机构的合作，确保教育投入和教师待遇的持续改善。

（2）提升专业发展。一方面，扩大教师培训和专业发展项目的覆盖面，提供更多样化和高质量的培训机会。另一方面，利用现代科技手段，开展线上线下相结合的培训，提升培训效果。

（3）推动资源共享。一方面，扩大教学资源库的建设和利用，鼓励教师分享教学经验和资源。另一方面，加强资源管理和维护，确保资源的时效性和适用性。

（4）强化教育研究。一方面，加强教育研究项目的开展，提供更多数据和分析支持教育决策和教学改进。另一方面，推动研究成果的转化和应用，提升教育实践的科学性和有效性。

通过这些措施和策略，NEA 将继续在提升教育质量、推动教育公平和改善教师待遇方面发挥重要作用，促进教育事业的发展和学生的全面成功。

## （二）英国国家教师研究会（NFER）

英国国家教师研究会（National Foundation for Educational Research，NFER）是英国领先的教育研究机构，致力于通过教育研究和教师专业发展，提升教育质量和学生成就。NFER 通过多种途径支持教师的专业发展，帮助教师了解教育趋势和最佳实践，取得了显著成效。

1. NFER 支持教师专业发展的主要措施

（1）教育研究。进行各种教育研究项目，提供数据和分析，帮助教师了解教育趋势和最佳实践。研究主题涵盖教育政策、教学方法、学生评估、教育技术等多个方面，为教师提供实证基础和理论支持。

（2）教师培训。提供各种形式的教师培训项目，包括线下工作坊、研讨会和在线课程。培训内容丰富多样，涵盖课堂管理、教学策略、学科知识、教育技术等多个领域，帮助教师提升专业能力。

（3）资源出版。出版大量教育资源，包括研究报告、教学指南、案例研究、政策简报等，为教师提供实用的教学参考和指导。资源内容丰富，形式多样，既有理论指导，也有实践案例，便于教师应用和借鉴。

（4）评估与反馈。开展教育评估项目，评估教学效果和学生表现，帮助教师了解教学效果和改进方向。提供评估工具和方法，帮助教师科学评估学生表现，改进教学策略。

（5）合作与交流。促进教师之间的合作与交流，通过专业学习社区、教研活动等方式，搭建教师合作平台。鼓励教师分享教学经验和资源，进行集体备课和教学研讨，共同提升教学水平。

2. NFER 支持教师专业发展的成效与影响

（1）提升教师专业素养。NFER 通过教育研究、培训和资源支持，提升教师的专业素养和教学能力，帮助教师应对教育挑战。

（2）改进教学实践。通过研究成果和评估反馈，帮助教师改进教学策略和方法，提升课堂教学效果和学生表现。

（3）促进教育改革。通过教育政策研究和建议，推动教育政策和实践的改进，促进教育改革和创新。

（4）加强教师合作。通过专业学习社区和教研活动，促进教师之间的合作与交流，形成良好的教学氛围和团队精神。

3. NFER 未来发展方向

（1）深化教育研究。NFER 将通过深化教育研究项目，提供更多实证数据和分析，支持教师专业发展和教育决策。

（2）拓展培训项目。NFER 将通过拓展教师培训项目，提供更多样化和高质量的培训机会，帮助教师持续提升专业能力。

（3）优化资源出版。NFER 将通过优化资源出版内容和形式，提供更多实用的教学资源和指导，帮助教师改进教学实践。

（4）加强评估与反馈。NFER 将通过加强教学效果评估和反馈机制，提供科学的评估工具和方法，帮助教师优化教学策略。

（5）促进国际交流。NFER 将通过促进国际交流与合作，借鉴和推广国际先进的教育研究和实践经验，推动教育质量和教师专业水平的提升。

通过这些措施和策略，NFER 将继续在提升教师专业素养、改进教学实践和推动教育改革方面发挥重要作用，促进教育事业的发展和学生的全面成长。

### （三）加拿大安大略省教师联合会（OTF）

安大略省教师联合会（Ontario Teachers' Federation，OTF）是加拿大安大略省的主要教师组织，致力于提升教师的专业水平和教育质量。OTF 通过多种途径支持教师的专业发展。

**1. OTF 支持教师专业发展的具体做法**

（1）培训项目。提供线上和线下的专业发展课程，帮助教师提升学科知识和教学技能。定期组织专题研讨会，邀请教育专家和名师举办讲座和示范教学，促进教师学习和交流。

（2）资源共享。建立和维护丰富的教学资源库，包括教材、课件、教学案例等，供教师下载和使用。建立资源分享平台，鼓励教师分享教学经验和资源，促进教育资源的共享和利用。

（3）专业学习社区。通过在线和线下的专业学习社区，促进教师之间的合作与交流，分享教学经验和资源。组织教师进行集体备课和教学研讨，共同探讨教学难题，优化教学设计和方法。

（4）教育研究。研究各种教学方法和策略的有效性，提供实证数据和分析，帮助教师优化教学。研究教育政策的影响和效果，提供政策建议和改进方案，帮助教师理解和应对政策变化。

（5）政策倡导。推动教育公平，确保所有学生都能获得高质量的教育。通过政策倡导和集体谈判，改善教师的工作条件和待遇，提升教师的职业满意度。

## 2. OTF 支持教师专业发展的成效与影响

OTF 支持教师专业发展的成效与影响主要表现在3个方面：首先是提升教师教学水平。通过各种培训和专业发展机会，教师的教学水平和专业素养显著提升。其次是实现资源共享。教师能够方便地获取和分享优质教学资源，提高了教学效果。再次，专业学习社区。教师通过专业学习社区，建立了合作和交流的平台，促进了共同成长。

## 3. OTF 未来发展方向

（1）深化教师培训。扩大教师培训项目的覆盖面，提供更多样化和高质量的培训机会，帮助教师持续提升专业能力。

（2）优化资源共享。优化教学资源库的建设和管理，提供更多实用的教学资源和指导，帮助教师改进教学实践。

（3）强化专业学习社区。加强专业学习社区的建设，促进教师之间的合作与交流，形成良好的教学氛围和团队精神。

（4）加强政策倡导。加强与政府和立法机构的合作，积极参与教育政策的制定和改革，推动教育公平和质量提升。①

## （四）澳大利亚教师联合会（AEU）

澳大利亚教师联合会（Australian Education Union，AEU）是澳大利亚最大的教师工会之一，致力于提升教师的专业水平、改善教育环境和推动教育公平。AEU 在教师专业发展方面有其独特的特色和措施。

### 1. AEU 推动教师专业发展方面的主要措施

（1）全面的教师培训与专业发展项目。提供广泛的教师培训和专业发展机会，包括线下工作坊、研讨会、在线课程和专业发展计划。培训内容覆盖课堂管理、教学策略、学科知识、教育技术等多个领域，帮助教师不断提升专业

---

① MOLLENKOPF D L. Creating highly qualified teachers: Maximizing university resources to provide professional development in rural areas[J].The Rural Educator, 2009, 30(3): 34-39.

能力。

（2）政策倡导与教育改革。积极参与教育政策的制定和改革，推动教育公平和质量提升。通过政策倡导和集体谈判，改善教师的工作条件和待遇，提升教师的职业满意度。

（3）资源共享与支持。建立丰富的教学资源库，供教师下载和使用，包括教材、课件、教学案例等。提供多种资源支持，帮助教师在教学中更好地利用和共享优质资源。

（4）专业学习社区与合作。促进教师之间的合作与交流，通过专业学习社区、教研活动等方式，搭建教师合作平台。鼓励教师进行集体备课和教学研讨，共同提升教学水平。

（5）教育研究与评估。开展各种教育研究项目，提供数据和分析，帮助教师了解教育趋势和最佳实践。进行教育评估，评估教学效果和学生表现，帮助教师了解教学效果和改进方向。

2. AEU 提供教师专业发展方面的特色项目

（1）Teaching Fellowship Program。该项目为教师提供高水平的专业发展机会，通过与教育专家和同行的合作，提升教学技能和专业素养。

（2）Innovation and Research Grants。提供创新和研究资金，鼓励教师进行教育研究和创新实践，推动教学方法和策略的改进。

（3）Professional Learning Communities（PLCS）。通过专业学习社区，促进教师之间的合作与交流，分享教学经验和资源，共同提升教学水平。

（4）Mentorship Programs。提供指导和支持，帮助新任教师适应教学工作，提升教学能力和专业素养。

3. AEU 促进教师专业发展的成功因素

AEU 取得成功的因素可以归纳为4个方面。

（1）政策支持。政府和教育部门的大力支持，为教师专业联盟的发展提供了政策保障和资金支持。

（2）资源丰富。建立丰富的教学资源库，方便教师获取和分享优质教学资源。

（3）持续培训。提供持续的教师培训和专业发展机会，帮助教师不断提升专业素养和教学水平。

（4）社区建设。通过建立专业学习社区，促进教师之间的合作和交流，形成良好的教学氛围。[①] 通过以上措施和改进策略，国外的教师专业联盟能够更好地发挥作用，促进教师专业成长，提升教育教学质量，实现教育改革和发展的目标。这些经验和实践也为其他国家和地区提供了宝贵的借鉴和参考。

---

① CACHIA R, FERRARI A, ALA-MUTKA K, et al. Creative learning and innovative teaching final report on the study on creativity and innovation in education in the EU member states[R]. Spain: European Union, 2010.

# 第四章　提升待遇与激励机制

改善乡村教师的工资待遇，确保他们的经济收入与工作付出相匹配，吸引更多优秀人才扎根乡村教育。建立健全乡村教师的职业发展激励机制，提供更多晋升机会和职业发展路径，提高他们的职业荣誉感和成就感。

## 第一节　待遇提升与教师专业发展

### 一、改善乡村教师工资待遇对乡村教师专业发展的意义

（1）提升教师士气和职业满意度。首先，增加职业吸引力。改善工资待遇能够吸引更多优秀人才加入乡村教育行业，从而提升乡村教师队伍的整体素质。其次，提高职业满意度。更高的工资待遇可以提升教师的职业满意度，使他们更愿意投入到教学工作中，减少职业倦怠。

（2）促进教师稳定性和持续性发展。首先，降低教师流动率。高工资待遇可以减少教师跳槽现象，确保乡村学校的教学稳定性和连续性，保证教育质量。其次，提升教师忠诚度。改善待遇能够增强教师对学校和社区的归属感和忠诚度，有利于长期发展。

（3）支持教师专业发展和培训。首先，增强培训参与度。较高的工资待遇可以减轻教师的经济压力，使他们有更多时间和精力参加专业培训和继续教育。其次，促进自主学习。提高收入能够让教师有能力购买更多专业书籍和学习资源，提升自身的专业素养和教学水平。

（4）改善生活质量，促进身心健康。首先，改善生活条件。提高工资待

遇可以改善教师的生活条件，使他们能更好地平衡工作和生活，保持良好的身心健康。其次，减少经济压力。经济上的稳定可以减少教师的心理压力，使他们更专注于教学工作，提升教育质量。

（5）增强社会尊重和地位。首先，提高社会地位。较高的工资待遇能够提升乡村教师的社会地位，使他们在社区中获得更多的尊重和认可。其次，提升教师形象。良好的经济待遇能够改善教师在学生和家长心中的形象，增加对教育工作的认同和支持。

（6）带动整体教育质量提升。首先，促进教育公平。改善乡村教师工资待遇有助于缩小城乡教育差距，推动教育公平和均衡发展。其次，提升教学质量。通过提高待遇吸引和留住优秀教师，能够直接提升乡村学校的教学质量和学生的学业成绩。

## 二、我国乡村教师工资待遇的现状、存在的问题及改进措施

乡村教师工资待遇的现状和存在的问题在很大程度上影响了乡村教育的发展和教师的职业满意度。

### （一）我国乡村教师工资待遇的现状

（1）工资待遇普遍偏低，待遇差距明显。乡村教师的工资待遇相比城市教师普遍较低，特别是在经济欠发达地区，教师的工资收入难以满足日常生活需要。城乡教师之间的工资待遇差距较大，乡村教师的收入和福利待遇与城市教师存在显著差异。

（2）待遇改善有所推进。政府近年来加大了对乡村教育的投入，通过提高基础工资、发放补贴和津贴等方式，逐步改善乡村教师的工资待遇。

（3）政策落实不均衡。虽然国家出台了多项政策改善乡村教师待遇，但各地政策落实情况不一，有些地区的执行力度不够，效果不显著。

### （二）我国乡村教师工资待遇改善存在的问题

（1）待遇提升幅度不足，补贴和津贴发放不稳定。虽然近年来乡村教师

工资有所提高，但整体提升幅度仍不足，难以有效吸引和留住优秀教师。一些地方的补贴和津贴发放不稳定，有时出现拖欠或发放不到位的情况，影响了教师的经济保障。

（2）福利保障不足，生活成本与工资不匹配。乡村教师的福利保障不完善，如住房补贴、医疗保险、养老保险等方面存在较大差距，难以提供充分的生活保障。在一些经济欠发达地区，虽然生活成本相对较低，但教师的工资收入依然无法满足日常开支，生活压力较大。

（3）职业发展机会有限。乡村教师的职业发展机会较少，晋升渠道不畅，培训和继续教育资源匮乏，影响了教师的职业发展和专业提升。[①]

### （三）改善我国乡村教师工资待遇的措施

（1）提高基础工资，稳定补贴和津贴。制订统一的乡村教师工资标准，确保乡村教师的基础工资与城市教师基本持平，吸引更多优秀教师扎根乡村。确保各类补贴和津贴的稳定发放，杜绝拖欠现象，提高教师的经济保障。

（2）加大财政投入，完善福利保障。增加对乡村教育的财政投入，确保教师工资待遇的持续改善，并提供必要的教学资源和设施支持。加强乡村教师的福利保障，提供住房补贴、医疗保险、养老保险等多方面的支持，提升教师的生活质量。

（3）拓宽职业发展渠道。为乡村教师提供更多的培训和继续教育机会，拓宽职业晋升渠道，提升教师的专业水平和职业发展空间。

（4）鼓励社会支持。鼓励企业和社会团体参与支持乡村教育，提供资金和资源，改善教师待遇和工作条件。

通过这些措施，能够有效改善乡村教师的工资待遇，提升教师的职业满意度和专业素养，从而推动乡村教育事业的发展和教育公平的实现。

---

① 武向荣.哪些关键因素影响了乡村教师工作满意度[J].教育与经济，2022（2）：62-69，96.

### 三、改善乡村教师工资待遇促进教师专业发展的有益探索

（一）浙江省的"教师下乡"政策

浙江省通过提高乡村教师的工资待遇，吸引城市优秀教师到乡村任教，取得了显著成效。政策实施后，乡村学校的教学质量明显提升，教师的专业水平和职业满意度也得到了提高。

浙江省的"教师下乡"政策是一项旨在改善乡村教育条件和促进乡村教师专业发展的重要举措。该政策的实施主要包括以下3个方面。

1.政策背景和目的

针对乡村教育资源不足、教师队伍结构不合理等问题，浙江省实施了"教师下乡"政策，旨在通过向乡村派驻城市优秀教师，提升乡村教育质量，推动教育均衡发展。

2.政策内容

政策包括调配优秀教师到乡村任教，优化乡村教育资源配置，提高乡村学校的教学水平和教育质量。提供良好的工作条件和生活待遇，吸引城市教师到乡村工作，减少城乡教育差距。

3.实施效果

通过政策实施，浙江省乡村教育的教师队伍结构得到优化，教育资源得到合理配置，一些乡村学校的教学质量和办学条件得到了显著改善。一些城市优秀教师到乡村学校任教后，在短时间内推动学校教育改革，提高学生的学习成绩和综合素质，增强了当地学生和家长对教育的信心和认同感。教师们在乡村工作期间，不仅提升了教学能力，还增强了对乡村教育的责任感和使命感，为乡村学校的发展贡献了力量。

总体来说，"教师下乡"政策在浙江省的实施，为乡村教育带来了积极影响，为解决城乡教育发展不平衡问题提供了有益探索和实践。

（二）安徽省的"乡村教师支持计划"

安徽省通过财政补贴和提高工资待遇，改善乡村教师的生活条件和工作环境。政策实施后，乡村教师的流动率大幅下降，教学质量和学生成绩均有显著提升。该计划是一项旨在改善乡村教育条件和提升乡村教师待遇的政策措施。以下是该计划的主要内容和影响。

1. 政策背景和目的

安徽省的"乡村教师支持计划"是针对乡村教师待遇不公、工作条件较差等问题而实施的政策。旨在通过提高乡村教师的工资待遇、改善工作和生活条件，吸引和留住优秀教师，提升乡村教育质量，促进教育公平和均衡发展。

2. 政策内容

提高乡村教师的基础工资和津贴待遇，确保其收入稳定和合理。提供住房补贴、医疗保险等福利保障，改善乡村教师的生活质量。加强乡村教师的职业培训和发展支持，提升其教学水平和专业素养。

3. 实施效果

通过"乡村教师支持计划"的实施，安徽省乡村教师的工资待遇得到明显改善，教师的生活质量得到提升。政策有效减少了乡村教师的流失率，稳定了乡村教师队伍，提升了教育服务质量和学生的学习成绩。安徽省实施支持计划后，一些乡村学校的教学条件得到了显著改善，教师队伍的稳定性和工作积极性明显提升，为乡村学校的可持续发展奠定了基础。

安徽省的"乡村教师支持计划"通过提升乡村教师的工资待遇和福利保障，有效改善了乡村教育的发展环境，是一项在教育公平和质量提升方面具有积极意义的政策实践。

## 第二节 激励机制与教师专业发展

乡村教师职业发展激励机制对促进教师专业发展至关重要。有效的激励机制不仅能够吸引和留住优秀教师，还能激发教师的工作热情和专业成长。

### 一、建立健全乡村教师的职业发展的激励机制

建立健全乡村教师的职业发展的激励机制是提升乡村教育质量、吸引和留住优秀教师的重要措施。以下是一些可能的策略和方法。

（1）提高工资待遇和福利保障。提高乡村教师的基本工资，使其收入水平与城市教师相当。根据教师的工作表现和学生成绩发放绩效工资，激励教师努力工作。提供住房补贴、医疗保险、养老保险等福利，改善教师的生活质量。

（2）提供职业晋升和发展机会。为乡村教师提供公平、公正的职称评定机会，确保其职业晋升渠道畅通。帮助教师制订职业发展规划，提供多样化的培训和进修机会，提升其专业能力。

（3）强化教育培训和继续教育。组织乡村教师参加定期的专业培训，提升其教学技能和专业素养。利用现代教育技术，开展远程教育和在线课程，帮助教师随时随地进行学习和提升。鼓励乡村教师参与各类教育研讨会和学术交流活动，拓宽视野，提升专业水平。

（4）改善工作环境和条件。提供充足的教学资源和设备，改善乡村学校的教学环境。改善教师的工作条件，如办公环境、住宿条件等，使其能够专心投入教学工作。

（5）改进表彰和奖励机制。定期评选优秀教师，给予表彰和奖励，提高教师的荣誉感和成就感。对在教学中取得显著成绩或创新成果的教师给予奖励，激励教师不断进取。

（6）家校合作和社会支持。建立良好的家校合作机制，增强家长对教师工作的理解和支持。动员社会力量，如企业和非政府组织，提供资金和资源支

持乡村教育，改善教师待遇。

（7）政策支持和保障。制定和落实有利于乡村教师职业发展的政策，确保政策的连续性和稳定性。建立健全监督和评估机制，确保各项激励措施的落实和效果。①

通过建立健全乡村教师的职业发展激励机制，可以有效提升教师的职业满意度和教学积极性，吸引和留住更多优秀教师，从而推动乡村教育的整体发展和提升。

## 二、乡村教师职业发展激励机制的现状、问题与改进措施

### （一）乡村教师职业发展激励机制的现状与问题

（1）工资待遇。近年来，政府在提高乡村教师工资待遇方面做出了许多努力，许多地区乡村教师的基本工资和绩效奖金都有所提升，并且部分地区还提供住房补贴和生活补贴。但工资待遇提升幅度有限，部分偏远和贫困地区的乡村教师收入仍然较低，无法有效吸引和留住优秀教师。

（2）职业晋升机会。部分地区设立了评优评先制度，鼓励乡村教师积极参与教学和科研活动，提供晋升机会。但职业晋升机制尚不完善，晋升渠道有限，特别是基层教师晋升困难，晋升过程中的公平性和透明度有待提高。

（3）专业发展支持。政府和教育部门为乡村教师提供了一些培训和进修机会，并且通过远程教育和在线学习平台，乡村教师能够获得更多的学习资源。但培训机会和资源分布不均，部分乡村教师难以获得高质量的培训和指导，专业发展支持力度不足。

（4）教学资源支持。近年来，政府投入大量资金改善乡村学校的硬件设施，提供了更多的教学设备和资源。但教学资源依然不足，部分偏远地区的乡村学校设备老旧、资源匮乏，教学环境亟待改善。

（5）心理和社会支持。部分地区开始关注乡村教师的心理健康，提供心理辅导和咨询服务。但心理和社会支持体系不健全，乡村教师在工作压力和生

---

① 连榕.教师专业发展 [M].北京：高等教育出版社，2007.

活困难方面缺乏有效的支持和帮助。[①]

**（二）乡村教师职业发展激励机制的改进措施**

（1）提高工资待遇。进一步提高乡村教师的基本工资和绩效奖金，特别是为在偏远和贫困地区工作的教师提供更高的补贴。制定针对性政策，提高财政投入，确保乡村教师的收入水平达到或超过城市教师。

（2）完善职业晋升机制。建立公平透明的职业晋升机制，拓宽职业晋升渠道，设立专项晋升通道，鼓励乡村教师积极进取。加强评优评先制度的公平性和透明度，提供更多的培训和晋升机会，推动教师职业发展。

（3）加强专业发展支持。增加高质量的培训和进修机会，推动远程教育和在线学习平台的发展，提供更多的学习资源和指导。建立乡村教师培训基金，支持教师参加各类培训和进修，利用信息技术推动远程教育的普及和发展。

（4）改善教学资源支持。加大对乡村学校硬件设施和教学资源的投入，确保每所乡村学校都能拥有基本的教学设备和资源。定期更新教学设备和资源，提供更多的图书资料和在线学习资源，改善乡村学校的教学环境。

（5）健全心理和社会支持体系。建立健全的心理和社会支持体系，提供心理辅导和咨询服务，关注教师家庭的实际需求，提供相应的支持和帮助。设立乡村教师心理健康服务中心，提供专业的心理辅导和咨询服务，关注教师的心理健康和工作压力。[②]

通过提高工资待遇、完善职业晋升机制、加强专业发展支持、改善教学资源支持和健全心理和社会支持体系，可以有效促进乡村教师的职业发展。借鉴成功的案例和经验，结合具体的实际情况，制定和实施针对性政策，推动乡村教师职业发展激励机制的完善，提升乡村教育质量，实现教育公平。

① 王丽娟，汪燕，唐智松.智能时代乡村教师队伍建设的困境与出路[J].现代远程教育研究，2021，33（6）：103-111.

② 连榕.教师专业发展[M].北京：高等教育出版社，2007.

### 三、完善乡村教师职业荣誉体系以激励乡村教师发展

乡村教师职业荣誉体系旨在提升乡村教师的职业尊严、激励教师投入教育事业并促进其专业发展。

#### （一）乡村教师职业荣誉体系的主要内容及其影响

1. 荣誉称号和奖励

（1）优秀教师评选。每年在县、市、省乃至国家层面进行优秀教师评选，对在教学和教育改革中表现突出的乡村教师进行表彰。颁发荣誉证书、奖牌以及一定的奖金，提升教师的社会地位和荣誉感。

（2）模范教师称号。评选和表彰在教育教学中取得突出成绩并具有高尚师德的乡村教师，授予"模范教师"称号。提供晋升和进修机会，进一步激励教师的工作热情。

2. 职业发展支持

（1）职称评定。为乡村教师提供公平公正的职称评定渠道，确保优秀教师能够在职称评定中获得优待。设置特殊通道，简化乡村教师的职称评定流程，鼓励其积极参与评定。

（2）进修和培训机会。提供更多的培训和继续教育机会，鼓励教师不断提升自身的专业能力和水平。支持乡村教师参加国内外的教育研讨会和学术交流活动，拓宽其视野。

3. 教育资源和政策支持

（1）资源倾斜。在政策上给予乡村教师更多的资源倾斜，如提供优质的教学资源、教学设备和技术支持。政府财政支持，用于改善乡村教师的工作条件和生活环境。

（2）生活和工作保障。提供住房补贴、医疗保险、养老保险等福利，改善乡村教师的生活质量。在乡村教师子女的教育、家属就业等方面给予一定的政策支持，减轻教师的后顾之忧。

4.社会认可和宣传

（1）宣传乡村教师典型。利用各种媒体渠道，宣传优秀乡村教师的感人事迹和工作成果，提升社会对乡村教师的认同感和尊重感。通过电视、报纸、网络等平台，树立乡村教师的榜样形象，激励更多的人投身乡村教育事业。

（2）社会支持。鼓励企业和社会组织参与支持乡村教师，通过设立奖学金、助学金、科研基金等方式，提升教师的经济待遇和职业认同。开展社会公益活动，如教师节慰问、表彰活动等，增强乡村教师的职业荣誉感。

## （二）乡村教师职业荣誉体系的改进建议

（1）完善评选机制。进一步完善乡村教师荣誉称号和奖励的评选机制，确保评选过程公开、公正、公平，增强教师的参与度和认同感。

（2）扩大荣誉范围。除表彰教学成绩优秀的教师外，还应关注和表彰那些在教育创新、德育工作、学生关爱等方面做出突出贡献的教师。

（3）加强职业发展支持。提供更多的职业发展机会，如职称评定、进修培训、学术交流等，帮助乡村教师提升专业能力和水平。

（4）加强宣传和社会支持。加大对乡村教师典型事迹的宣传力度，增强全社会对乡村教师的认同和尊重，吸引更多的社会力量参与支持乡村教育。

通过建立健全乡村教师职业荣誉体系，不仅可以提升乡村教师的职业满意度和工作积极性，还可以吸引更多优秀教师投身乡村教育事业，推动乡村教育的均衡发展和质量提升。

## 四、最美乡村教师评选的背景、沿革、现状及改进措施

"最美乡村教师"评选是完善乡村教师职业荣誉体系，激励乡村教师发展的一项重要活动，旨在表彰在乡村教育中做出突出贡献的教师，提升乡村教师的职业荣誉感和社会地位。

### （一）最美乡村教师评选的背景与沿革

1.最美乡村教师评选的背景

"最美乡村教师"评选活动由教育部和媒体联合发起，主要目的是通过表

彰和宣传优秀乡村教师，提升全社会对乡村教师的关注和尊重，吸引更多人投身乡村教育事业。乡村教师在艰苦的环境中默默奉献，他们的工作和生活条件相对较差，亟须社会的关注和支持。

2.最美乡村教师评选的沿革

（1）启动阶段。评选活动始于2013年，由中央电视台《寻找最美乡村教师》节目首次推出。最初，评选主要通过媒体宣传和公众投票的方式，选出在乡村教育中表现突出的教师，颁发荣誉证书和奖金。

（2）发展阶段。随着活动的深入推进，越来越多的媒体、教育机构和社会组织参与其中，评选活动的影响力不断扩大。除表彰活动，还开展了多种形式的宣传，如纪录片、专题报道、巡回演讲等，广泛宣传最美乡村教师的感人事迹。

（3）深化阶段。教育部等政府部门加大对评选活动的支持力度，将其纳入乡村教师支持政策的一部分。越来越多的企业和公益组织参与支持，为评选活动提供资金和资源，扩大了评选的覆盖面和影响力。

**（二）最美乡村教师评选的现状与改进措施**

1.最美乡村教师评选的现状

（1）广泛参与。评选活动覆盖全国各地，吸引了大量乡村教师参与，提升了乡村教师的职业荣誉感和社会关注度。

（2）丰富的宣传形式。通过电视节目、网络媒体、报刊等多种形式宣传最美乡村教师的感人事迹，增强了全社会对乡村教育的关注和支持。

（3）激励作用显著。评选活动不仅表彰了优秀乡村教师，还激励了更多教师在艰苦的条件下继续努力工作，推动了乡村教育的发展。

2.最美乡村教师评选的改进措施

（1）完善评选机制。一方面，评选标准多样化。除教学成绩外，还应考虑教师的德育工作、教育创新、社区服务等多方面的表现，确保评选的全面性和公正性。另一方面，公开透明。进一步提升评选过程的透明度，公开评选标准和评选过程，接受社会监督，确保评选结果的公信力。

（2）扩大社会参与。一方面，取得企业和社会组织支持。动员更多企业和社会组织参与支持评选活动，提供更多的资金和资源，扩大评选的覆盖面和影响力。另一方面，强调公众参与。通过各种途径增强公众的参与度，如开设投票平台、组织线下活动等，提升评选活动的社会关注度。

（3）强化职业发展支持。为获奖教师提供更多的职业发展机会，如进修培训、学术交流、职称评定等，帮助他们提升专业能力和水平。将评选活动与政府的乡村教师支持政策结合起来，为获奖教师提供更多的政策支持，如工资待遇、福利保障等。

（4）持续宣传和推广。建立长效的宣传机制，持续宣传最美乡村教师的感人事迹，提升全社会对乡村教育的关注和支持。利用新媒体平台，如社交媒体、短视频平台等，扩大宣传范围，吸引更多年轻人关注和参与乡村教育事业。

通过这些改进措施，可以进一步提升"最美乡村教师"评选活动的影响力和公信力，激励更多教师在乡村教育中努力工作，推动乡村教育事业的发展和进步。

总之，建立健全的职业发展激励机制，对于提升乡村教师的工作积极性和专业水平具有重要意义。通过提高工资待遇、提供职业晋升机会、支持专业发展、提供教学资源和心理社会支持，可以有效促进乡村教师的专业发展，提升乡村教育质量。这些激励机制的实施和推广，为乡村教育的发展和教师的成长提供了坚实的保障。

## 第三节　待遇提升与教师激励机制

### 一、提升教师工作待遇与建立职业发展激励机制之间的关系

提升教师工作待遇与建立教师职业发展激励机制之间的关系密切，两者相辅相成，共同作用于教师的职业满意度、工作积极性以及整体教育质量的提升。

**（一）提升教师工作待遇的意义**

（1）表现经济保障方面。提高工资和福利待遇，可以为教师提供基本的经济保障，使其能够专注于教育教学工作，而无后顾之忧。

（2）表现职业吸引力方面。提升待遇有助于吸引更多优秀的人才加入教育行业，特别是在乡村和偏远地区，通过提高工资水平，可以缓解教师短缺问题。

（3）表现在职业尊严方面。合理的待遇体现了社会对教师职业的尊重和认可，提升了教师的职业荣誉感和自豪感。

**（二）建立教师职业发展激励机制的意义**

（1）表现在职业成长方面。提供职业发展的途径和机会，如培训、进修、职称评定等，帮助教师不断提升专业能力，实现职业成长。

（2）表现在工作动力方面。激励机制能够增强教师的工作积极性和创造力，激发其潜力，提升教学质量和教育效果。

（3）表现在职业稳定性方面。通过多样化的激励措施，可以提高教师对职业的满意度，减少教师流失率，保持教育队伍的稳定。

**（三）两者之间的关系**

（1）相互依存。提升工作待遇是职业发展激励机制的重要基础，没有合理的工资和福利，激励机制的效果将大打折扣。激励机制可以强化待遇提升的效果，通过职业发展的机会和成就感，进一步提升教师的满意度和工作动力。

（2）共同促进教师职业发展。合理的待遇提升和有效的激励机制共同作用，可以全面提升教师的职业发展水平，形成良性循环。[1] 高待遇吸引优秀人才进入教育行业，而职业发展激励机制确保他们在职业生涯中不断成长和进步。

（3）综合提升教育质量。通过提升待遇和建立激励机制，可以有效提升教师的整体素质和教学能力，从而提高教学质量，实现教育事业的长远发展。

[1] 杨晓奇. 论"他主"与"自主"契合的教师专业发展 [J]. 中国教育学刊,2015（10）: 93-98.

通过提升教师的工作待遇和建立健全的职业发展激励机制，可以有效提升教师的职业满意度和工作积极性，从而推动教学质量的全面提升，实现教育事业的可持续发展。

## 二、教育家论述提升乡村教师工作待遇与建立乡村教师职业发展激励机制

教育家们普遍认为，提升乡村教师的工作待遇和建立职业发展激励机制是促进乡村教育质量提升的关键举措。他们通过各种论述和研究，强调了这一措施的重要性及其对乡村教育和教师发展的积极影响。

### （一）李伯黍的观点与论述

李伯黍在其关于乡村教育的研究中多次指出，乡村教师的工作待遇直接影响其工作积极性和职业稳定性。合理的待遇和职业发展机会可以有效提高乡村教师的工作满意度，从而提升教学质量。李伯黍强调，乡村教师的经济待遇是其职业幸福感的重要组成部分。只有在经济上得到保障，教师才能安心从事教育工作，避免因经济压力而频繁流动。李伯黍认为，职业发展机会是吸引和留住优秀教师的关键。通过提供培训、进修和晋升机会，可以激励教师不断提升自身能力，进而推动教育水平的提高。[①]

### （二）朱小蔓的观点与论述

朱小蔓教授认为，提升乡村教师待遇和建立激励机制是解决乡村教育不平衡问题的有效途径。她强调，只有在待遇和发展机会上给予乡村教师足够的支持，才能吸引优秀教师扎根乡村，推动乡村教育发展。朱小蔓指出，提升乡村教师待遇不仅是经济层面的改善，更是对教师职业的尊重和社会认同的体现。合理的待遇可以增强教师的职业自豪感和社会地位。朱小蔓建议，建立多样化的激励机制，包括物质激励和精神激励，形成激励的合力，从而全面提升教师的职业素养和教学效果。[②]

---

① 李伯黍.现代教育思想 [M].北京：教育科学出版社，2008.
② 朱小蔓.教师职业道德 [M].北京：人民教育出版社，2005.

### （三）李镇西的观点与论述

李镇西强调，乡村教师是乡村教育的核心，提升他们的待遇和职业发展机会是实现教育公平的重要举措。他指出，通过系统的激励机制，可以激发教师的工作热情和教育创新能力，促进乡村教育的长远发展。李镇西认为，单一的待遇提升难以解决乡村教师的实际问题，应建立综合的激励体系，包括工资提升、福利保障、职业培训和晋升通道等多方面的内容。李镇西强调，激励机制应具有长效性，不能仅依靠短期措施。通过制度化的激励政策，确保乡村教师在职业生涯中持续受到支持和激励。[①]

### （四）范先佐的观点与论述

范先佐在其研究中提出，提升乡村教师的工作待遇和建立职业发展激励机制是提高乡村教育质量的基础。他强调，教育资源的分配应向乡村倾斜，确保乡村教师能够获得与城市教师同等的待遇和发展机会。范先佐指出，政府应加大对乡村教育的投入，通过政策支持和资源倾斜，提升乡村教师的经济待遇和职业发展机会。范先佐认为，乡村教师的专业成长是教育质量提升的关键，应通过系统的培训和进修计划，帮助教师不断提升专业素养和教学能力。[②]

### （五）张楠的观点与论述

张楠强调，乡村教师的待遇和职业发展机会直接关系到教育的均衡发展。她指出，通过合理的激励机制，可以吸引更多优秀教师投身乡村教育，缩小城乡教育差距。张楠认为，提升乡村教师的待遇是吸引和留住优秀教师的关键，应确保乡村教师在待遇上享有与城市教师同等的权利和机会。张楠建议，激励机制应具有创新性，针对乡村教师的具体需求，设计个性化的激励措施，提升教师的工作动力和职业满意度。[③]

---

① 李镇西. 我的教育理想 [M]. 福州：福建教育出版社，2011.

② 范先佐. 教师职业道德与专业发展 [M]. 北京：高等教育出版社，2012.

③ 姚计海. 基于自主的教师专业发展：动力与激励 [M]. 北京：北京师范大学出版社，2019.

教育家们普遍认为，提升乡村教师的工作待遇和建立职业发展激励机制是推动乡村教师专业发展的重要举措。以下是他们的共同观点。

（1）经济待遇的重要性。合理的经济待遇是乡村教师职业幸福感的重要组成部分，能够有效提高教师的工作积极性和职业稳定性。

（2）职业发展机会的关键性。职业发展机会是吸引和留住优秀教师的关键，通过提供培训、进修和晋升机会，可以激励教师不断提升自身能力，进而推动教育水平的提高。

（3）综合激励体系的必要性。单一的待遇提升难以解决乡村教师的实际问题，应建立综合的激励体系，包括工资提升、福利保障、职业培训和晋升通道等多方面的内容。

（4）政策支持与资源倾斜的必然性。政府应加大对乡村教育的投入，通过政策支持和资源倾斜，提升乡村教师的经济待遇和职业发展机会。

通过以上分析，可以看出，提升乡村教师工作待遇和建立职业发展激励机制是促进乡村教师专业发展的重要途径，也是教育质量提升和实现教育公平的重要举措。教育家们的论述为政策制定和实际操作提供了有益的参考和指导。

## 第四节　国外成功经验与经典案例

国外在提升乡村教师工作待遇与建立职业发展激励机制方面有许多值得借鉴的典型措施和经典案例。

### 一、美国的成功经验与案例

（一）美国的成功经验

1. 经济激励

（1）提供签约奖金（signing bonuses）和搬迁津贴（relocation stipends），吸引教师到乡村学校工作。

（2）实施"教师贷款减免计划"（Teacher Loan Forgiveness Program），对在乡村和低收入学校任教的教师提供贷款减免。

2. 职业发展支持

（1）提供"国家教师认证"（National Board Certification）的培训和费用报销，提升教师的专业素养和职业认同感。

（2）开展"教师学习社区"（Professional Learning Communities，PLCS），促进教师之间的合作和专业发展。

### （二）美国的经典案例

Teach For America（TFA）

TFA 招募优秀大学毕业生到乡村和低收入地区任教，并为他们提供专业培训和职业发展支持。通过提供经济激励和职业发展机会，TFA 成功吸引并留住了一批优秀教师在乡村学校长期任教。

## 二、英国的成功经验与案例

### （一）英国的成功经验

1. 薪资和福利提升

（1）提供"农村和偏远地区津贴"（Rural and Remote Area Allowance），补偿教师在偏远地区工作的额外成本。

（2）实施"关键学科奖金"（Priority Subject Bonuses），激励教师在乡村学校教授关键学科，如数学和科学。

2. 职业发展机会

（1）提供"教师领导力发展计划"（Teaching Leaders Program），培养和提升乡村教师的领导力和管理能力。

（2）推动"教师进修学院"（Teaching Schools），为乡村教师提供持续的专业培训和发展支持。

## （二）英国的经典案例

National Teaching Service（NTS）

NTS 派遣优秀教师到乡村和低收入学校任教，提供薪资补贴和专业发展机会，提升这些学校的教育质量。通过系统的职业发展计划和经济激励措施，NTS 有效促进了乡村教育的发展。

### 三、澳大利亚的成功经验与案例

#### （一）澳大利亚的成功经验

1. 经济补贴和福利

（1）提供"地区服务奖励"（Country Service Incentives），包括薪资补贴、住房津贴和搬迁费用报销。

（2）设立"教师职业发展基金"（Teacher Development Fund），资助乡村教师参加专业培训和进修。

2. 职业发展支持

（1）实施"乡村教师支援计划"（Rural Teaching Support Program），提供专业辅导和职业发展机会。

（2）推动"学校间合作计划"（School Partnerships Program），促进城市和乡村学校之间的合作与交流。

#### （二）澳大利亚的经典案例

Remote Area Teacher Education Program（RATEP）

RATEP 通过远程教育和现场支持，提升乡村和偏远地区教师的专业能力和职业发展。RATEP 成功培养了一批高素质的乡村教师，有效提升了偏远地区的教育质量。

### 四、加拿大的成功经验与案例

#### （一）加拿大的成功经验

1. 经济激励

（1）提供"北方和偏远地区津贴"（Northern and Remote Allowances），吸

引教师到北方和偏远地区任教。

（2）实施"教师税收抵免计划"（Teacher Tax Credit），对在乡村和偏远地区工作的教师提供税收优惠。

2. 职业发展支持

（1）推动"乡村教师职业发展计划"（Rural Teacher Development Program），提供专业培训和职业发展支持。

（2）建立"教师职业发展网络"（Teacher Development Networks），促进教师之间的合作与交流。

### （二）加拿大的经典案例

Teach For Canada

Teach For Canada 通过提供经济激励和职业发展支持，吸引优秀教师到加拿大北方和偏远地区任教。该项目成功提升了这些地区的教育质量，并显著降低了教师流失率。

国外提升乡村教师工作待遇与建立职业发展激励机制的成功经验表明，这两者是吸引和留住优秀教师、提升教育质量的关键。典型措施包括：提供经济补贴和福利待遇，减轻教师在乡村和偏远地区工作的经济压力。提供专业培训和职业发展机会，提升教师的专业能力和职业认同感。推动学校间的合作与交流，促进教师之间的知识共享和经验交流。通过综合性的激励机制，增强教师的工作满意度和职业发展动力。[①] 这些成功案例和措施为中国乡村教师工作待遇和职业发展激励机制的改进提供了有益的借鉴。

---

① ROBERT H. Palestini Education Adiminitration: Leading with Mind and Heart[M]. Published by Scarecrow Press, Inc, 1999.

# 第五章 教学资源与环境改善

改善乡村学校的教学设施和设备，提供现代化的教学工具和资源，优化教学环境。为乡村学校配备丰富的图书和教学参考资料，满足教师专业发展需要和学生的学习需求。

## 第一节 教学资源与教师专业发展

### 一、中小学教学资源的类型与作用

中小学教学资源指在教育教学过程中用于支持和促进学生学习、教师教学以及学校教育管理的一切资源。它们包括物质资源、信息资源和人力资源，旨在提升教学效果和教育质量。

#### （一）中小学教学资源的类型

1.物质资源

物质资源包括以下4种类型。

（1）教科书和教材。传统的纸质教科书和教材，是学生学习和教师教学的重要工具。

（2）教具和实验设备，包括实验室设备、教具、模型等，支持理科实验和实践教学。

（3）图书和资料。学校图书馆的书籍、期刊、报纸和各类参考资料，为学生和教师提供丰富的阅读和研究资源。

（4）多媒体设备。投影仪、计算机、智能白板等现代化教学设备，支持多媒体教学。

2. 信息资源

信息资源包括以下4种类型①。

（1）数字教材和课件。电子版教科书、教学视频、PPT 课件等数字化教学资源，方便教师备课和学生自学。

（2）在线教育平台。提供网络课程、在线测试、互动学习社区的平台，如慕课（MOOC）、教育云平台等。

（3）教育软件和应用。各类教育软件和 APP，如编程教学软件、数学练习软件、阅读软件等，辅助教学和学习。

（4）数据库和电子资源。在线图书馆、学术数据库、电子期刊等，为师生提供丰富的学术资源和研究材料。

3. 人力资源

人力资源包括以下4种类型。

（1）教师和教育专家。优秀教师和教育专家是重要的人力资源，他们的教学经验和专业知识对教学质量提升起着关键作用。②

（2）志愿者和助教。大学生志愿者、社会教育工作者、家长助教等，为学校提供额外的教学和辅导支持。

（3）校外培训机构。各类校外培训机构和教育公司，提供专业的补充教学和培训服务。

（4）教育管理人员。校长、教导主任等教育管理人员，通过有效的管理和组织，确保教学资源的合理配置和使用。

**（二）中小学教学资源的作用**

（1）支持教师教学与提升教学效果。为教师提供多样化的教学手段和方

---

① 郑绍红. 个体网络学习的生态理念、要素与结构 [J]. 远程教育杂志，2014（2）：99-105.

② 陈向明. 优秀教师在教学中的思维和行动研究 [J]. 教育研究，2014（5）：128-138.

法，增强教学内容的生动性和吸引力，促进教学方法的创新。提供丰富的学习材料和工具，帮助学生更好地理解和掌握知识，提高学习兴趣和积极性。

（2）优化教育管理。为学校管理者提供数据和信息支持，优化教育资源的配置和使用，提升教育管理效率。

（3）促进个性化学习。提供多样化的学习资源，满足不同学生的学习需求，促进个性化教育的发展。

（4）促进教育公平。通过共享优质教学资源，缩小城乡、校际教育差距，促进教育公平。

中小学教学资源在现代教育中发挥着重要作用。通过充分利用和优化这些资源，可以支持教师的教学工作，显著提升教学效果，优化教育管理，促进个性化学习和教育公平。不同类型的教学资源相互配合，共同构建了一个丰富多样、互联互通的教育生态系统，为学生的全面发展和教师的专业发展提供了坚实的保障。[①]

## 二、丰富农村中小学教学资源对乡村教师专业发展的意义

（1）提升教学能力。丰富的教学资源可以帮助乡村教师提升教学能力。首先，通过引入多媒体设备、实验设备和其他现代化教具，乡村教师可以采用更丰富的教学手段，提高课堂教学的生动性和效果。其次，丰富的资源鼓励教师尝试新的教学方法，如项目式学习、探究式学习等，激发学生的学习兴趣和积极性。

（2）支持教师专业发展。充足的教学资源为乡村教师提供了更多的专业发展机会和支持。首先，通过在线教育平台和教育软件，教师可以随时随地参加专业培训和进修，提升自身的专业素养和教学技能。其次，丰富的资源可以促进教师之间的学术交流和合作，如参加教育研讨会、网络研讨会和教师学习社区，分享教学经验和最佳实践。

---

① O·F·博尔诺夫.教育人类学 [M].李其龙，等，译.上海：华东师范大学出版社，1999.

（3）减轻教师教学负担。教学资源的丰富性可以有效减轻乡村教师的教学负担。首先，教师可以利用现成的数字教材、课件和教学视频，减少备课时间和精力，将更多的时间投入到学生辅导和教学研究中。其次，教学资源库和教育管理系统可以为教师提供便利的教学支持和管理工具，提高教学效率和效果。

（4）促进职业认同和满足感。教学资源的丰富可以提升乡村教师的职业认同感和满足感。首先，通过丰富的教学资源，教师能够更好地组织和实施教学活动，提高学生的学习效果和满意度，从而增强教师的职业成就感。其次，丰富的教学资源体现了社会对乡村教育的重视和支持，提升了教师的职业荣誉感和社会地位。

（5）促进教育公平。教学资源的丰富有助于缩小城乡教育差距，实现教育公平。首先，通过信息化手段和资源共享平台，将优质教学资源向乡村学校倾斜，保障乡村教师和学生享有与城市教师和学生同等的教学资源。其次，教学资源的丰富性直接影响到教学质量的提升，帮助乡村学校培养出更多优秀学生，实现教育公平和社会公平。

（6）激发教师的职业发展动力。丰富的教学资源可以激发乡村教师的职业发展动力。首先，提供丰富的职业成长路径，如参与教材编写、教育研究和教学改革等，帮助教师实现职业成长和提升。其次，通过奖励和表彰机制，激励教师积极利用和创新教学资源，提高教学水平和教育质量。

丰富农村中小学教学资源对乡村教师专业发展具有深远的意义。它不仅提升了教师的教学能力和专业素养，还减轻了教学负担，增强了职业认同和满足感，促进了教育公平。同时，通过提供多样化的职业成长路径和激励机制，激发了教师的职业发展动力，最终推动乡村教育的全面发展。

### 三、农村中小学教学资源的现状、存在的问题及改进措施

#### （一）农村中小学教学资源的现状

我国农村中小学的教学资源在过去几年里有所改善，但仍面临诸多挑战。

（1）物质资源薄弱。一些农村学校的教学楼、教室设施老旧，缺乏现代化

的教学环境。教科书和教材基本能够满足日常教学需要，但更新速度慢，难以与城市学校同步。多媒体设备虽然逐渐增加，但覆盖率和使用效率仍有待提高。

（2）信息资源有限。数字化教学资源逐渐引入，但农村学校在网络基础设施和设备配置上与城市学校相比仍有差距。部分农村学校开始使用在线教育平台，但教师和学生的使用技能和频率有限。[①]

（3）人力资源不足。农村学校教师数量不足，部分教师专业水平和教学能力有待提高。教师参加专业培训和进修的机会较少，职业发展受限。

### （二）农村中小学教学资源存在的问题

（1）教育经费不足，资源分配不均。农村教育经费有限，难以满足教学资源更新和学校基础设施建设的需求。农村学校与城市学校在资源配置上存在较大差距，农村教师和学生难以享受到同等的教学资源。

（2）设备陈旧和维护不足。教学设备更新缓慢，部分学校的多媒体设备、实验室设备老化，缺乏有效的维护和管理。

（3）数字化资源利用不足。农村学校的网络基础设施和数字设备不足，导致数字化教学资源的利用率低。

（4）教师专业发展受限。农村教师的培训机会少，职业发展路径不明确，缺乏激励机制，影响教学质量和教师积极性。

### （三）农村中小学教学资源的改进措施

（1）增加教育经费和均衡资源分配。加大政府财政对农村教育的投入，确保教育经费的稳定增长和合理使用。鼓励社会力量参与农村教育，通过捐赠和赞助等方式，支持农村学校的建设和发展。加大对农村教育的政策支持和资金投入，确保教育资源的公平分配。通过区域教育资源共享平台，促进城乡学校间的资源互通互享。

（2）更新和维护设备。定期对农村学校的教学设备进行更新换代，确保

---

① 雷蕾.面向教学创新的学校数字化教学资源建设实践研究[D].武汉：华中师范大学，2018.

教学设备的现代化和实用性。建立完善的设备维护和管理机制，确保教学设备的正常使用和长期运行。

（3）提升数字化资源利用率。加快农村学校的网络基础设施建设，确保网络覆盖和稳定性。对教师和学生进行数字化资源使用培训，提高其使用技能和频率。

（4）加强教师专业发展。提供更多的教师培训和进修机会，提升农村教师的专业素养和教学能力。建立科学的职业发展激励机制，激发教师的教学热情和职业动力。

通过增加教育经费、均衡资源分配、更新和维护设备、提升数字化资源利用率和加强教师专业发展等多方面的措施，可以有效改善中国农村中小学教学资源的现状，解决存在的问题，推动农村教育的发展，提升教育质量，促进教育公平。这不仅有助于缩小城乡教育差距，也为农村学生提供更好的学习条件和发展机会，为国家的人才培养和社会进步奠定坚实基础。

## 第二节　教育环境改善与教师专业发展

### 一、中小学教育环境的类型与作用

中小学教育环境指影响学生学习和发展的所有物理和心理因素的总和。它包括学校的物质环境、社会环境、心理环境以及文化环境等。教育环境不仅指教室、课本等有形的设施和设备，还包括学校的管理制度、师生关系、校园文化、教学风气等无形因素。[①]

（一）中小学教育环境的类型

1. 物质环境

物质环境包括以下3种类型。

---

① 王华女. 素质教育的课程论解读 [M]. 杭州：浙江工商大学出版社，2013.

（1）校园设施。包括教学楼、教室、实验室、图书馆、操场、宿舍等。

（2）教学设备。各类教学工具和设备，如黑板、投影仪、计算机、多媒体设备等。

（3）环境卫生。校园的卫生状况和绿化环境，对学生的身体健康和心理舒适感有重要影响。

2. 社会环境

社会环境包括以下3种类型。

（1）师生关系。教师与学生之间的互动关系，对学生的学习态度和情感体验有深远影响。

（2）同伴关系。学生与学生之间的互动和友谊，影响学生的社会性发展和心理健康。

（3）家庭和社区。家庭教育和社区环境对学生的行为习惯和价值观念有重要影响。

3. 心理环境

心理环境包括以下3种类型。

（1）学习氛围。校园内的学习氛围，包括师生的学习态度、学风和教风等。

（2）心理支持。学校提供的心理辅导和支持服务，帮助学生应对学习压力和心理问题。

（3）安全感和归属感。学生在学校中感受到的安全感和归属感，对其心理健康和学习积极性有重要影响。

4. 文化环境

文化环境包括以下3种类型。

（1）校园文化。学校的文化传统、价值观念和行为规范，对学生的成长和发展有重要引导作用。[1]

---

① 杰罗姆·布鲁纳.布鲁纳教育文化观 [M].宋文里，黄小鹏，译.北京：首都师范大学出版社，2012.

（2）校风校纪。学校的纪律和管理制度，影响学生的行为规范和学习态度。

（3）课外活动。各类文化活动、体育活动、社团活动等，有助于学生的全面发展和兴趣培养。

中小学教育环境包括物质环境、社会环境、心理环境和文化环境等多个方面，对学生的全面发展、教学质量的提高、学习氛围的营造以及教师的职业发展都有重要作用。通过优化和改善教育环境，可以有效促进学生的全面发展，提升教育质量，实现教育目标。

### （二）中小学教育环境的作用

（1）提高教学质量，促进学生全面发展。优良的教育环境可以激发学生的学习兴趣，提升学习效果，进而提高教学质量。教育环境对学生的智力、情感、社会性、身体发展都有重要影响，有利于培养学生的综合素质。

（2）营造良好的学习氛围，塑造学生的价值观和行为。一个积极向上的教育环境能够营造良好的学习氛围，使学生感受到学习的乐趣和成就感。学校的文化和社会环境对学生的价值观、行为习惯和人格发展有重要影响，能够引导学生形成正确的道德观和社会责任感。[①]

（3）支持教师专业发展。良好的教育环境也有助于教师的职业发展，促进教师不断提升教学技能和专业素养。

### 二、改善乡村中小学教育环境对乡村教师专业发展的意义

改善乡村中小学教育环境不仅有助于提升学生的学习效果和整体教育质量，还对乡村教师的专业发展具有深远的影响。

（1）提升教学效果和教师信心。现代化的教学设备和丰富的教学资源可以大幅提升教师的教学效果，使教学更加生动和有效，从而增强教师的自信心和成就感。舒适、整洁、安全的教学环境有助于教师专注于教学工作，提升教学质量，减少教学中的阻力和困难。

---

① 克里夫·贝克. 学会过美好生活：人的价值世界 [M]. 詹万生，译. 北京：中央编译出版社，1997.

（2）增加职业吸引力。良好的教育环境提升了教师的工作条件和职业满意度，增加了乡村教学岗位的吸引力，减少了教师的流失率。优质的教育环境包括更多的培训设施和资源，使教师能够更方便地接受职业培训和继续教育，提升专业水平和职业竞争力。

（3）促进教师专业成长。丰富的教学资源和设备为教师的备课、教学和研究提供了更多素材和工具，促进教师不断学习和进步。一个积极向上的教育环境鼓励教师之间的相互学习和交流，促进教师群体的共同成长。

（4）激发教学创新和改革。现代化的教育环境提供了更多支持创新教学方法的条件和机会，激发教师探索和尝试新的教学方法，提高教学效果。良好的教育环境鼓励教师进行教学研究和实践，提升科研能力和教学水平，推动教学改革。

（5）增强教师的职业认同感。优质的教育环境反映了社会对乡村教育的重视和支持，提高了教师的社会地位和职业荣誉感。良好的工作环境和人际关系增强了教师的归属感和团队精神，促进教师在工作中的积极性和创造性。[①]

改善乡村中小学教育环境对乡村教师专业发展具有重要意义。通过提升教学效果、增加职业吸引力、促进专业成长、激发教学创新和增强职业认同感，可以有效促进乡村教师的全面发展，提高乡村教育质量，推动乡村教育事业的持续进步和发展。这不仅有助于缩小城乡教育差距，实现教育公平，也为国家的人才培养和社会进步奠定了坚实基础。

### 三、农村中小学教育环境的现状、存在的问题及改进措施

#### （一）农村中小学教育环境的现状

（1）基础设施与资源短缺。部分农村学校的校舍老旧，存在安全隐患，难以满足现代化教学的需求。许多学校缺乏现代化的教学设备，如多媒体教室、实验室等。基本教材能够满足日常教学需要，但教具和实验设备相对短缺。学

---

① FENWICK T J. Teacher learning and professional growth plans: Implication of a provincial policy[J]. Journal of Curriculum and Supervision, 2004, 19(3): 259-282.

校图书馆藏书有限，学生可借阅的书籍种类和数量不足。

（2）信息化水平不高。部分农村学校网络覆盖率低，网络速度慢，难以实现互联网教学。数字化教学资源匮乏，许多学校缺乏必要的计算机设备和电子教材。

（3）师资力量薄弱。农村学校教师数量不足，部分地区教师严重短缺。教师的专业素质和教学能力参差不齐，部分教师缺乏继续教育和专业培训机会。

（4）学校管理不善。部分学校的管理水平较低，缺乏科学有效的管理制度和方法。农村学校的教育经费有限，难以满足学校发展的各项需求。

**（二）农村中小学教育环境存在的问题**

（1）教育经费不足，资源配置不均。农村学校的教育经费有限，难以支持基础设施的改善和教学资源的更新。城乡教育资源分配不均，农村学校在基础设施、教学设备和教学资源方面明显落后于城市学校。

（2）师资力量薄弱。农村教师人数不足，教学压力大，专业素质有待提高，教师流失率高。

（3）信息化建设滞后。农村学校的信息化基础设施建设不足，难以实现现代化教育手段的应用。

（4）学生发展受限。由于教育环境的制约，农村学生的学习条件和发展机会较少，综合素质培养受到影响。

**（三）农村中小学教育环境的改进措施**

（1）增加教育经费，均衡资源配置。政府增加对农村教育的财政投入，确保教育经费的稳定增长和合理使用。鼓励社会力量参与农村教育，通过捐赠和赞助等方式，支持农村学校的发展。加大对农村教育的政策支持和资金投入，确保教育资源的公平分配。建立城乡教育资源共享机制，促进优质教育资源在城乡间的流动和共享。

（2）提升师资力量。加大对农村教师的招聘力度，并通过进修和培训提高教师的专业素质。建立科学的教师激励机制，提高农村教师的待遇和职业吸引力，减少教师流失。

（3）加强信息化建设。加快农村学校的网络基础设施建设，确保学校能够接入高速互联网。推广数字化教学资源，提供必要的计算机设备和电子教材，提升信息化教学水平。

（4）优化学校管理。加强对农村学校管理人员的培训，提高学校管理水平。引入现代化的管理制度和方法，提升学校的管理效率和教学质量。

通过增加教育经费、均衡资源配置、提升师资力量、加强信息化建设和优化学校管理等多方面的措施，可以有效改善中国农村中小学教育环境，解决存在的问题，推动农村教育的发展，提升教育质量，促进教育公平。这不仅有助于缩小城乡教育差距，也为农村学生提供更好的学习条件和发展机会，为国家的人才培养和社会进步奠定了坚实基础。

## 第三节　教学资源与教育环境改善

### 一、农村中小学教学资源丰富与教育环境改善的关系

教学资源丰富与教育环境改善之间有着密切的关系，两者相辅相成，共同促进农村中小学教育质量的提升和学生的全面发展。

（一）教学资源丰富对教育环境改善的作用

（1）提升教学质量。丰富的教学资源如多媒体设备、实验室仪器、图书馆藏书等，可以为教师提供多样化的教学工具，使课堂教学更加生动有趣，提高教学效果。及时更新和补充教材、教具，确保教学内容的先进性和实用性，帮助教师更好地组织教学活动。

（2）激发学生兴趣。提供更多的课外阅读材料、学习软件和实验机会，激发学生的学习兴趣和求知欲，提升学习主动性。通过增加实践教学资源，组织各种课外活动和实验课程，增强学生的动手能力和实际操作能力。

（3）支持教师专业发展。丰富的教学资源为教师提供更多的培训和进修

机会，帮助他们不断提升专业素养和教学水平。提供教学研究所需的资源和支持，鼓励教师进行教学创新和科研活动，提升教学质量和教育水平。

（4）优化学习环境。通过增加教学资源，改善学校的物质环境，如教室布局、实验室设备、图书馆藏书等，营造良好的学习氛围。引入更多的数字化教学资源，提升学校的信息化水平，使学生能够更方便地获取和利用各种学习资源。

## （二）改善教育环境对教学资源丰富的促进

（1）提高资源利用效率。通过改善学校管理，优化教学资源的分配和使用，提高资源利用效率，使教学资源发挥最大的作用。建立有效的资源维护和更新机制，确保教学资源的长效使用和及时更新。

（2）吸引优质资源投入。政府和教育部门通过政策倾斜，加大对农村教育的投入，吸引更多优质教学资源进入农村学校。通过改善教育环境，增强社会对农村教育的关注和支持，吸引企业和公益组织的捐赠和赞助，丰富教学资源。[1]

（3）激发教师教学热情。通过改善教育环境，提高教师的工作条件和待遇，激发教师的教学热情和积极性，使他们更愿意投入精力进行教学和研究。通过营造积极向上的校园文化和学习氛围，激发教师的创造力和教学热情[2]，促进教学资源的有效利用和创新应用。

（4）提升学生学习效果。改善学校的基础设施和学习环境，为学生提供良好的学习条件，提升他们的学习效果和综合素质。通过丰富教学资源和改善教育环境，促进学生的全面发展，使他们在智力、情感、社会性和身体等方面得到均衡发展。

教学资源丰富与教育环境改善之间的关系是相互促进、相辅相成的。丰富的教学资源有助于提升教学质量、激发学生兴趣、支持教师专业发展和优化学

---

[1] FULLAN M. The new meaning of educational change(4th edition)[M]. New York: Teachers College Press, 2007. 283.

[2] 赵汀阳. 论可能生活 [M]. 北京：中国人民大学出版社，2010.

习环境，而教育环境的改善则可以提高资源利用效率、吸引优质资源投入、激发教师教学热情和提升学生学习效果。通过综合采取措施，丰富教学资源和改善教育环境，可以有效提升农村中小学的教育质量，促进学生的全面发展，实现教育公平和社会进步。

### 二、教育界论述农村中小学教学资源与教育环境的改善

教育界通常从以下5个方面看待和论述丰富农村中小学教学资源与改善教育环境的重要性。

（1）提升教育质量和公平性。教育界认为，丰富农村中小学的教学资源和改善教育环境是提升教育质量和实现教育公平的关键。优质的教学资源和良好的教育环境能够提升学校的整体教育水平，为农村学生提供与城市学生同等的学习条件和发展机会。

（2）激发学生学习兴趣和创造力。丰富的教学资源和良好的教育环境有助于激发学生的学习兴趣和创造力。多样化的教学资源和现代化的教育设施可以使学习变得更加生动有趣，提升学生的学习积极性和主动性。

（3）支持教师专业发展。教育界认为，教师是教育事业的关键。丰富的教学资源和改善的教育环境不仅有助于提升教师的教学效果，还能够支持教师的专业发展和教育创新能力。优质的教学资源可以为教师提供更多的教学工具和支持，激发其教学的创新和改进。[①]

（4）促进教育现代化和信息化。随着科技的进步，教育界强调教育现代化和信息化的重要性。丰富的教学资源和现代化的教育设施能够推动农村中小学教育向信息化和数字化发展，提升学校的整体教育水平和竞争力。

（5）实现教育公平和可持续发展。教育界认为，通过丰富农村中小学的教学资源和改善教育环境，可以实现教育公平和可持续发展的目标。这不仅能

---

① 琳达·达林-哈蒙德.支持学生学习的教师学习 [M]// 阿伦·C·奥恩斯坦，琳达·S.
贝阿尔-霍伦斯坦.当代课程问题（第三版）.余强，译.杭州：浙江教育出版社，
2004：396.

够缩小城乡教育差距，还能够为农村地区的社会经济发展提供人才支持，促进社会的全面进步和可持续发展。

综上所述，教育界认为，丰富农村中小学的教学资源和改善教育环境是推动农村教育发展、提升教育质量、实现教育公平和促进社会进步的重要手段和路径。通过政策支持、资金投入、技术创新等多方面的努力，可以有效改善农村学校的教育条件，为学生和教师创造更好的学习与教学环境。

**三、构建学习共同体以促进乡村教师专业发展**

教师专业发展有赖于教师以自身的经验和智慧为专业资源。而教学实践是非常复杂而又个性化的现象，每个教师因知识结构、思维方式都有着明显的差异，教师在交流和互动的文化氛围中，借力学习共同体的作用，通过学习、探究，形成丰富的教学资源，教师往往能更好形成自己的实践智慧，有效地促进教师的专业成长。

**（一）学习共同体及其要素**

1. 学习共同体的概念释义

学习共同体（Learning community）也被译作"学习社区"。从一般意义上来讲，共同体是人们在共同条件下结成的集体，而学习共同体指由学习者（包括学生、教师以及所有具有学习意识和愿望的群体或个人）和助学者（可以是教师和所有有利于学习者更好地进行学习的群体或个人）共同构成的群体，他们彼此之间经常在学习过程中进行沟通、交流，分享各种学习资源。学习共同体的主体由两方面构成，其一是助学者，其二是学习者，这两方面的主体成员之间在共享的学习环境下，进行面对面的学习交流和思想融合，与此同时，他们还会根据学习任务及个人联系所构成的时空关系网，适时组织基于相关成员之间的互动交流。

2. 学习共同体的功能

学习共同体具备以下两种功能。其一是社会强化学习，构建共同体能够很好地达到学习者的自我认同和归属感。在该体系中，成员能够很好认识到自身和其他成员属于统一组织，在学习活动中能够恪守体系的规则，表现为价值观相通。

成员对体系的认同感以及归属感能够相互加强，继而在体系中不断增强，是维持学习状态以及实现良好学习效果的重要保障。二是信息沟通功能。学习环节中能够做到及时的信息交互，做到新思想、新观点的沟通，实现体系内知识和信息的分享。在沟通交流环节中，成员能够看到不同于自身的新事业，继而对自身的思想进行反思，相互影响共同进步。

3. 学习共同体的设计要素

（1）确定资源。学习设计者在教学中，基于对学习者沟通、协调的需要，应该在学习任务的制订中注重开放性、复杂性和真实性，这样才能够让学习者在问题解决中体验到成就感，培养学习者的学习兴趣；不同的学习者在解决问题时有不同的思路和观点，因此沟通交流就显得十分重要；在分配任务时，可以最大限度地发挥不同学习者的资源来源的多面性，这样就大大地促进了学习者的合作学习；在活动合作小组中，小组能够将自己的作品完成并提交，可以进行作品互相鉴赏。网络环境中以课题研究为中心的学习形式越来越多，并成为学习的重要形式。教学的设计者要对任务进行深入探索，并做更加全面的安排，从中寻找衡量学习水平的侧面和变量。除了这些，在对学习任务和主体进行了解的过程中，还要最大限度地拓宽学习资源。在学习资源的发掘方面，要尽量找寻更加复杂的形式，从而摆脱简单的信息传递的模式，要充分利用超媒体，拓宽学习者对信息资源的搜索、选择和评价途径，这样做对于深度开展合作交流具有深刻的意义。学习资源的范围主要在原始数据库、相关知识库、课程材料等，学习者的学习经验也可能成为任务的主要资源，比如反思日记、个人主页、有关作品，这些都可以上传到互联网。

（2）组织意识。第一，要对学习者的共同体意识进行培养，这样才能够让学习者对自己在团体环境中学习的事实进行感受，对于自己的学习价值也有更加深刻的认识。学习的开始阶段，应该让学习者对自己的信息进行介绍，在邮件的帮助下实现学习者之间的相互理解。学习者能够在自己个人空间进行照片和具体资料的展示。同时，可以开展一些具体的见面活动，在这种活动中促进彼此之间的真实交流。除了这些，要让学习者在学习过程中互相帮助，学习者不仅可以向助学者发问，同时可以获得学习同伴的帮助，这样能够增强学习者在团体之间的价值感。第二，教学者应该在小组组织的时候采取更加合适的办法，像小组合作的形式，可以实行组长负责制，组长能够对小组内的组织进行调配，对小组任务的完成情况进行统计，助学者、学科专家可以在网站上提供技术支持。

（3）交互过程。在学习者之间的交流应该以教学内容和目标为中心，要把学习者和交流者之间的配合放在最重要的位置，在具体的学习中要进行有效的监控。助学者要能够在学习者学习的合适时机提出具体的问题，为完成学习目标而布置有针对性的作业，提供一些能够促进学习的个案研究和现实实例，很好地激发学习者的思维能力，提高解决问题的能力。研究者对于网络环境中的交互活动模式进行了创新性研究。助学者应该在交互学习的过程中，对小组的问题交流情况和评价情况进行监控，从而实现对每个小组成员的了解，成员对小组的贡献跟其学业进步应该息息相关。

（4）交互工具。对学习共同体提供支持是必要的，教学设计者在具体的支持中应该提供比较合适的交互工具，比如沟通工具（如电子邮件、功能不同的 BBS、聊天室、有声聊天工具、争论论坛、意见投票等）、协作工具（如角色扮演工具、虚拟白板，应用软件共享等）、个人主页空间、追踪评价工具。以上的设计对于教学网络的促进是巨大的，因为它们能够适应不同学段的学习者。更加值得注意的是，学习者在网络学习中能够更好地交流，对于学习者思维的深入具有深刻意义。

（二）教师学习共同体及其意义

教师学习共同体（Teachers Learning Communities）是将共同体概念扩展到教师专业领域发展上。教师学习共同体（Professional Learning Community,

PLC）是一种教师合作与学习的组织形式，旨在通过教师之间的共同学习、反思和实践交流，促进专业发展，提高教育教学质量。这一概念最早起源于20世纪末的美国教育改革背景下，并在全球范围内广泛传播和应用。

1.教师学习共同体的概念内涵

教师学习共同体的核心是教师的集体学习与合作。具体来说，它强调以下4个方面。

（1）共同愿景和目标。教师学习共同体通常围绕一个共同的教育愿景或目标而组织，所有成员都认同并致力于实现这一目标。

（2）集体学习与实践。教师们通过共同探讨教育理论、分享教学实践经验、共同解决教育教学中的问题，促进个人和集体的专业成长。

（3）持续地反思与改进。教师学习共同体强调反思实践，通过持续的反馈和调整来提升教学效果。

（4）协作文化。教师学习共同体中的成员之间建立信任关系，鼓励开放的沟通和合作。

2.教师学习共同体的类型

教师学习共同体可以根据3个维度进行分类。

（1）按组织形式分类，教师学习共同体可以分为学校内部学习共同体、跨校学习共同体和虚拟学习共同体3种类型。学校内部学习共同体由同一所学校的教师组成，常常围绕某个特定学科、年级或教育目标进行合作和学习。例如，一个中学数学教师的学习共同体。跨校学习共同体由不同学校的教师组成，旨在跨越学校之间的界限，分享更多样的教学经验和资源。虚拟学习共同体借助互联网平台，教师可以突破时空限制，在线上进行讨论、分享资源和共同学习。

（2）按参与者角色分类，教师学习共同体可以分为同伴学习共同体、指导型学习共同体两种类型。同伴学习共同体由同一职级的教师组成，强调同级别教师之间的平等合作与交流。指导型学习共同体。包括资深教师或教育专家，他们在共同体中起到指导和支持的作用，帮助其他教师成长。

（3）按学习内容分类，教师学习共同体可以分为学科导向型学习共同体、教育主题型学习共同体和问题解决型学习共同体3种类型。学科导向型学习共同体聚焦于特定学科的教学法和内容，如英语教师学习共同体。教育主题型学习共同体围绕某个教育主题或问题展开，如"学生个性化学习"或"课堂管理"。问题解决型学习共同体以解决某个具体的教学问题为导向，教师共同探讨并实施改进措施。

3. 教师学习共同体的作用

（1）提升教师专业素养。通过共同学习和反思，教师能够不断更新教学理念和方法，提升自身专业能力。

（2）促进教育质量提升。教师学习共同体有助于共享最佳实践和经验，从而改进课堂教学，提高学生学习效果。

（3）增强教师的职业认同感。参与学习共同体的教师往往能够获得同伴的支持和鼓励，增强职业认同感和归属感。

（4）促进教育公平。通过资源和经验的共享，尤其是在跨校或跨地区的学习共同体中，可以减少教育资源不均衡带来的影响。

总的来说，教师学习共同体为教师提供了一个持续发展的平台，促进了教育的创新和质量提升。

4. 教师专业共同体建构的意义

教师学习共同体的建构对于提高乡村教育质量和促进教师的专业发展具有重要意义。

（1）促进专业交流与提升教师素质。教师学习共同体为乡村教师提供了一个相互交流和学习的平台，教师可以分享教学经验、资源和策略，从而提高教学效果。通过共同体的活动，教师能够不断学习新的教育理念和方法，提升自身的专业能力和素养。

（2）增强团队合作与促进持续学习。教师学习共同体的建立促进了教师之间的合作与信任，增强了团队意识，教师可以相互支持，共同面对教育挑战。

教师学习共同体鼓励教师进行持续的学习和反思，培养终身学习的习惯，提升教育教学的专业性。

（3）适应地方需求与资源整合。教师学习共同体可以根据当地的实际情况，调整教学策略和内容，更好地满足学生的需求。教师学习共同体能够更好地整合教育资源，争取政策支持，从而推动地方教育的发展。

（4）提升学生学习效果与乡村教育质量。通过教师的专业发展和教学质量的提升，最终将有助于提高学生的学习效果和综合素质。乡村教师学习共同体不仅有助于教师的个人成长，也对乡村教育的整体发展产生积极影响。

## 第四节　国内外的经验与经典案例

### 一、国内改善乡村中小学教学资源与教育环境的措施与经典案例

我国政府在改善乡村中小学教学资源与教育环境方面采取了多项关键措施，并且取得了显著成效。

#### （一）改善乡村中小学教学资源与教育环境的关键措施

1.政策支持与资金投入

（1）政策支持。政府出台了一系列政策文件，如《国家中长期教育改革和发展规划纲要（2010—2020年）》和《乡村教师支持计划（2015—2020年）》，明确提出改善乡村中小学教育资源和环境的目标和措施。实施了如"薄弱学校改造计划"和"教育信息化推进计划"等专项计划，针对乡村学校的基础设施、教学资源、师资力量等方面进行重点改善。

（2）资金投入。政府加大财政投入，确保教育经费向乡村学校倾斜，通过专项资金支持乡村学校的建设和发展。鼓励社会力量参与乡村教育，通过企业捐赠、公益基金等方式，支持乡村学校的资源改善和环境优化。

2. 改善基础设施

（1）学校建设。通过"薄弱学校改造计划"，政府投入资金改造和新建校舍，解决校舍老旧和安全隐患问题。完善学校的基本设施，如图书馆、操场、实验室等，为学生提供良好的学习和活动空间。

（2）完善教学设备。为乡村学校配备多媒体教室和教学设备，提升教学现代化水平。建设和完善实验室，提供必要的实验器材和设备，支持科学实验教学。

3. 丰富教学资源

（1）教材和教具。确保乡村学校使用最新的教材，并提供相应的教具和教学辅助材料。扩充学校图书馆藏书，提供丰富的阅读材料，促进学生阅读习惯的养成。

（2）数字化资源。推进"宽带入校"工程，改善乡村学校的网络覆盖，确保互联网接入。开发和推广数字化教学资源，提供电子教材、网络课程等，提升信息化教学水平。

4. 师资力量提升

（1）教师培训。通过"国培计划"等项目，组织乡村教师参加专业培训，提升教学能力和专业素养。提供乡村教师到城市学校进修学习的机会，促进教学经验交流和专业发展。

（2）激励机制。提高乡村教师的工资待遇和福利，增加岗位吸引力，减少教师流失。设立"最美乡村教师"等评优活动，表彰优秀教师，增强职业荣誉感。

**（二）改善乡村中小学教学资源与教育环境的经典案例**

1. 浙江省"千校万师"计划

（1）背景：浙江省通过"千校万师"计划，整合城市优质教育资源，对口支援农村学校。

（2）措施：城市学校与农村学校结对帮扶，提供教学资源支持。组织城市教师到农村学校任教，分享先进的教学经验和方法。提供培训和进修机会，提升农村教师的专业水平。

（3）效果：农村学校的教学资源大大丰富，教学质量显著提升。农村教师的专业素养和教学能力得到有效提高。城乡教育差距逐步缩小，教育公平性增强。

2. 安徽省"乡村教师支持计划"

（1）背景：安徽省通过"乡村教师支持计划"，全方位改善乡村教师的工作和生活条件。

（2）措施：加大财政投入，改善乡村学校基础设施和教学设备。提供教师周转宿舍，解决乡村教师的住宿问题。组织教师培训和进修，提高乡村教师的专业素养。

（3）效果：乡村学校的教学环境和教学资源显著改善。乡村教师的工作和生活条件明显提升，职业吸引力增强。学生的学习环境得到优化，教育质量稳步提高。

我国政府通过一系列政策支持、资金投入、基础设施改善、丰富教学资源和提升师资力量等措施，取得了改善乡村中小学教学资源和教育环境的显著成效。通过这些努力，不仅提升了乡村教育质量，也推动了教育公平的实现，为国家的人才培养和社会进步奠定了坚实基础。

## 二、国外农村中小学教学资源丰富与教育环境改善的关键措施与经验

（一）美国的关键措施与成功经验

1. 关键措施

（1）联邦和州政府支持。美国联邦政府和州政府通过《不让一个孩子掉队法案》（No Child Left Behind Act）等政策，提供专项资金和政策支持，改善农村教育。专门设立农村教育拨款项目，确保资金用于改善农村学校的基础设施和教学资源。

（2）技术和信息化建设。推进"宽带教育计划"，确保农村学校接入高速

互联网。开发和推广数字化学习资源，如电子教材、在线课程和虚拟实验室，帮助农村学生获得与城市学生同等的学习资源。

（3）社区和企业参与。与科技公司合作，提供硬件和软件支持，如计算机、平板电脑和教育软件。鼓励社区和非营利组织参与农村教育，通过志愿者服务、捐赠和资源共享等方式支持农村学校。

2. 经验分享

（1）多方合作。政府、企业和社区多方合作，共同推进农村教育的发展。

（2）信息化推动。利用现代科技手段，推进教育信息化，弥合城乡数字鸿沟。

**（二）澳大利亚的关键措施与成功经验**

1. 关键措施

（1）专项拨款。联邦和州政府提供专项拨款，改善农村学校的基础设施和教学资源。设立乡村教师津贴和奖励，吸引和留住优秀教师在农村学校任教。

（2）远程教育。通过"空中课堂"和在线教育平台，提供远程教学，确保偏远地区学生能够接受优质教育。对农村教师进行信息技术培训，提升其利用现代教育技术的能力。

（3）社区参与。结合当地社区资源，开展本地化教育项目，增强学生对社区的认同感和归属感。鼓励城市教师、大学生和社区志愿者参与农村教育，提供教学支持和辅导。

2. 经验分享

（1）远程教育。利用远程教育技术，突破地理限制，提供优质教育资源。

（2）本地化教育。结合当地实际情况，开展本地化教育项目，增强教育的针对性和有效性。

### （三）加拿大的关键措施与成功经验

1. 关键措施

（1）政府投入和政策。联邦和省级政府提供教育拨款，重点支持农村学校的基础设施建设和资源配备。设立乡村教师支持计划，提供培训、进修和住房补贴等，吸引和留住优秀教师。

（2）信息化建设。推进农村学校的网络覆盖，确保所有学校都能接入互联网。开发和推广电子教材、在线课程和教学资源库，支持农村教师和学生的教学和学习。

（3）社区和企业参与。鼓励企业捐助教育设备和资源，支持农村学校的发展。利用社区资源，开展课外活动和项目，丰富学生的学习生活。

2. 经验分享

（1）政策和资金支持。政府提供政策和资金支持，确保农村学校的基础设施和资源得到改善。

（2）信息化和数字化。利用信息化和数字化手段，提升农村教育水平，弥合城乡教育差距。

### （四）芬兰的关键措施与成功经验

1. 关键措施

（1）教育公平政策。政府实施教育公平政策，确保每个学生都能享受到高质量的教育资源。提供专项财政支持，改善农村学校的基础设施和教学资源。

（2）小班教学和个性化教育。推行小班教学，确保每个学生都能得到个性化的关注和指导。根据学生的兴趣和需求，提供个性化的教学内容和学习计划。

（3）教师专业发展。提供持续的教师培训和进修机会，提升教师的专业素养和教学能力。设立教师激励机制，吸引优秀教师到农村学校任教。

2. 经验分享

（1）教育公平。实施教育公平政策，确保每个学生都能享受到高质量的教育。

（2）小班教学。推行小班教学和个性化教育，提升教学效果和学生学习体验。

国外在改善农村中小学教学资源和教育环境方面的典型措施和经验，包括政府支持、信息化建设、社区和企业参与、远程教育、教师培训和激励机制等。这些成功经验表明，通过多方合作、政策支持和技术创新，可以有效改善农村教育条件，提升教育质量，实现教育公平。中国可以借鉴这些经验，结合本国实际情况，进一步推动农村教育的发展。

# 第六章 政策支持与社会参与

制定和落实有利于乡村教师发展的政策法规，如提供住房补贴、交通补贴等，解决乡村教师的实际困难。鼓励社会各界参与乡村教育发展，通过捐赠、志愿服务等方式，为乡村教师专业发展和学校实现高质量发展提供支持。

## 第一节　政府政策支持与教师专业发展

### 一、政府政策支持乡村教师专业发展的作用与类型

促进乡村教师专业发展的政府政策支持指政府通过制定和实施各种政策和措施，帮助乡村教师提升专业素养、改善工作条件，从而提高乡村教育质量。[①]这类政策支持在促进教育公平和社会进步中发挥着重要作用，涵盖了多种类型。

#### （一）促进乡村教师专业发展的政府政策支持作用

（1）改善工作条件。通过提高工资待遇、提供住房和福利等措施，改善乡村教师的工作和生活条件，增强职业吸引力，减少教师流失。

（2）提升教师专业素养。政策支持通过提供培训和进修机会，帮助乡村教师掌握先进的教育理念和教学方法，提升其专业素养和教学能力。

（3）促进教育公平。政策支持旨在缩小城乡教育差距，确保乡村学生享有与城市学生同等的教育资源和优质教师。

（4）激发教学创新，推动教育现代化。通过激励机制和评优奖励，激发

---

① 李明善.教师专业发展论纲 [M].长春：吉林大学出版社，2011.

乡村教师的教学热情和创新能力，提升教育质量。通过信息化建设和技术支持，提升乡村学校的现代化水平，推动教育技术的应用和普及。

**（二）促进乡村教师专业发展的政府政策支持类型**

（1）培训与进修支持。由国家教育部门主导，组织乡村教师参加专业培训，提升其教学能力和专业水平。各省市根据实际情况，设立地方性培训项目，为乡村教师提供定期培训和进修机会。

（2）待遇改善与激励机制。提高乡村教师的工资水平，提供特殊津贴和补助，增强岗位吸引力。提供教师周转宿舍或住房补贴，解决乡村教师的住房问题。设立"最美乡村教师"等评优活动，表彰优秀教师，提升其职业荣誉感和社会认可度。在职称评定中给予乡村教师倾斜政策，鼓励其扎根乡村教育。

（3）资源支持。提供丰富的教学资源和设备，如多媒体教室、实验室、图书馆等，提升教学条件。推进"宽带入校"等信息化工程，确保乡村学校接入互联网，提供数字化教学资源。

（4）政策法规。制定和完善相关法律法规，保障乡村教师的权益和待遇，如《乡村教师支持计划（2015—2020年）》。各地方政府根据实际情况，出台适合本地的乡村教师支持政策，确保政策落实和执行。

**二、政府政策支持对乡村教师专业发展的意义**

政府政策支持对乡村教师专业发展的意义重大，主要体现在以下几个方面。

（1）提升教师专业素养和教学能力。通过系统化的培训和进修机会，乡村教师能够接触到先进的教育理念和教学方法，提升自身的专业素养和教学能力。[①] 例如，通过参加"国培计划"或地方性培训项目，教师能够不断更新知识结构，掌握现代教育技术和教学手段，从而提高教学质量。

（2）改善教师工作和生活条件。提高乡村教师的工资待遇、提供住房福利和特殊津贴等措施，有助于改善他们的工作和生活条件。这不仅可以增加岗

---

① 朱旭东.论"国培计划"的价值 [J].教师教育研究，2010，22（6）：3-8，25.

位吸引力，吸引更多优秀教师到乡村任教，还能增强教师的职业认同感和归属感，减少教师流失率。

（3）激发教师教学热情和创新能力。通过设立激励机制，如评优奖励、职称评定等，可以激发乡村教师的教学热情和创新能力。教师在良好的激励机制下，更愿意投入教学工作，探索新的教学方法，提高教学效果。

（4）增强教师的职业荣誉感和社会认可度。设立"最美乡村教师"等评优活动，通过社会表彰和奖励，提升乡村教师的职业荣誉感和社会认可度。这不仅激励教师扎根乡村教育，还能引导社会各界更加关注和支持乡村教育事业。

（5）提供持续的专业发展机会。政府政策支持为乡村教师提供了持续的专业发展机会。通过各种培训和进修项目，教师能够不断学习和成长，保持教学的活力和创新力，推动乡村教育的可持续发展。

（6）推动教育现代化和信息化，促进教育公平。政府政策支持推动了乡村学校的信息化建设和现代化水平。通过实施"宽带入校"工程、配备多媒体设备和数字化教学资源，乡村教师能够利用现代教育技术开展教学，提高教育效率和质量，缩小与城市学校的差距。政府政策支持旨在缩小城乡教育差距，确保乡村学生享有与城市学生同等的教育资源和优质教师。通过政策倾斜和资源分配，乡村学校的教学条件和教育质量得以提升，促进了教育公平和社会公平。

政府政策支持对乡村教师专业发展具有重要意义。通过政策和财政支持、待遇改善、培训和进修、激励机制、信息化建设等多方面的措施，可以有效提升乡村教师的专业素养和教学能力，改善其工作和生活条件，激发教学热情和创新能力，促进教育公平和现代化发展。各级政府应持续关注和支持乡村教师的专业发展，确保乡村教育的高质量发展和可持续进步。

**三、政府政策支持促进乡村教师专业发展的历史沿革、现状、问题与对策**

我国在促进乡村教师专业发展方面做出了许多努力，通过多项政策支持提升乡村教师的专业水平和工作条件。然而，尽管取得了一些成效，但仍然存在诸多问题，需要进一步改进。

（一）政府政策支持促进乡村教师专业发展的历史沿革

我国在促进乡村教师专业发展方面的政府政策支持经历了一个不断发展的过程。

1. 初期探索阶段（20世纪80年代以前）

新中国成立初期，中国教育事业百废待兴，特别是乡村教育基础薄弱，师资匮乏。在全国范围内开展短期教师培训，提升教师的基本教学能力。中央政府开始对乡村教育进行财政拨款，支持乡村学校的建设和师资培养。

2. 改革开放初期（20世纪80年代）

改革开放初期，国家经济开始恢复和发展，教育改革逐步提上议程。1986年颁布的《中华人民共和国义务教育法》强调了国家对乡村义务教育的重视，规定政府应保障乡村学校师资力量的稳定和发展。实施了乡村教师的在职培训计划，鼓励师范院校为乡村输送合格教师。

3. 教育优先发展阶段（20世纪90年代至21世纪初）

随着经济快速发展，国家逐渐加大对教育的投入，教育优先发展的战略逐步确立。1993年启动的"两基"（基本普及九年义务教育、基本扫除青壮年文盲）攻坚计划，重点解决农村地区教育资源短缺和师资不足问题。1999年，教育部出台《关于加强乡村教师队伍建设的意见》，提出通过各种途径提高乡村教师的待遇和专业素质。

4. 新世纪教育战略（21世纪中期）

进入21世纪，国家进一步加大对教育的重视，全面推进素质教育，关注教育公平。2006年建立农村义务教育经费保障机制，确保农村学校有足够的经费用于改善教学条件和教师待遇。2009年启动的"国培计划"（中小学教师国家培训计划），重点支持乡村教师的培训和专业发展。

5. 乡村教师支持计划（2015—2020年）

为进一步提升乡村教师的专业素质和生活待遇，国家出台专项政策支持乡村教师发展。2015年发布《乡村教师支持计划（2015—2020年）》，提出从教师待遇、专业发展、职业荣誉等方面全面支持乡村教师。具体措施包括提高工资待遇、提供住房补贴、实施定期培训等。

6.乡村振兴战略阶段（2020年及以后）

国家实施乡村振兴战略，教育作为重要组成部分，乡村教师队伍建设成为关键环节。2020年发布《关于全面加强新时代乡村教师队伍建设的若干意见》，进一步明确了新时代乡村教师队伍建设的目标和措施，强调全面提升乡村教师的待遇和专业发展机会。继续实施和扩大"农村义务教育阶段学校教师特岗计划"，吸引更多优秀毕业生到乡村学校任教。加大乡村学校的信息化投入，推动"互联网＋"教育的发展，提升乡村教师的数字化教学能力。

我国促进乡村教师专业发展的政府政策支持经历了从初期探索到系统化推进的过程，随着国家经济和社会的发展，对乡村教师的支持力度不断加大，政策措施逐步完善。通过持续的政策支持，乡村教师的专业素养和待遇得到了显著提升，但仍须进一步优化和加强，以实现教育公平和乡村振兴的目标。

**（二）政府政策支持促进乡村教师专业发展的现状**

（1）政策与资金支持方面。国家和地方政府出台了一系列政策文件，如《乡村教师支持计划（2015—2020年）》等，明确了支持乡村教师发展的措施和目标。政府加大了对乡村教育的财政投入，通过专项资金支持乡村教师的培训、住房和生活补贴等。

（2）培训与进修方面。实施"国培计划"，为乡村教师提供专业培训，提升其教学能力和专业素养。各省市根据实际情况，设立地方性培训项目，定期组织乡村教师参加培训和进修。

（3）待遇改善方面。提高乡村教师的工资水平，提供特殊津贴和补助，增强岗位吸引力。提供教师周转宿舍或住房补贴，解决乡村教师的住房问题。

（4）信息化建设方面。推进"宽带入校"工程，确保乡村学校接入互联网，提供数字化教学资源。为乡村学校配备多媒体教室和教学设备，提升教学现代化水平。

**（三）政府政策支持促进乡村教师专业发展方面存在的问题**

（1）资金分配不均。尽管整体投入增加，但资金分配仍存在不均衡问题。部分偏远地区的学校仍然缺乏足够的资金支持，无法有效改善教学条件和教师待遇。

（2）培训质量参差不齐。乡村教师培训的内容和质量参差不齐，有些培训项目流于形式，无法真正提升教师的专业水平。

（3）信息化应用不足。尽管推进了信息化建设，但部分乡村学校的网络设施和数字化资源仍不足，教师的信息技术应用能力也有待提高。

（4）待遇改善和职业发展空间有限。虽然工资待遇有所提高，但与城市教师相比，乡村教师的待遇仍有较大差距，特别是在偏远贫困地区，教师生活条件依然较差。乡村教师的职业发展空间有限，职称评定和晋升渠道不畅，缺乏激励机制，难以吸引和留住优秀教师。

**（四）政府政策支持促进乡村教师专业发展的改进措施**

（1）增加财政投入，优化资金分配。进一步增加对乡村教育的财政投入，确保每所乡村学校都能得到足够的资金支持。根据各地实际情况，合理分配教育资金，重点支持偏远贫困地区的乡村学校。

（2）提升培训质量，注重实效。制定统一的培训标准，确保培训内容切实有效，满足乡村教师的实际需求。加强对培训项目的监督和评估，确保培训质量，提高教师的参与度和满意度。

（3）改善待遇，增强岗位吸引力。进一步提高乡村教师的工资水平，特别是对偏远贫困地区的教师给予更多补助和奖励。提供完善的福利保障体系，包括住房、医疗、子女教育等方面的支持，改善教师生活条件。

（4）推进信息化建设，提升应用能力。继续推进"宽带入校"工程，确保所有乡村学校都能接入高速互联网。开发和推广更多优质的数字化教学资源，满足乡村教师和学生的需求。加强对乡村教师的信息技术培训，提升其数字化教学能力和应用水平。

（5）拓宽职业发展渠道，激励教师发展。在职称评定中给予乡村教师更多倾斜政策，拓宽晋升渠道。设立乡村教师奖励基金，对在乡村教育中表现突出的教师给予表彰和奖励，激发其工作热情和创新能力。为乡村教师提供更多进修和学习机会，包括到城市学校交流学习，提高其专业素养和视野。

通过进一步增加财政投入、优化资金分配、提升培训质量、改善待遇、推进信息化建设和拓宽职业发展渠道，可以有效解决当前乡村教师专业发展中的问题，促进乡村教育质量的提升。政府、社会各界应共同努力，持续关注和支持乡村教师的专业发展，推动教育公平和社会进步。

### 四、教育界论述促进乡村教师专业发展的政府政策支持

教育家们普遍认为，政府政策支持对促进乡村教师专业发展至关重要，以下是一些教育界对于此问题的看法和论述。

#### （一）政府政策支持的重要性

陶行知早在20世纪就指出，教育公平是社会公平的基础，而教师是教育公平的关键[1]。因此，政府必须在政策上对乡村教师给予特殊关照，通过提高待遇、提供培训和进修机会，确保乡村教师能够在良好的环境中成长和发展。

朱永新认为，政府政策支持是促进乡村教师专业发展的基石[2]。只有通过政策保障，才能确保乡村教师享有公平的待遇和发展机会。他强调，政府应持续加大对乡村教师的财政投入，完善各种支持政策，以激发乡村教师的教学热情和创新能力。

#### （二）政策实施的具体措施

杜威强调，教育政策应以教师的实际需求为出发点，提供持续的专业发展支持。他指出，乡村教师面临的教学环境和资源限制需要特别的政策关注，政

---

[1] 陶行知.陶行知教育文集 [M].北京：人民教育出版社，1981.

[2] 朱永新.教师成长密码 [M].北京：教育科学出版社，2018.

府应通过信息化建设和资源共享，帮助乡村教师克服这些困难。①

李希贵认为，政策支持不仅要体现在资金投入上，还应在制度设计和执行上做文章②。例如，乡村教师的培训应更加系统化和针对性强，政策应涵盖教师职业发展的各个方面，包括待遇、职业晋升和荣誉体系等。

### （三）政策支持的长远影响

徐特立认为，乡村教育的发展离不开教师队伍的建设，而政府政策是这一建设的保障。他强调，政策支持应具有长期性和稳定性，通过持续的投入和优化，使乡村教师在职业生涯中不断获得成长和发展。③

李开复认为，政府对乡村教师的政策支持不仅是为了改善当前的教育状况，更是为了培养未来社会发展的中坚力量。他指出，只有通过不断的政策支持，才能使乡村教育具备可持续发展的动力，最终实现城乡教育均衡。④

教育家们普遍认为，政府政策支持在促进乡村教师专业发展中起着关键作用。通过提高待遇、提供培训和进修机会、改善工作条件和信息化建设等多种措施，可以有效提升乡村教师的专业素养和教学能力，推动教育公平和城乡教育均衡发展。教育家们强调，政策的制定和实施应注重长期性和稳定性，并不断根据实际情况进行优化和调整，以确保乡村教师能够获得持续的发展机会和良好的职业环境。

## 第二节　社会参与教师的专业发展

社会力量参与促进乡村教师专业发展指通过政府以外的社会各界，包括企

---

① 约翰·杜威.我的教育信条：杜威论教育 [M].彭正梅，译.上海：上海人民出版社，2017.

② 李希贵.为了自由呼吸的教育 [M].北京：教育科学出版社，2000.

③ 徐特立.徐特立教育文集 [M].北京：人民教育出版社，1996.

④ 李开复.AI·未来 [M].北京：中信出版社，2020.

互联网企业都设立了专门的教育基金，资助乡村教师的发展。企业还通过捐赠教学设备、设立奖学金、组织志愿者服务等形式，支持乡村教育。

（2）非政府组织参与情况。非政府组织（NGOs）如希望工程、乡村教师培训计划等，长期致力于乡村教育事业，提供教师培训、教育资源和资助。许多NGOs与地方政府合作，实施乡村教师发展项目，取得了一定成效。

（3）高校与科研机构参与情况。多所高校和科研机构通过设立乡村教师培训基地、派遣教师志愿者、提供在线课程等方式，支持乡村教师的专业发展。一些高校还与地方教育部门合作，开展针对乡村教师的定向培养和继续教育项目。

（4）社区和个人参与。社区和个人通过捐款捐物、志愿服务、举办表彰活动等方式，支持乡村教师的发展。社会名人和公众人物通过宣传和倡导，提升了对乡村教师群体的关注度和社会认知度。

**（二）社会力量参与促进乡村教师专业发展存在的问题**

（1）参与力度不足。尽管有些企业和组织参与乡村教师发展，但整体参与度仍较低，许多企业和社会组织对这一领域关注不足。社会力量的参与常常具有短期性，缺乏持续性和系统性支持。

（2）资源分配不均。社会资源的投入在地域和项目上存在不均衡现象，某些地区和项目获得较多关注，而其他地区和项目则较为贫困。资源的使用效率不高，有时由于缺乏专业指导和管理，无法发挥最大作用。

（3）政策支持不完善。政府对社会力量参与乡村教育的政策支持和激励机制不足，社会力量在参与过程中面临一定的政策和法规障碍。社会力量的参与缺乏系统的规划和协调，无法形成合力。

（4）能力建设不足。许多非政府组织和志愿者缺乏专业的教育培训背景，难以提供高质量的专业支持。社会力量在参与乡村教师培训和支持过程中，往往缺乏科学的评估和反馈机制，影响项目效果。

**（三）社会力量参与促进乡村教师专业发展的改进措施**

（1）加强政策支持与引导。政府应出台更多鼓励社会力量参与乡村教师发展的政策，如税收优惠、项目补贴等，激励企业和组织积极参与。建立社会力量参与乡村教育的协调机制，制定明确的参与规范和标准，确保各方资源的合理配置和有效使用。

（2）提升资源使用效率。加强对社会力量参与乡村教师发展项目的监督和评估，确保资源的高效利用。建立透明的信息公开机制，让捐赠者和参与者能够清楚了解资金和资源的使用情况，提高透明度和公信力。

（3）促进多方合作。鼓励企业、高校、NGOS、社区等多方合作，共同设计和实施乡村教师培训和发展项目，形成合力。建立社会力量参与乡村教师发展的合作平台，促进经验交流和资源共享，提升项目质量和效果。

（4）加强能力建设。为参与乡村教师发展的社会力量提供专业培训，提升其在教育项目设计、实施和评估方面的能力。引导高校和科研机构为社会力量提供技术支持和咨询服务，帮助其更好地开展乡村教师培训和支持工作。

（5）推进可持续发展。鼓励社会力量开展长期项目，注重乡村教师的持续发展和跟踪支持。推动乡村教师发展项目的制度化和规范化，确保项目的可持续性和稳定性。

通过这些措施，可以更好地调动社会力量的积极性，形成政府、企业、NGOS、高校、社区等多方协同参与的良好局面，共同促进乡村教师的专业发展，提升乡村教育质量。

### 三、教育界论述社会力量参与促进乡村教师专业发展

教育家普遍认为社会力量参与促进乡村教师专业发展具有重要意义，并对其作用和影响进行了深入论述。

#### （一）教育公平的重要性

教育家们强调，教育公平是社会公平的重要基础，乡村教师的专业发展是实现教育公平的关键一环。通过动员社会力量，可以弥补政府资源的不足，确保乡村教师享有与城市教师同等的职业发展机会。约翰·杜威（John Dewey）

认为教育应服务于民主社会，强调教育公平[①]。社会各界的参与能够推动乡村教育的发展，缩小城乡教育差距。保罗·弗莱雷（Paulo Freire）提倡教育的解放作用，认为社会力量的参与有助于提升乡村教师的自主性和创造力，从而促进教育公平[②]。

## （二）多方合作的必要性

教育家们指出，教育的发展需要政府、企业、非政府组织、高校和社区等多方合作，共同努力，才能形成合力，推动乡村教师的专业发展。作为管理学大师，彼得·德鲁克（Peter Drucker）强调社会各界的合作与参与。他认为，通过公共－私人伙伴关系，可以有效整合资源，提升乡村教师的专业素养[③]。琳达·达林-哈蒙德（Linda Darling-Hammond）强调教师专业发展的重要性，并指出社会力量的参与可以提供更多的培训和资源支持，提升教师的教学能力。[④]

## （三）资源多样化的优势

教育家们认为，社会力量的参与能够提供多样化的资源，包括资金、物资、技术和专业知识，极大地丰富了乡村教师的培训和发展途径。

霍华德·加德纳（Howard Gardner）提出的多元智能理论强调教育的多样性。社会力量的多样化参与可以为乡村教师提供不同的培训资源和教学工具，满足不同教师的个性化需求[⑤]。肯·罗宾逊（Ken Robinson）主张教育创新和多样化，认为社会力量的参与能够带来更多的创新资源和教学方法，有助于乡村

① 约翰·杜威.民主主义与教育 [M].王承绪，译.北京：人民教育出版社，2001.

② 保罗·弗莱雷.被压迫者教育学 [M].顾建新，张屹，译.上海：华东师范大学出版社，2020.

③ 彼得·德鲁克.21世纪的管理挑战 [M].朱雁斌，译.北京：机械工业出版社，2006.

④ HAMMOND L D, WEI R C, ANDREE A, et al.. Professional learning in the learning profession: A status report on teacher development in the United States and abroad[R]. [S.l. : s.n. ]. National Staff Development Council, 2009.

⑤ 陈杰琦，玛拉·克瑞克维斯，朱莉·维恩斯.多元智能的理论与实践：让每个儿童在自己强项的基础上发展 [M].方钧君，译.北京：北京师范大学出版社，2015.

教师的专业成长[①]。

## （四）社会责任与公民意识

教育家们强调，社会各界对教育的支持是社会责任的一部分，能够增强社会的凝聚力和公民意识。尼尔·诺丁斯（Nel Noddings）的关怀教育理论指出，教育是一个关怀他人和被他人关怀的过程。社会力量对乡村教师的支持体现了社会的关怀，有助于构建一个关怀互助的社会[②]。

艾略特·艾斯纳（Elliot Eisner）提倡审美教育，认为教育不只是传授知识，更是培养社会责任感和公民意识。社会力量的参与能够强化社会对教育的关注和支持，提升教师的社会地位[③]。

教育家们一致认为，社会力量的参与是促进乡村教师专业发展的重要途径，具有不可替代的作用。通过政府、企业、非政府组织、高校和社区等多方合作，可以提供多样化的资源，提升乡村教师的专业素养，促进教育公平，增强社会凝聚力和公民意识。未来，需要进一步加强政策引导和协调，推动社会力量更广泛、深入地参与乡村教师的发展工作。

## 第三节　政府政策支持与社会参与

政策支持乡村教师专业发展和社会力量参与乡村教师专业发展之间的关系是互补且相互促进的。政府的政策支持能够为社会力量参与提供良好的环境和激励机制，而社会力量的参与则可以弥补政府资源的不足，提升乡村教师的专

---

① ROBINSON K, VIKING L A. Creative schools: The grassroots revolution that's transforming education[M]. New York: Springer Nature, 2015.

② NODDINGS N. The challenge to care in schools: an alternative approach to education [M]. New York: Teachers College Press, 1992.

③ EISNER E. Forms of understanding and the future of educational research[M].Educational Researcher, 1993, 22(7): 5-11.

业发展水平。

## 一、政策支持乡村教师专业发展的重要性

（1）提供制度保障。政府政策可以通过立法和制度设计，确保乡村教师在职业发展方面获得应有的支持和资源。政策支持包括财政拨款、培训计划、职业晋升通道等，确保乡村教师享有与城市教师同等的职业发展机会。[①]

（2）营造良好的环境。政府通过政策引导，营造良好的社会氛围，提升社会各界对乡村教师的关注和支持。政策可以推动教育公平，鼓励全社会共同参与乡村教育的发展。

（3）激励机制。政府可以通过制定激励政策，吸引和鼓励社会力量积极参与乡村教师的专业发展。激励机制包括税收优惠、荣誉奖励、合作项目等，激发企业、非政府组织和个人的参与热情。

## 二、社会力量参与乡村教师专业发展的重要性

（1）资源补充。社会力量可以提供多样化的资源，包括资金、物资、技术和专业知识，弥补政府资源的不足。企业、非政府组织、高校和社区等可以通过捐赠、培训、志愿服务等方式，支持乡村教师的专业发展。

（2）创新和多样化。社会力量的参与带来了创新和多样化的教育资源和方法，提升了乡村教师的教学水平。通过引入新的教育技术、教学方法和管理理念，社会力量可以推动乡村教育的现代化和国际化。

（3）持续性和广泛性。社会力量的广泛参与可以确保乡村教师专业发展的持续性，形成长期的支持机制。通过建立长期合作关系，社会力量可以为乡村教师提供持续的职业发展机会和资源支持。

---

① SUSAN R. International perspective on teacher professional development changes influenced by polictics pedagogy and innovation[M]. New York: Nova Science Publishers. 2005.81-89.

### 三、两者的关系与互动

（1）政策支持为社会力量参与提供保障。政府通过政策制定，提供法律和制度保障，确保社会力量参与乡村教师专业发展具有合法性和可操作性。政策支持可以明确社会力量参与的方式、途径和激励措施，降低社会力量参与的门槛和风险。

（2）社会力量参与促进政策实施效果。社会力量的广泛参与可以提升政策的实施效果，通过多方合作，共同推动乡村教师的专业发展。社会力量的反馈和实践经验可以为政府政策的调整和完善提供依据，形成良性互动。

（3）形成合力，共同促进乡村教师发展。政府和社会力量的共同参与可以形成合力，集结多方资源和力量，共同促进乡村教师的专业发展。通过建立合作机制，政府和社会力量可以在规划、资源配置、项目实施等方面协同作战，实现优势互补。

### 四、实际案例分析

（1）美国的"Teach For America"项目。政府提供政策支持，鼓励优秀大学毕业生到乡村学校任教，并提供职业发展机会。企业和非政府组织提供资金支持和职业指导，共同推动项目的实施和发展。

（2）加拿大的"Frontier College"项目。政府与非政府组织合作，提供教师培训和教育资源，支持乡村教师的发展。社会力量的参与增强了项目的实施效果，提升了乡村教育的质量。

（3）澳大利亚的"Country Education Foundation"。政府通过激励政策，鼓励企业和社区组织参与乡村教师的发展。社会力量提供奖学金和教育支持，推动乡村教师的职业发展[1]。

政策支持和社会力量参与在促进乡村教师专业发展中具有互补性和相互促进作用。政策支持为社会力量参与提供制度保障和激励机制，而社会力量的参

---

[1] 陆有铨. 躁动的百年：20世纪的教育历程 [M]. 济南：山东教育出版社，1997.

与则丰富了资源，提升了政策实施效果。通过政府和社会力量的协同合作，可以形成合力，共同推动乡村教师的专业发展，促进教育公平和质量提升。

## 第四节 国外成功经验与经典案例

### 一、国外政府政策支持促进乡村教师专业发展的经验与案例

国外在促进乡村教师专业发展方面也积累了许多成功经验和典型案例。

#### （一）美国的经验与案例

1. 成功经验

（1）"教师资格提升计划"（Teacher Incentive Fund，TIF）。美国通过 TIF 计划，为教师提供财政激励，吸引优秀教师到乡村和低收入地区任教。

（2）"全国教师外派项目"（National Board for Professional Teaching Standards，NBPTS）。该项目鼓励教师通过专业认证提升自身技能，并提供资助和奖励，尤其关注乡村教师的职业发展。

2. 典型案例

（1）北卡罗来纳州的"教师回流计划"（Teacher Return-to-Work Program）。该州通过退休教师返聘计划，解决乡村教师短缺问题，并为乡村学校提供高质量的教育资源。

（2）田纳西州的"差异化工资计划"。通过提供额外薪酬，吸引和留住乡村学校的优秀教师，并通过专业发展机会提升教师教学能力。

#### （二）加拿大的经验与案例

1. 成功经验

（1）"远程教育支持计划"。加拿大通过远程教育和在线课程，为乡村教师提供培训和专业发展机会。

（2）"区域教育中心"。设立区域教育中心，为乡村教师提供资源支持、

专业发展和教学协作平台。

2. 典型案例

（1）新斯科舍省的"乡村学校支持计划"（Rural School Support Program）。通过提供额外财政支持、培训机会和技术资源，改善乡村教师的工作条件和专业发展。

（2）安大略省的"教师支持与创新基金"（Teacher Support and Innovation Fund）。为乡村教师提供创新教学项目的资金支持，鼓励教师采用新的教学方法和技术。

## （三）澳大利亚的经验与案例

1. 成功经验

（1）"乡村与偏远地区教师支持计划"（Rural and Remote Education Strategy）。通过财政激励、住房补贴和专业发展机会，吸引和留住乡村教师。

（2）"教师职业发展网络"（Teacher Professional Development Network）。通过建立教师职业发展网络，提供专业培训和资源共享平台，提升乡村教师的教学能力。

2. 典型案例

（1）昆士兰州的"乡村教师专业发展项目"（Rural and Remote Teacher Development Program）。通过提供财政支持和专业发展机会，帮助乡村教师提升教学技能，并改善其工作和生活条件。

（2）新南威尔士州的"远程教育与在线学习项目"（Distance Education and Online Learning Program）。为乡村教师提供远程教育课程和在线学习资源，提升其专业素养。

## （四）英国的经验与案例

1. 成功经验

（1）"乡村教育振兴计划"（Rural Education Revitalization Plan）。通过财政支持、培训机会和职业发展激励，改善乡村教师的工作环境和职业发展。

（2）"教师发展基金"（Teacher Development Fund）。为乡村教师提供资金支持，鼓励他们参与专业培训和进修。

2. 典型案例

（1）苏格兰的"教师提升项目"（Teacher Uplift Program）。通过提供财政激励和专业发展机会，吸引优秀教师到乡村地区任教，并帮助乡村教师提升教学能力。

（2）威尔士的"教师合作与创新计划"（Teacher Collaboration and Innovation Scheme）。通过建立教师合作网络，促进乡村教师之间的经验交流和资源共享，提升教学质量。

### （五）芬兰的经验与案例

1. 成功经验

（1）"教师职业发展计划"（Teacher Professional Development Plan）。为所有教师提供持续的职业发展机会，特别关注乡村教师的特殊需求。

（2）"教育公平与质量提升项目"（Equity and Quality Improvement Project）。通过提供额外资源和支持，确保乡村学校的教学质量和教育公平。

2. 典型案例

（1）芬兰的"远程学习与合作计划"（Distance Learning and Collaboration Program）。通过远程学习和教师合作网络，提升乡村教师的专业素养和教学能力。

（2）"教师支持与激励项目"（Teacher Support and Incentive Project）。通过提供财政激励和职业发展机会，吸引和留住乡村教师。

国外在促进乡村教师专业发展方面的政策和措施各具特色，但都注重通过财政支持、专业发展、远程教育和激励机制等方式提升乡村教师的职业素养和教学能力。这些经验和成功案例为其他国家提供了宝贵的借鉴和参考，尤其是在改善乡村教育公平和质量方面具有重要意义。

## 二、国外促进社会力量参与乡村教师专业发展的经验与案例

国外在促进社会力量参与乡村教师专业发展方面积累了许多典型经验和成功案例。

### （一）美国的经验与案例

1. 成功经验

（1）公共－私人伙伴关系。美国的教育政策鼓励公共部门与私营企业、非营利组织之间建立伙伴关系，共同支持乡村教育。

（2）社区参与。美国重视社区参与，通过社区组织和地方基金会，筹集资金支持乡村教师的发展。

2. 典型案例

（1）"Teach For America"项目。该项目招募优秀大学毕业生，到乡村和低收入社区的学校任教，为期两年。除提供基础教学培训外，还为参与者提供职业发展机会。企业和非营利组织提供资金支持和职业指导，使这些年轻教师在乡村学校中发挥重要作用。

（2）"Rural Schools Collaborative"。这是一个由教育基金会和社区组织组成的网络，旨在通过社区合作和资源共享，支持乡村学校和教师的发展。该组织提供教师奖学金、教学资源以及专业发展机会，鼓励乡村教师提升教学水平。

### （二）加拿大的经验与案例

1. 成功经验

（1）政府与非政府组织合作。加拿大鼓励政府与非政府组织（NGOs）合作，共同支持乡村教师的发展。

（2）企业社会责任（CSR）。加拿大企业在履行社会责任时，往往将支持乡村教育作为重点领域之一。

2. 典型案例

（1）"Frontier College"。这是一家加拿大的非营利组织，致力于提高乡村

和偏远地区的教育质量。通过培训志愿者教师，提供教学资源和课外辅导，支持乡村教师和学生。

（2）"Indspire"计划。该计划专注于支持乡村教师的发展，通过奖学金、培训和职业指导，帮助乡村教师在乡村学校中提升专业素养。

**（三）澳大利亚的经验与案例**

1.成功经验

（1）政府激励政策。澳大利亚政府提供财政激励和补贴，鼓励企业和非营利组织参与乡村教育发展。

（2）志愿者项目。澳大利亚鼓励大学生和退休教师通过志愿者项目，到乡村学校任教和辅导。

2.典型案例

（1）"Country Education Foundation"。该基金会通过提供奖学金和教育支持，帮助乡村学生和教师获得更多的教育资源和机会。与企业和社区组织合作，提供乡村教师培训和职业发展支持。

（2）"Teach Remote"计划。该计划旨在通过远程教育和在线课程，帮助乡村教师提升教学能力。企业和非营利组织提供技术支持和培训资源，确保乡村教师能够获得高质量的专业发展机会。

**（四）英国的经验与案例**

1.成功经验

（1）地方教育合作。英国鼓励地方教育机构、企业和社区组织合作，共同支持乡村教师的发展。

（2）基金会支持。英国有许多教育基金会，通过资金支持和项目合作，提升乡村教师的专业水平。

2.典型案例

（1）"Teach First"计划。类似于美国的"Teach For America"，该计划招

募优秀毕业生，到乡村和低收入地区的学校任教，并提供专业培训和职业发展支持。得到了企业、政府和非营利组织的广泛支持，成为英国乡村教育发展的重要力量。

（2）"Rural Teaching Partnership"。这是一个由地方教育机构和社区组织组成的合作网络，旨在通过资源共享和合作，支持乡村教师的职业发展。提供教师培训、教学资源和职业指导，提升乡村教师的教学能力。

### （五）芬兰的经验与案例

1. 成功经验

（1）全社会支持。芬兰强调教育的全民参与，社会各界共同支持乡村教师的发展。

（2）教育技术创新。通过推广教育技术和远程学习，提升乡村教师的专业素养和教学能力。

2. 典型案例

（1）"Opetusalan Ammattijärjestö"（OAJ）。芬兰教育工作者协会（OAJ）与政府和企业合作，提供教师培训和职业发展支持，尤其关注乡村教师的需求。通过在线学习平台和远程教育资源，帮助乡村教师提升专业水平。

（2）"Sitra"基金会。该基金会支持教育创新项目，通过提供资金和技术支持，推动乡村教育发展。与非营利组织和企业合作，开展乡村教师培训和专业发展项目。

国外在促进社会力量参与乡村教师专业发展方面积累了丰富的经验，通过公共－私人伙伴关系、社区参与、企业社会责任等方式，有效提升了乡村教师的专业素养和教学水平。这些典型经验和成功案例为其他国家提供了宝贵的借鉴和参考，尤其是在动员全社会各界力量共同推动教育公平和质量提升方面具有重要意义。

# 第七章 心理健康与职业关怀

建立乡村教师心理辅导机制，关注他们的心理健康，提供必要的心理支持和疏导。通过评选优秀教师、表彰先进典型等方式，提升乡村教师的职业认同感和社会地位。

## 第一节 教师心理健康与专业发展

### 一、教师心理健康的标准与意义

教师心理健康指教师在教育教学工作中，能够保持良好的心理状态和情绪稳定，具有适应环境、调节情绪、解决问题以及与他人建立良好关系的能力。这包括积极的自我意识、乐观的生活态度、良好的职业素养和社会适应能力。

#### （一）教师心理健康的标准

（1）情绪稳定与心理弹性。教师能够有效管理自己的情绪，不因小事而产生过度的情绪波动。面对压力和挑战时，教师能够迅速调整自己的心态，积极应对。

（2）自我认知准确与人际关系和谐。教师具有正确的自我评价和良好的自我认知能力，能够认识自己的优缺点。教师与学生、同事和家长保持良好的沟通和互动，能够建立和谐的人际关系。

（3）职业满足感与自我调节。教师对自己的职业有积极的态度，感到工作有意义并能从中获得满足感。能够合理安排工作与生活，保持良好的生活习惯和工作热情。

（二）教师心理健康的意义

（1）提高教学效果，增强职业幸福感。心理健康的教师能够更好地投入教学工作，创造积极的课堂氛围，促进学生的学习效果。同时，心理健康有助于教师在工作中获得更多的满足感和成就感，减少职业倦怠，提高职业幸福感。

（2）促进学生心理健康与学校的和谐发展。教师是学生的重要榜样，教师的心理健康对学生的心理健康具有重要影响。心理健康的教师能更好地理解和支持学生，帮助学生解决心理困扰。教师的心理健康对学校整体的教育氛围和管理具有积极影响，有助于构建和谐的校园文化。

（3）产生积极的社会影响。心理健康的教师能更好地履行社会职责，为社会培养身心健康的下一代，推动社会的和谐发展。

综合来看，教师心理健康不仅对个人的职业发展和生活质量具有重要意义，还对学生、学校以及社会整体发展产生深远影响。因此，关注和提升教师心理健康是教育系统中不可忽视的重要环节。

## 二、乡村教师心理健康的现状、问题及改进措施

（一）乡村教师心理健康的现状

（1）工作压力大，且社会支持不足。乡村教师通常承担多学科教学任务，课业负担重，工作压力大。而且，乡村教师社会地位相对较低，缺乏足够的社会支持和认可。

（2）资源匮乏，生活条件差。乡村学校教育资源有限，教师在教学和专业发展上面临更多困难。乡村生活条件较差，交通不便，医疗和文化设施不足，影响教师的生活质量。

（3）职业倦怠。长期工作在艰苦环境下，很多乡村教师容易产生职业倦怠感和无力感。

（二）乡村教师心理健康存在的问题

（1）心理压力大，情绪管理不足。由于工作和生活环境的双重压力，乡村教师容易产生焦虑、抑郁等心理问题。而且，情绪调节能力差，容易受到负

面情绪影响，影响教学质量和人际关系。

（2）职业发展受限，社会孤立感强。乡村教师的职业发展机会有限，培训和进修机会较少，职业发展前景不明朗。生活和工作环境的封闭性使得乡村教师感到孤立和缺乏社交支持。

（3）家庭压力大。许多乡村教师需要兼顾家庭和工作，家庭负担重，增加心理压力。

### （三）促进乡村教师心理健康的措施

（1）提升待遇和地位，关注家庭和生活。改善乡村教师的工资待遇，提供住房补贴和其他福利，提升乡村教师的社会地位和职业认同感。提供必要的生活保障，如医疗、交通和文化娱乐设施，改善乡村教师的生活条件，减轻家庭负担。

（2）改善工作条件，提供专业支持。减轻乡村教师的工作负担，合理安排工作任务，提供必要的教学资源和设备支持。增加对乡村教师的专业培训和指导，定期组织教学交流和学习活动，提升教师的专业素质和教学能力。

（3）加强社会支持，促进职业发展。建立和完善乡村教师支持网络，鼓励社会各界关心和支持乡村教育，增强乡村教师的社会支持感。提供更多的职业发展机会和晋升渠道，如定期选派优秀乡村教师参加进修和培训，增强职业发展动力。

（4）加强心理健康教育。在乡村学校中开展心理健康教育和培训，提升教师的心理健康意识和调节能力。

通过以上措施，关注和改善乡村教师的心理健康状况，不仅能提升他们的工作积极性和幸福感，也能促进乡村教育事业的健康发展。

### 三、心理辅导与支持的教师专业发展意义

心理辅导与支持对于教师的专业发展具有重要意义。

（一）心理辅导与支持的意义

（1）提升心理健康水平，增强职业满意度。心理辅导帮助教师识别和应对心理问题，缓解压力、焦虑和职业倦怠，保持良好的心理健康状态。通过心理支持，教师可以更好地处理工作中的挑战和压力，增加职业满意度和幸福感。

（2）提高教学质量，促进职业发展。心理健康的教师能够更专注和积极地投入教学，营造良好的课堂氛围，从而提高教学质量和学生的学习效果。心理辅导有助于教师了解自身的优势和不足，制订合理的职业发展目标，增强职业发展动力。

（3）改善人际关系，增强抗压能力。心理支持帮助教师提高情绪管理和沟通能力，改善与同事、学生及家长的关系，营造和谐的教育环境。通过心理辅导，教师可以学会有效的压力管理技巧，增强应对工作和生活中各种压力和挑战的能力。

（二）心理辅导与支持对教师专业发展的具体作用

（1）有助于持续学习与成长，创新教学方法。心理支持可以帮助教师保持积极的学习态度和动力，主动参与各种专业发展活动，持续提升专业素养。心理辅导帮助教师增强自信心和创新能力，勇于尝试和应用新的教学方法和技术，提高教学效果。

（2）有助于职业规划与进修，提升领导力。通过心理辅导，教师可以更清晰地认识自己的职业发展方向，制订合理的职业规划，并有针对性地参加进修和培训。心理健康的教师更能胜任班主任或年级组长等领导角色，提升领导力和组织管理能力。[①]

（3）有助于增强教育科研能力。心理支持鼓励教师积极参与教育科研活动，提升科研能力和学术水平，为教育实践提供理论支持。

（4）有助于培养学生心理健康。心理健康的教师能够更好地关注和支持

---

① 刘要悟，朱丹.教育相关群体的教师角色期望之社会调适和教师自我调适[J].教师教育研究，2010，22（2）：35-39.

学生的心理健康发展，营造积极健康的学习环境。

**（三）教师心理辅导与支持的实施策略**

（1）建立心理辅导和支持机制，开展心理健康培训。在学校层面建立完善的心理辅导和支持机制，为教师提供专业的心理健康服务。定期组织教师参加心理健康教育和培训，增强教师的心理健康意识和调节能力。

（2）提供心理咨询服务，营造支持性环境。设立专门的心理咨询室或聘请专业心理咨询师，为教师提供个体和团体心理咨询服务。营造开放、支持和理解的校园文化，鼓励教师互助和分享，形成良好的支持网络。

（3）关注教师工作生活平衡。关注教师的工作与生活平衡，合理安排工作任务，提供必要的生活保障，减轻教师的生活压力。

通过综合运用这些策略，可以有效提升教师的心理健康水平，促进教师的专业发展，为教育事业的可持续发展提供坚实的保障。

**四、建立乡村教师心理辅导机制**

建立乡村教师心理辅导机制需要多方面的支持和合作，具体步骤如下：

（1）制定政策和规划，设立心理辅导机构。教育部门应制定专门政策，明确乡村教师心理健康的重要性，提供必要的资金和资源支持。各乡村学校需制订心理辅导工作计划，明确具体目标、任务和实施步骤。在区域或县级层面设立心理辅导中心，为多个乡村学校提供服务。在每个乡村学校设立心理咨询室，配备基本的心理测量和辅导工具。

（2）培养专业人员。招聘和引进专业的心理咨询师和心理健康教师，为乡村教师提供专业的心理辅导服务。对现有教师进行心理健康教育和辅导技能的培训，使其具备基本的心理辅导能力。与高校和心理健康机构合作，定期邀请心理学专家举办讲座和培训，提高乡村教师的心理辅导水平。

（3）开展心理健康教育，提供个体和团体辅导。首先，开设专门的心理健康课程，增强教师的心理健康意识和知识。其次，定期举办心理健康讲座和工作坊，介绍常见心理问题及其应对方法。再次，通过校园宣传栏、微信公众号等途径，宣传心理健康知识和辅导服务。为有需要的教师提供个体心理咨询和辅导，帮助其解决具体的心理问题。组织团体辅导活动，如压力管理工作坊、情绪调节小组等，增强教师的心理调节能力。

（4）建立支持网络，定期监测和评估。鼓励教师组建互助小组，分享工作和生活中的困扰，互相支持和鼓励。加强与教师家庭的联系，获得家长的支持，共同关注教师的心理健康。动员社区资源，组织社区心理健康活动，提供多方面的支持。定期对教师进行心理健康测评，了解其心理状态和需求。根据心理测评结果和教师反馈，及时调整和改进心理辅导机制和服务内容。对心理辅导机制的实施效果进行评估，总结经验，推广有效做法。

（5）增强教师职业发展。提供更多的职业培训和进修机会，增强教师的职业成就感和满足感。改善乡村学校的工作环境，提供必要的教学资源和支持，减轻教师的工作压力。

通过以上措施，建立起科学、系统的乡村教师心理辅导机制，不仅能有效提升乡村教师的心理健康水平，还能促进他们的专业发展，提高教育质量。

## 五、对乡村教师有效实施心理辅导与支持的经典案例

### （一）"新乡村教师支持计划"

该计划由教育部和联合国儿童基金会联合推出，旨在改善乡村教师的工作条件和心理健康状况。其特色主要表现在3个方面。一是心理健康培训。组织心理健康专家为乡村教师进行系统的心理健康培训，提升他们的心理调节能力和辅导技能。二是心理辅导服务。在参与计划的乡村学校设立心理咨询室，提供个体和团体心理辅导服务。三是教师互助网络。建立教师互助小组，促进教师间的交流与支持，形成良好的心理支持网络。

### （二）"知心姐姐"项目

由全国妇联和教育部联合发起，重点关注乡村留守儿童和教师的心理健康。在乡村学校开展心理健康课程和讲座，增强教师的心理健康意识。提供线上线下的心理咨询服务，为教师和学生提供专业的心理支持。对乡村教师进行

心理辅导技能的培训，帮助他们更好地支持学生的心理健康。

### （三）"幸福工程"

由地方政府和教育部门在一些地区推出，专门针对乡村教师的心理健康和职业发展。定期对乡村教师进行心理健康测评，了解他们的心理状态和需求。设立区域心理辅导中心，配备专业心理咨询师，为乡村教师提供个体和团体心理辅导。定期举办心理健康讲座和工作坊，教授压力管理、情绪调节等技巧。

### （四）"阳光心灵"项目

由一些地方政府和非政府组织合作开展，旨在提升乡村教师的心理健康水平。定期组织心理健康工作坊，教授乡村教师自我调节和应对压力的方法。提供免费或低成本的心理咨询服务，帮助乡村教师应对心理问题。建立教师支持小组，促进教师之间的相互支持和交流，增强心理健康支持网络。

### （五）云南省"关爱乡村教师行动"

由云南省教育部门和高校联合发起，针对乡村教师的心理健康和职业发展需求。组织高校心理学专家为乡村教师进行心理健康培训，提升其心理调节能力。开通心理咨询热线，为乡村教师提供及时的心理支持和咨询服务。设立"教师心灵驿站"，为乡村教师提供一个放松和交流的平台。

这些案例展示了我国实施乡村教师心理辅导与支持的一些有效实践，通过政府政策支持、专业心理咨询服务、心理健康培训和教师互助网络的建立，显著提升了乡村教师的心理健康水平和职业幸福感。这些项目的成功经验可以为其他地区和国家提供有益的借鉴。

## 第二节　教师职业关怀与专业发展

### 一、教师职业关怀与认同的意义与措施

（一）教师职业关怀与认同的意义

（1）提升工作满意度。职业关怀与认同感增强了教师对工作的热爱和投入度，使其感到工作有意义和成就感，从而提升整体的工作满意度。

（2）增强职业稳定性。高水平的职业认同感和职业关怀有助于减少教师的职业倦怠感和离职倾向，增强职业稳定性，减少师资流失。

（3）提高教学质量。当教师感受到职业关怀和认同时，他们更有动力和热情投入教学，积极创新教学方法，提高教学质量和学生的学习效果。

（4）促进心理健康。职业关怀可以缓解教师的心理压力和焦虑，提高心理健康水平，他们更容易与同事、学生和家长建立良好的关系，能够共同更好地应对工作中的挑战和困难，促进学校的整体发展。[1]

（二）教师职业关怀措施

（1）提升待遇和福利与提供职业发展机会。提高教师的工资待遇，确保其薪酬与工作量和贡献相匹配。提供全面的福利保障，如医疗保险、住房补贴等，改善教师的生活条件。定期为教师提供专业培训和进修机会，帮助他们提升专业素养和教学技能。建立明确的职业晋升机制，给予教师公平的晋升机会，增强职业发展动力。

（2）构建支持系统，增强社会认可。为教师提供心理辅导和支持服务，帮助其应对工作压力和心理困扰。建立教师互助小组，促进教师之间的交流与支持，形成良好的支持网络。通过宣传和表彰优秀教师，提升教师的社会地位和职业荣誉感。加强与家长和社区的合作，共同关注和支持教师的工作，增强

---

① 孙二军.自我认同视域下的专业发展 [M].北京：社会科学文献出版社，2016.

教师的职业认同感。

（3）改善工作环境，增强认同感和归属感。提供充足的教学资源和设施，减轻教师的教学负担。营造积极、开放和支持的工作氛围，鼓励教师创新和合作。让教师参与学校决策过程，听取和尊重他们的意见和建议，增强其对学校的认同感。建立有效的反馈机制，让教师能够及时表达意见和需求，增强其参与感和归属感。[①]

通过以上措施，可以有效提升教师的职业关怀和认同感，增强其职业幸福感和工作动力，为教育事业的可持续发展奠定坚实基础。

## 二、乡村教师职业关怀的现状、问题与改进措施

### （一）乡村教师职业关怀的现状

（1）职业关怀意识提升。近年来，随着国家对乡村教育的重视，乡村教师的职业关怀逐渐受到关注。政府和社会各界通过各种方式表达对乡村教师的关怀，如政策支持、工资补贴、培训机会等。

（2）基础设施改善。许多乡村学校的硬件设施有所改善，教师的工作环境逐渐得到提升。

（3）培训和进修机会增加。通过"国培计划"等项目，乡村教师获得了更多的专业培训和进修机会，提升了职业素养和教学水平[②]。

### （二）乡村教师职业关怀方面存在的问题

（1）待遇仍然偏低，职业发展受限。尽管有所改善，但乡村教师的工资待遇和福利水平仍相对较低，与城市教师存在较大差距。乡村教师职业发展机会有限，晋升渠道狭窄，职业前景不明朗，容易产生职业倦怠感。

---

① ROLLETT W, BIJLSMA H, RöHL S. Student feedback on teaching in schools: using student perceptions for the development of teaching and teachers[M]. Zug: Springer International Publishing, 2021.

② 邹慧明，刘要悟. 湖南长沙城区初中教师职业认同状况调查 [J]. 教师教育研究，2014（5）：42-49.

（2）工作压力大，生活条件较差。乡村教师往往需要承担多科教学和繁重的行政任务，工作负担重，压力大。乡村地区生活条件较差，医疗、交通、文化娱乐等设施不足，影响教师的生活质量和心理健康。

（3）社会支持不足。乡村教师的社会地位相对较低，社会认可度不高，缺乏足够的社会支持和尊重①。

### （三）改进乡村教师职业关怀的措施

（1）提升待遇和福利，增强职业发展机会。进一步提高乡村教师的工资待遇，确保其薪酬与工作量和贡献相匹配。提供全面的福利保障，如医疗保险、住房补贴、交通补贴等，改善教师的生活条件。增加乡村教师的专业培训和进修机会，提升其专业素养和教学水平。建立明确的职业晋升机制，给予乡村教师公平的晋升机会，增强职业发展动力。组织城乡教师的交流和合作，促进经验分享和教学创新。

（2）改善工作环境，加强心理支持。合理安排教学任务和行政工作，减轻乡村教师的工作负担。继续改善乡村学校的硬件设施，提供充足的教学资源和设备。为乡村教师提供心理辅导和支持服务，帮助其应对工作压力和心理困扰。建立教师互助小组，促进教师之间的交流与支持，形成良好的支持网络。

（3）提高社会认可度，落实政策支持。通过宣传和表彰优秀乡村教师，提升其社会地位和职业荣誉感。加强与家长和社区的合作，共同关注和支持乡村教师的工作，增强其职业认同感。确保国家和地方政府出台的各项支持政策得到有效落实，保障乡村教师的合法权益。根据实际情况，创新和完善乡村教师支持政策，解决其面临的具体问题。

通过以上综合措施，可以有效提升乡村教师的职业关怀，增强其职业幸福感和工作动力，促进乡村教育事业的健康发展。

---

① 朱秀红，刘善槐.我国乡村教师工作负担的问题表征、不利影响与调适策略：基于全国18省35县的调查研究 [J]. 中国教育学刊，2020（1）：88-94.

## 第三节　教师心理健康与职业关怀

### 一、教师心理健康与职业关怀之间的关系

教师心理健康与职业关怀之间有着密切的关系。职业关怀对教师心理健康有着重要的影响，而心理健康又反过来影响教师对职业的认同和投入。

#### （一）职业关怀对教师心理健康的影响

（1）减少职业倦怠。职业关怀通过改善教师的工作环境、减轻工作负担、提供心理支持等方式，能有效减少教师的职业倦怠感，提升他们的心理健康水平。其次，缓解压力和焦虑。职业关怀措施如心理辅导、职业发展支持、合理的工作安排等，能帮助教师有效应对工作中的压力和焦虑，保持良好的心理状态。

（2）增强自我效能感。通过职业培训、职业发展机会和社会认可，职业关怀能够增强教师的自我效能感，使他们感受到自己的价值和能力，从而提升心理健康水平。

（3）改善人际关系。职业关怀可以促进教师间的交流与合作，增强团队凝聚力，改善人际关系，减少孤立感和心理压力。

#### （二）教师心理健康对职业关怀的反馈

（1）提高工作效率。心理健康的教师能够更专注和高效地完成工作任务，积极参与职业培训和发展机会，从而提高整体教育质量。

（2）增强职业认同感。心理健康的教师更容易感受到职业的价值和意义，增强对职业的认同感和归属感，从而更积极地投入到教育事业中。

（3）降低流失率。心理健康水平高的教师对工作满意度和幸福感更高，流失率降低，从而有助于稳定教师队伍。

（4）促进学生发展。心理健康的教师能够营造积极的学习氛围，更好地关注学生的心理健康和全面发展，形成良性循环。

（三）综合关系

职业关怀与教师心理健康是相互促进的。职业关怀为教师提供了良好的工作条件、支持和发展机会，帮助他们保持心理健康；而心理健康的教师更能积极参与职业关怀措施，提升工作效率和教育质量。

通过不断改进职业关怀措施，如提供更多的心理健康支持、合理的工作安排和职业发展机会，可以进一步提升教师的心理健康水平，形成良性循环，促进教育事业的可持续发展。

**二、教育界论述教师心理健康与职业关怀**

教育家们在探讨教师心理健康与职业关怀时，通常强调以下4个方面。

**（一）教师心理健康的重要性**

苏霍姆林斯基认为，教师的心理健康直接影响教育质量。他提出，教育不仅是知识的传授，更是心灵的交流。教师应保持积极的心理状态，才能更好地激发学生的学习兴趣和潜能。

陶行知强调，教育者首先需要有健康的身心。他认为，教师的心理健康对学生的成长和发展至关重要。教师应通过自我调节和社会支持保持良好的心理状态，才能在教育过程中发挥最佳作用。

**（二）职业关怀的意义**

杜威认为，教育是社会进步的基础，教师是这一过程中的关键因素。他提出，职业关怀应包括对教师工作条件、职业发展和心理健康的全面关注。只有在良好的职业环境中，教师才能充分发挥其教育潜力[1]。

蒙台梭利强调，教师的职业关怀不仅是物质上的支持，更重要的是精神上的关怀。她提出，教师应有机会进行专业发展和自我提升，同时需要社会和学校的尊重和认可，才能在教育过程中保持积极和创造力。

---

[1] 凯瑟琳·坎普·梅休，安娜·坎普·爱德华兹.杜威学校[M].王承旭，赵祥麟，顾岳中，等，译.上海：华东师范大学出版社，1991.

### （三）教师心理健康与职业关怀的关系

加德纳提出，多元智能理论强调教师在教学中需要多样化的策略，这需要教师保持良好的心理健康状态。职业关怀能够帮助教师获得必要的资源和支持，从而在教学中更灵活和创新。

李开复在谈及教育和科技时，强调了教师心理健康的重要性。他认为，现代教育需要高水平的教师，而高水平的教师需要在心理上得到关怀和支持。职业关怀包括为教师提供培训机会、心理支持和合理的工作环境。

### （四）综合观点

教育家们普遍认为，职业关怀是教师心理健康的重要保障。职业关怀应包括薪酬福利、职业发展、心理支持和社会认可等多方面内容。

教师的心理健康直接影响教育质量。教育家们强调，心理健康的教师更能创造积极的课堂氛围，激发学生的学习兴趣和潜力。

职业关怀不仅是学校的责任，也是社会的责任[①]。教育家们呼吁社会各界共同关注和支持教师的工作，提升教师的社会地位和职业认同感。

综上所述，教育家们普遍认为，教师心理健康与职业关怀密不可分。通过系统的职业关怀措施，可以有效提升教师的心理健康水平和职业认同感，促进教育事业的健康发展。

## 第四节　国外成功经验与典型案例

### 一、国外乡村教师心理辅导与支持的有效措施与经典案例

### （一）国外乡村教师心理辅导与支持的有效措施

（1）心理健康培训与工作坊。提供关于压力管理、情绪调节等方面的培训和工作坊。邀请心理学专家为教师提供个性化的心理健康支持。

---

① 张曙光.生存哲学：走向本真的存在[M].昆明：云南人民出版社，2001.

（2）心理咨询服务。在学校内设立心理咨询室，聘请专业心理咨询师。利用互联网技术提供远程心理咨询服务，方便教师随时获得帮助。

（3）同伴支持网络。成立教师互助小组，定期进行交流和支持。新教师与有经验的教师结对，提供指导和支持。

（4）工作环境改善。合理安排教学任务，避免教师过度疲劳。学校领导和管理层应积极关注教师心理健康，营造支持性的工作环境。

（5）休闲活动与放松。定期组织团队建设活动，增强教师间的凝聚力。在学校内或附近提供运动场所、休息室等设施。

**（二）国外乡村教师心理辅导与支持的经典案例**

1. 澳大利亚新南威尔士州的"教师健康与幸福计划"

（1）背景：新南威尔士州的许多乡村地区教师面临高压的工作环境、资源不足和地理隔离带来的挑战。这些问题对教师的心理健康和职业满意度产生了负面影响。

（2）具体措施。

①心理健康培训与支持：提供关于压力管理、情绪调节和心理健康的专业培训。设立校内心理咨询服务，并通过远程技术提供在线咨询。

②职业发展支持：提供进修课程和专业发展研讨会，帮助教师不断提升专业技能。建立明确的职业晋升机制，激励教师在职业生涯中不断进步。

③经济支持：提高乡村教师的薪酬，并提供额外的乡村工作津贴。为乡村教师提供住房补贴或廉价宿舍，减轻他们的生活负担。

④工作环境优化：增加对乡村学校的资源投入，确保教学设施和材料充足。改善学校的基础设施，如教室、图书馆和操场等。

⑤社区与社会支持：组织教师与当地社区的互动活动，增强教师的归属感和社区融入感。关注教师家庭的需求，提供相应的支持和帮助。

⑥休闲与放松：定期组织团队建设和休闲活动，帮助教师放松身心，增强团队凝聚力。在学校内或附近提供运动和休闲设施，如健身房和休息室等。

（3）实施效果。

①心理健康改善：通过心理健康培训和咨询服务，教师的心理压力显著减轻，整体心理健康状况得到提升。

②职业满意度提升：专业发展机会和明确的职业晋升路径增加了教师的职业满意度和工作积极性。

③经济压力减轻：薪酬和住房补贴的增加显著减轻了教师的经济压力，使他们能够更专注于教学工作。

④工作环境优化：资源投入和基础设施的改善为教师提供了更好的工作环境，提升了教学质量。

⑤社区融入增强：社区互动活动和家庭支持措施增强了教师的归属感和社会支持，减少了地理隔离带来的孤独感。

新南威尔士州的"教师健康与幸福计划"通过多种措施，全面提升了乡村教师的心理健康、职业满意度和生活质量。该计划的成功实施为其他地区提供了宝贵的经验和参考。

2. 加拿大不列颠哥伦比亚省的"教师心理支持网络"

（1）背景：不列颠哥伦比亚省的许多乡村教师由于地理位置偏远、资源有限和工作压力大，面临严重的心理健康问题和职业倦怠。为了应对这些挑战，该省推出了"教师心理支持网络"计划，旨在为乡村教师提供全面的心理支持和职业关怀。

（2）具体措施。

①远程心理咨询：通过视频会议、电话和电子邮件等方式，提供专业的心理咨询服务，帮助教师处理工作和生活中的心理压力。设立24小时心理健康热线，教师可以随时拨打寻求紧急心理支持。

②心理健康培训：定期举办培训班，教授教师如何识别和管理工作压力，保持心理健康。提供关于情绪调节和应对策略的培训，帮助教师更好地处理日常工作中的情绪挑战。

③支持小组：成立教师互助小组，定期举行会议，让教师们分享经验和提供相互支持。建立同伴辅导机制，资深教师与新教师结对，提供指导和心理支持。

④资源与工具：创建一个包含心理健康资源、辅导工具和自助指南的在线平台，教师可以随时访问并获取所需信息。通过电子邮件和新闻简报定期向教师发送心理健康提示和最新资讯。

⑤工作环境优化：重新评估和分配工作任务，确保教师有合理的工作量和休息时间。校方和教育管理部门营造支持性的工作环境，重视教师的心理健康和工作满意度。

（3）实施效果。

①心理健康改善：通过远程心理咨询和心理健康培训，教师的心理压力显著减轻，整体心理健康状况得到提升。

②职业满意度提升：支持小组和同伴辅导计划增强了教师的职业认同感和满意度，减少了职业倦怠感。

③社会支持增强：通过建立教师互助小组和定期通信，教师感受到更强的社区支持和归属感。

④资源利用增加：在线资源库和定期通信的使用率高，教师能够方便地获取所需的心理健康资源和信息。

不列颠哥伦比亚省的"教师心理支持网络"通过多种措施，全面提升了乡村教师的心理健康和职业满意度。该计划的成功实施为其他地区提供了宝贵的经验和参考，展示了综合性心理支持在改善教师职业生涯中的重要作用。

这些措施和案例显示，心理辅导和支持对乡村教师的心理健康和工作效率具有重要作用。通过多种方式的支持，教师可以更好地应对工作压力，提升教学效果。

## 二、国外乡村教师职业关怀的有效措施与经典案例

### （一）乡村教师职业关怀的有效措施

（1）专业发展机会。提供专业发展培训、进修课程和教育研讨会。建立明确的职业晋升通道，激励教师不断进步。

（2）工作环境优化。确保乡村学校有足够的教学资源和设施。提升学校的基础设施，如教室、图书馆和实验室等。

（3）经济支持。提高乡村教师的薪酬水平，给予特殊津贴。提供住房补贴或廉价的教师宿舍。

（4）社会和社区支持。组织教师与社区的互动活动，增强归属感。关注教师家庭的生活需求，提供必要的支持和帮助。

（5）心理与情感支持。提供专业的心理咨询和辅导服务。建立教师间的互助支持小组，促进情感交流。

### （二）乡村教师职业关怀的经典案例

1. 芬兰的教师职业支持体系

芬兰教育体系强调教师的职业发展和个人关怀。芬兰为教师提供持续的专业发展机会、较高的薪酬水平和良好的工作环境。学校还注重教师的心理健康，提供相关的支持服务。芬兰教师普遍感到满意和幸福，教学质量高，学生成绩优异。

2. 新西兰的"乡村教师支持计划"

新西兰许多乡村地区教师面临资源匮乏和工作压力大的问题。新西兰的"乡村教师支持计划"包括提供专业发展培训、提高薪酬、提供住房补贴，以及建立教师支持网络等。通过该计划，新西兰乡村教师的职业满意度和教学质量显著提高。[1]

---

[1] 约翰·哈蒂.可见的学习：最大程度地促进学习（教师版）[M].金莺莲，洪超，裴新宁，译.北京：教育科学出版社，2015.

3. 加拿大安大略省的"教师关怀与支持项目"

安大略省乡村教师因地理位置偏远，面临较多挑战。安大略省的"教师关怀与支持项目"通过提供专业培训、心理支持服务、经济补贴和改善工作环境等方式，全面关怀教师的职业发展和生活质量。项目实施后，教师的职业倦怠感减少，工作满意度和教学效果显著提升。

4. 澳大利亚昆士兰州的"教师支持与关怀计划"

昆士兰州的乡村教师常常需要应对资源不足和工作压力大的问题。昆士兰州的"教师支持与关怀计划"通过提供专业发展机会、心理支持服务、住房补贴和社区融入活动，全面关怀教师的职业和个人需求。教师的职业满意度和工作效率显著提高，学校的教学质量也得到提升。

这些有效措施和经典案例显示，综合性的职业关怀和支持对乡村教师的职业发展和生活质量具有重要意义。通过系统的支持，教师可以更好地适应工作环境，提升教学质量，并在职业生涯中获得更多的满足感和成就感。

# 第八章　多元发展与兴趣培养

多元化发展与兴趣培养是教师实现专业发展的重要路径[①]。教师实现多元化发展，必须进行跨学科知识学习，学习其他学科的知识和技能，丰富自己的知识结构，提升综合素质。同时，必须培养自己多方面的兴趣爱好，如音乐、体育、艺术等，丰富业余生活，增强综合素质。

## 第一节　中小学教师的多元化发展

教师多元化发展指通过多种途径和方式促进教师在知识、技能、态度、专业成长等方面的全面发展，使其能够适应不同教育环境和学生需求的教育理念和实践过程[②]。教师多元化发展是适应现代教育需求、提升教育质量和促进教育公平的重要途径。通过多元化的发展，教师不仅能在专业上不断成长，还能在教育实践中创新和引领，从而为学生提供更优质的教育服务。推动教师多元化发展需要学校、教育主管部门和社会的共同努力，构建支持教师多元化发展的良好环境和机制。

---

① 张晓蕾，黄丽锷. 纵横交错：教师学习与专业发展的三种理论视野 [J]. 全球教育展望，2014（4）：59-67.

② FEISSLER R. A model for teacher professional growth and development[C].Career-long teacher education. Spingfield IL: Charles C Thomas publisher LTD, 1985: 181-193.

## 一、中小学教师多元化发展的内涵

中小学教师多元化发展指教师在职业生涯中通过多种途径和方式，不断提升自己的专业素质和综合能力，以适应现代教育的多样化需求。

中小学教师多元化发展具体主要包括以下6个方面。

（1）专业发展。通过进修、培训、继续教育等方式，不断提升自己的学科专业知识和教学技能。

（2）职业路径多样化。教师可以在教学、科研、管理等不同领域发展，拓宽职业发展路径。

（3）角色多元化。教师不仅是知识的传授者，还可以是学生的指导者、班级的管理者、学校的领导者等，承担多种角色。[①]

（4）教学方法多样化。通过应用现代教育技术、采用多种教学方法和手段，提高教学效果，满足不同学生的学习需求。

（5）跨学科发展。鼓励教师在多个学科领域进行研究和教学，提升综合素质，促进学科间的融合。

（6）国际化视野。通过国际交流与合作，了解全球教育发展的最新动态，提升国际化教育水平。

这种多元化发展有助于教师个人的全面发展，也有利于教育质量的提升，最终促进学生的全面发展。

## 二、中小学教师实现多元化发展的原因

中小学教师实现多元化发展有以下7个主要原因。

（1）适应教育改革需求。现代教育正在经历深刻的改革与创新，要求教师不断更新教学理念和方法。多元化发展能够帮助教师更好地适应和应对这些变化，提高教育质量。

---

① 麦金太尔，奥黑尔.教师角色 [M].丁怡，马玲，李莉，等，译.北京：中国轻工业出版社，2002

（2）提升教育质量。教师的专业素质和综合能力直接影响教育教学效果。通过多元化发展，教师可以提升自己的专业知识和技能，从而更好地满足学生的学习需求，提高教育质量[①]。

（3）满足学生个性化需求。每个学生都有不同的兴趣、能力和需求。多元化发展的教师能够采用多样化的教学方法，提供个性化的教育，促进学生的全面发展。

（4）职业生涯发展。多元化发展为教师提供了更多的职业发展机会和路径，使他们能够在教学、科研、管理等多个领域有所发展，提升职业满意度和成就感。

（5）应对社会发展变化。社会的快速发展和科技进步对教师提出了更高的要求。多元化发展能够帮助教师及时掌握新知识、新技术，提升自身竞争力，适应社会发展的需求。

（6）促进教育公平。通过多元化发展，教师可以更好地关注和帮助有特殊需要的学生，推动教育公平，实现教育的普惠性和包容性。

（7）推动教育国际化。多元化发展包括国际视野的拓展，教师可以通过国际交流与合作，了解和借鉴其他国家的先进教育经验，提升自身的教育水平，推动教育国际化。

综上所述，中小学教师实现多元化发展不仅有助于自身的专业成长和职业发展，还能有效提升教育质量，满足学生个性化需求，推动教育公平和国际化，适应教育和社会发展的需求。

### 三、中小学教师多元化发展的方法与路径

（1）继续教育与专业培训。一方面，中小学教师参加各类进修班、培训课程和研讨会，获取最新的教育理念和教学方法。另一方面，参与教育科研项目，提升学术水平和科研能力。

---

① 琳达·达林-哈蒙德，等.高效学习：我们所知道的理解性教学 [M].冯锐，等，译.上海：华东师范大学出版社，2010.

（2）拓展职业发展路径。中小学教师不仅可以尝试不同的教学岗位，如班主任、年级组长、教研组长等，丰富职业经历，而且可以参与学校管理工作，了解学校运作，提升管理能力，还可以积极申请和承担教育行政职务，如教导主任、校长助理等，拓宽职业发展空间。

（3）角色多样化。中小学教师不仅可以担任学生指导教师，提供学业、心理和生活方面的指导，而且可以参与课外活动和社团，成为学生课外教育的引导者，还可以参与社区教育活动，与家长和社区建立良好的合作关系。

（4）教学方法创新。中小学教师教学方法创新主要从3个方面展开[①]：运用信息技术，开发和应用多媒体课件，开展线上线下结合的混合教学；实践探究式、合作式、项目式等多种教学方法，提升学生的学习兴趣和主动性；根据学生特点和需求，开展个性化教学，因材施教。

（5）跨学科教学与研究。中小学教师跨学科教学与研究主要从3个方面展开：参与跨学科的教研活动，了解和学习其他学科的知识和方法；开展跨学科的教学项目，培养学生的综合能力；结合学科特点，进行多学科融合的教育研究，提升教学创新能力。

（6）国际交流与合作。中小学教师的国际交流与合作主要从3个方面展开：参与国际教育交流项目，了解不同国家的教育体系和教学方法；学习外语，提升跨文化交流能力；借鉴国际先进教育经验，改进和优化本地教学实践。

（7）自我反思与成长。中小学教师的自我反思与成长主要从3个方面进行：通过教学反思和教学日记，不断总结和改进教学实践；参加专业学习共同体，与同事分享经验和收获，互相学习和支持；接受同行评价和学生反馈，认识自身不足，持续改进和提升。

通过这些方法与路径，中小学教师可以不断提升自身的专业素质和综合能力，实现多元化发展，适应现代教育的多样化需求。

---

① 朱桂琴，马晓华，姜帅合.乡村教师教学创新能力影响因素调查研究[J].课程·教材·教法，2022，42（5）：138-145.

### 四、中小学教师的跨学科知识学习

中小学教师跨学科知识学习对于提升自己的综合素质和教学创新能力具有重要意义，是实现教师多元化发展的关键。以下是中小学教师具体的跨学科知识学习方法和路径。

（1）专业阅读与学习。一方面，中小学教师阅读跨学科的专业书籍、学术论文和期刊，拓宽知识面。另一方面，中小学教师参加跨学科的讲座、研讨会和学术会议，获取最新研究成果和动态。

（2）课程设计与实施。一方面，中小学教师可以开发跨学科课程，结合不同学科的知识和方法，设计综合性学习活动。另一方面，中小学教师可以实施项目式学习，让学生通过解决实际问题来掌握跨学科知识。[①]

（3）合作教学与团队学习。一方面，中小学教师可以与其他学科的教师合作，共同设计和实施跨学科教学活动。另一方面，可以参与学校或地区组织的跨学科教师学习共同体，与同行交流经验，互相学习。[②]

（4）教育技术的运用。一方面，中小学教师可以利用信息技术资源，如在线课程、教育平台和数据库，学习和整合跨学科知识。另一方面，可以开展线上跨学科学习活动，利用网络资源和工具实现知识的整合和应用。[③]

（5）课题研究与项目合作。一方面，中小学教师可以参与或主导跨学科教育研究课题，通过研究实践提升跨学科知识和能力。另一方面，可以申请和参与各类跨学科教育项目，与不同领域的专家和学者合作，拓宽视野。

---

① 埃利奥特·W.艾斯纳.教育想象：学校课程设计与评价[M].李雁冰，译.北京：教育科学出版社，2008.

② 彼得·圣吉.第五项修炼：学习型组织的艺术与实践[M].张成林，译.北京：中信出版社，2009.

③ NIELSEN W, HOBAN G. Designing a digital teaching resource to explain phases of the moon: A case study of preservice elementary teachers making a slowmation[J]. Journal of Research in Science Teaching, 2015, 52(9): 1207-1233.

（6）反思与总结。一方面，中小学教师可以通过教学反思和总结，分析跨学科教学的效果和经验，不断改进教学实践。另一方面，可以通过记录和分享跨学科教学的成功案例和实践经验，促进同行之间的学习和交流。

（7）资源整合与创新。一方面，中小学教师可以整合不同学科的教学资源，创造性地设计教学内容和活动。另一方面，可以结合学科特点和学生兴趣，开展创新性跨学科教学实践。

（8）政策与支持。一方面，中小学教师可以关注教育部门和学校的政策导向和支持措施，利用各种机会和资源推动跨学科教学。另一方面，可以申请各类支持跨学科发展的项目和资助，获取必要的资源和保障。

通过这些方法和路径，中小学教师可以不断提升跨学科知识和能力，促进教学创新和学生的全面发展。

## 五、乡村教师多元化发展的挑战与解决方案

乡村教师多元化发展面临多重挑战，但通过有针对性的解决方案，可以逐步克服这些困难，实现教师的全面发展。

### （一）乡村教师多元化发展的挑战

（1）资源匮乏且专业发展机会有限。许多乡村学校缺乏现代化的教学设施和设备。优质的教育资源（如教学材料、课外读物、实验设备等）不足。而且，乡村教师参加专业培训和进修的机会较少，难以获得最新的教育理论和教学方法。晋升机会和职业发展路径有限，导致教师职业发展动力不足。

（2）工作压力大。乡村教师通常需要承担多种角色和任务，工作压力较大。偏远乡村地区的生活条件较差，影响教师的工作积极性和生活质量。

（3）信息交流不畅。乡村教师获取教育信息和资源的渠道有限，与外界的交流和合作机会较少。部分乡村地区的网络基础设施不完善，影响信息获取和在线学习。

（4）心理和职业认同感低。乡村教师的社会地位和职业认同感较低，影响其职业自豪感和工作积极性。由于工作和生活条件的双重压力，部分乡村教

师的心理健康问题较为突出。

**（二）乡村教师多元化发展的解决方案**

（1）提升资源配置，增加专业发展机会。政府应加大对乡村教育的财政投入，改善乡村学校的硬件设施和教学设备。建立城乡学校资源共享机制，通过互联网和其他途径共享优质教育资源。开展定期的教师培训和继续教育活动，提升乡村教师的专业素养和教学能力。在乡村设立教师培训基地，提供本地化、常态化的培训服务。

（2）改善工作与生活条件，优化职业发展路径。合理分配工作任务，减轻乡村教师的工作压力。提供住房补贴和其他福利，改善乡村教师的生活环境。同时，设计多种职业发展路径，提供更多的晋升机会和职业选择。推动城乡教师交流和轮岗制度，促进乡村教师的职业发展和经验积累。

（3）促进信息交流与合作。提升乡村地区的网络基础设施，促进信息的流通和共享。建立教师交流与合作平台，促进乡村教师与外界的互动和学习。

（4）提高社会认同感与心理支持。通过宣传和政策引导，提高社会对乡村教师的认同感和尊重。提供心理健康服务和支持，帮助教师减轻心理压力，提升职业幸福感。

乡村教师多元化发展面临的挑战是多方面的，但通过政府、学校和社会的共同努力，可以逐步解决这些问题。通过提升资源配置、增加专业发展机会、优化职业发展路径、改善工作与生活条件、促进信息交流与合作以及提高社会认同感与心理支持，能够有效促进乡村教师的多元化发展，进而提升乡村教育的整体水平。

## 第二节　教师兴趣培养与专业发展

教师兴趣培养不仅对其个人的职业发展和身心健康有重要作用，还能显著提升教育质量和学生的发展。[1] 通过提供多样化的培训机会、营造支持性的工作环境、促进交流与合作以及关注教师的心理和职业需求，可以有效地培养和激发教师的兴趣，从而推动教育事业的全面发展。

**一、中小学教师兴趣爱好培养的意义**

中小学教师培养多方面的兴趣爱好对其职业生涯和个人发展有诸多益处。教师兴趣爱好培养的意义集中体现在以下几个方面。

（1）有助于提升教学质量。一方面，丰富教学内容。多方面的兴趣爱好可以帮助教师将不同领域的知识和技能融入课堂，丰富教学内容，增强课堂的趣味性和吸引力。另一方面，创新教学方法。兴趣爱好能够启发教师采用多样化的教学方法，如通过音乐、艺术、体育等手段，激发学生的学习兴趣和积极性。

（2）有助于促进学生全面发展。一方面，促进学生多元化学习。教师的多方面兴趣可以为学生提供多样化的学习机会，培养他们的综合素质和能力。另一方面，给学生起榜样示范作用。教师展示出多方面的兴趣爱好，能够激励学生去探索和发展自己的兴趣爱好，从而促进学生的全面发展。

（3）有助于提高职业满意度和幸福感。一方面，缓解工作压力。培养兴趣爱好可以帮助教师在繁忙的工作中找到平衡，缓解职业压力，提高职业满意度。另一方面，提升幸福感。兴趣爱好能够带来成就感和满足感，提升教师的整体幸福感和生活质量。

（4）有助于增强个人综合素质。一方面，拓宽知识面。多方面的兴趣爱好可以拓宽教师的知识面和视野，提升其综合素质和能力。另一方面，提高创造力。兴趣爱好需要创造力和独立思考，这些素质同样有助于教师在专业领域内进行创新和发展。

（5）有助于促进职业发展。一方面，促进多元化发展。多方面的兴趣爱

---

好可以为教师提供更多的职业发展路径和机会，如参与课外活动、社团管理、校内外项目等。另一方面，促进专业成长。通过兴趣爱好，教师可以不断学习和积累新的知识和技能，从而促进自身的专业成长和发展。

（6）有助于增强师生关系。一方面，有助于建立共同语言。教师与学生分享自己的兴趣爱好，可以拉近师生距离，建立良好的沟通和互动。另一方面，提升教育效果。教师兴趣爱好带来的热情和积极性可以感染学生，提升教育效果。

（7）有助于培养团队合作精神。一方面，促进合作与分享。通过兴趣爱好，教师可以与同事、学生共同参与各种活动，增强团队合作精神和分享意识。另一方面，促进相互交流。多方面的兴趣爱好可以促进教师与不同领域的专家、学者交流，获取更多资源和支持。

通过培养多方面的兴趣爱好，中小学教师不仅可以提升个人的职业满意度和幸福感，还能增强自身的综合素质和教学能力，从而更好地促进学生的全面发展和教育质量的提升。

## 二、乡村教师兴趣培养与专业发展的关系

乡村教师的兴趣培养与专业发展之间存在紧密的联系。兴趣的培养不仅是专业发展的动力源泉，也是专业发展过程中不可或缺的组成部分。

### （一）乡村教师兴趣培养的重要性

（1）激发学习动力。兴趣是最强大的内在驱动力。对教学产生浓厚兴趣的乡村教师更愿意主动学习和探索，提升专业能力。兴趣使教师在职业生涯中保持持续学习和自我提升的动力，促进终身学习的实现。

（2）提升教学效果。有兴趣的教师更愿意尝试和创新教学方法，提升课堂教学效果。教师的兴趣能感染学生，激发学生的学习兴趣和积极性，从而提高教学效果。

（3）增强职业幸福感。兴趣使教师在工作中获得更多的满足感和成就感，提高职业幸福感。有兴趣的教师面对工作压力时更有韧性，能有效降低职业倦

怠和流失率。

**（二）兴趣培养与专业发展的相互促进**

（1）兴趣促进专业发展。有兴趣的教师更积极参与各种专业培训和进修活动，提升专业素养。兴趣驱动教师参与教育科研和创新项目，推动教育理论和实践的发展。

（2）专业发展激发兴趣。专业发展帮助教师接触和掌握新的知识和技能，激发其对新领域的兴趣。通过专业发展，教师获得更多的职业成就和认可，进一步激发其对教育事业的兴趣和热情。

乡村教师的兴趣培养与专业发展相互促进，形成良性循环。通过兴趣的培养，激发乡村教师的学习动力和教学热情，促进专业发展；通过专业发展，拓宽知识领域和职业发展路径，进一步激发教师的兴趣和职业幸福感。因此，政府、教育主管部门和学校应共同努力，提供多样化的培训机会、营造支持性的工作环境、促进交流与合作、关注教师的心理和职业需求，从而实现乡村教师的全面发展。

**三、中小学教师兴趣爱好培养的方法**

中小学教师可以通过以下方法培养兴趣爱好，丰富业余生活，增强综合素质。

（1）设定目标与计划。首先，明确兴趣方向。教师根据自己的兴趣和需求，选择感兴趣的领域，如音乐、体育、绘画、阅读、写作、摄影等。其次，制订计划。教师为自己的兴趣爱好制订具体的目标和计划，每周或每天安排一定的时间进行相关活动。

（2）参与培训与学习。首先，参与课程培训班。教师参加相关的培训班或课程，系统地学习新的知识和技能，如参加乐器培训、绘画班、体育运动俱乐部等。其次，进行线上学习。利用在线平台和资源，参加网络课程、观看教学视频，随时随地进行学习。

（3）加入兴趣社团和俱乐部。首先，加入校内社团。加入学校的教师兴趣社团，与同事一起开展活动，分享兴趣爱好。其次，加入校外组织。参加社区或城市的兴趣俱乐部，结识志同道合的朋友，共同发展兴趣爱好。

（4）积极参加活动与实践。首先，参与比赛和展示。参加相关的比赛、展览或表演，如摄影比赛、艺术展览、音乐演出等，提升自己的技能和自信心。其次，进行实践活动。将兴趣爱好融入日常生活，如周末进行户外运动、旅行摄影、家庭烹饪等，丰富业余生活。

（5）结合教学工作。首先，融入课堂。将兴趣爱好与教学相结合，如通过绘画展示教学内容、利用音乐进行课堂活动、组织体育游戏等，增加教学的趣味性和互动性。其次，开展课外活动。组织和参与学校的课外活动，如兴趣小组、社团活动、校内比赛等，发挥自己的兴趣特长。

（6）阅读与写作。首先，广泛阅读。阅读与兴趣相关的书籍、报纸和期刊，增加知识储备，拓宽视野。其次，写作分享。通过写博客、撰写文章或在社交媒体上分享自己的兴趣爱好和经验，记录自己的成长和收获。

（7）与专家和同好交流。首先，寻求指导。向相关领域的专家或有经验的人请教，获取专业指导和建议。其次，交流分享。与有相同兴趣爱好的人交流，分享心得体会，互相学习和支持。

（8）持之以恒与反思改进。首先，坚持不懈。培养兴趣爱好需要时间和精力，要持之以恒，不轻易放弃。其次，反思改进。定期反思和总结自己的兴趣爱好发展情况，不断改进和提升。

（9）关注身心健康

首先，运动健身。定期进行体育锻炼，如跑步、瑜伽、游泳等，保持身体健康和良好的精神状态。其次，休闲放松。通过兴趣爱好来放松身心，缓解工作压力，提升整体生活质量。

通过以上方法，中小学教师可以有效培养兴趣爱好，丰富业余生活，增强综合素质，从而在教学工作中更加自信和从容，更好地促进学生的全面发展。

## 第三节　教师多元发展与兴趣培养

### 一、教育家关于中小学教师多元化发展与兴趣培养的论述及观点

教育家们通常对农村中小学教师的多元化发展与兴趣培养给予高度关注，并认为这对提升农村教育质量和促进教师自身成长至关重要。以下是一些著名教育家对这一问题的看法和论述。

#### （一）保罗·弗莱雷（Paulo Freire）的观点

弗莱雷认为教育应当解放人们的思想，激发他们的潜力。对于中小学教师而言，多元化发展和兴趣培养能够激发他们的创新能力和教育热情，从而更好地服务于学生和社区。他强调教师和学生应在互动中共同成长。通过培养兴趣爱好，教师可以成为学生的榜样，带动学生积极探索和学习。

#### （二）霍华德·加德纳（Howard Gardner）的观点

加德纳的多元智能理论认为，每个人都具备多种智能。教师通过多元化发展和兴趣培养，可以更好地识别和支持学生的不同智能类型，因材施教。他认为，教师在多元化发展过程中，可以提升自身的综合素质，从而设计更有创意和多样化的课程，满足学生的多样化需求。[1]

#### （三）约翰·杜威（John Dewey）的观点

杜威强调教育应与社会实践紧密结合。他认为中小学教师应充分利用当地的资源和环境，将兴趣爱好与教学实践相结合，开展丰富的教育活动[2]。杜威倡导教学民主化，认为教师应鼓励学生自主探究和实践[3]。通过培养兴趣爱好，教

---

[1] 陈杰琦，玛拉·克瑞克维斯，朱莉·维恩斯.多元智能的理论与实践：让每个儿童在自己强项的基础上发展 [M].方钧君，译.北京：北京师范大学出版社，2015.

[2] 约翰·杜威.经验与教育 [M].盛群力，译.北京：中国轻工业出版社，2016.

[3] 约翰·杜威.民主主义与教育 [M].王承绪，译.北京：人民教育出版社，2001.

师可以激发学生的好奇心和求知欲，促进学生的全面发展。

### （四）肯·罗宾逊（**Ken Robinson**）的观点

罗宾逊强调教育应注重培养学生的创造力。他认为，教师自身的多元化发展和兴趣培养能够激发创造力，设计出更有创意的教学活动，打破传统教学的单一模式。罗宾逊提倡个性化教育，认为每个学生都有独特的天赋和兴趣。通过自身的兴趣培养，教师可以更好地理解和支持学生的个性发展。

### （五）阿尔伯特·班杜拉（**Albert Bandura**）的观点

班杜拉的社会学习理论认为，人们通过观察和模仿他人来学习[①]。中小学教师通过培养兴趣爱好，可以成为学生的榜样，影响学生的态度和行为。班杜拉强调自我效能感的重要性。通过多元化发展和兴趣培养，教师可以增强自我效能感，提升教学自信和职业满意度。

教育家们认为，中小学教师的多元化发展与兴趣培养不仅能提升教师的职业素质和教学质量，还能促进学生的全面发展和社区的教育进步。通过持续学习、创新教学方法和积极利用社区资源，中小学教师可以克服资源和环境的限制，实现自身和学生的共同成长。

## 二、教师多元化发展与兴趣培养的关系

教师的多元化发展与兴趣培养之间有着密切的关系。兴趣培养不仅是多元化发展的一个重要方面，同时也是推动教师多元化发展的动力源泉。

### （一）兴趣培养推动多元化发展

（1）激发学习热情。教师在培养兴趣爱好的过程中，会激发对新知识、新技能的学习热情，这种积极的学习态度有助于教师在多个领域进行探索和发展。

（2）拓展专业领域。通过培养兴趣爱好，教师可以拓展自己的专业领域，

---

[①] A·班杜拉.思想和行动的社会基础：社会认知论 [M].林颖，王小明，胡谊，等，译.上海：华东师范大学出版社，2001.

将兴趣与教学相结合，形成独特的教学风格和特色。

（3）提升综合素质。兴趣爱好的培养有助于提高教师的综合素质，包括创造力、解决问题的能力、沟通能力等，这些素质对于多元化发展至关重要。

**（二）多元化发展促进兴趣培养**

（1）提供更多机会。多元化发展的教师更容易接触到不同领域的知识和资源，这为他们培养兴趣爱好提供了更多的机会和平台。

（2）丰富个人生活。通过多元化发展，教师可以在职业生涯中找到更多的乐趣和平衡，丰富个人生活，从而更好地追求和发展自己的兴趣爱好。

（3）激发创新思维。多元化发展的过程本身就需要创新思维，而兴趣爱好的培养往往能够激发教师的创新思维，反过来也促进他们在教学和其他职业领域的创新。

**（三）实现多元化发展与兴趣培养两者结合的策略**

（1）制订发展规划。教师可以根据自己的兴趣爱好和专业发展需求，制定合理的发展规划，将兴趣爱好与职业发展目标结合起来。

（2）持续学习与培训。通过参加各种培训班、研讨会和学习共同体，教师可以不断提升自己的兴趣爱好水平，同时获取更多的专业知识和技能。

（3）参与实践活动。教师积极参与和组织各种实践活动，如课外活动、社团活动、校内外项目等，将兴趣爱好融入实际教学和工作中。

（4）建立支持网络。与有相同兴趣和职业发展的同事、专家、学者建立联系，形成支持网络，共同分享资源和经验，促进兴趣培养和多元化发展。

通过以上分析可以看出，教师的多元化发展与兴趣培养密不可分。教师通过培养兴趣爱好，不仅能提升自身的专业素质和综合能力，还能在教学中创造出更多的价值和乐趣，从而实现更全面的发展。

## 第四节 农村教师发展的特点与案例

### 一、农村教师多元化发展与兴趣培养的特点

农村中小学教师多元化发展与兴趣培养的特点主要体现在农村中小学教师在多元化发展与兴趣培养方面面临一些特殊性与局限性。这些特殊性和局限性源于农村地区的独特环境和资源条件。

#### （一）农村中小学教师多元化发展与兴趣培养的特殊性

（1）资源有限。农村学校通常缺乏丰富的教学资源和设备，这可能限制了教师在多元化发展和兴趣培养中的选择和机会。同时，农村教师获得专业培训和继续教育的机会相对较少，难以接触到最新的教育理念和方法。

（2）环境因素。农村地区拥有丰富的自然资源，这为教师和学生提供了独特的户外学习和实践机会，如农业、生态环境等。同时，农村学校通常与社区联系紧密，教师可以利用社区资源和民俗文化来丰富教学内容和兴趣培养。

（3）教学任务繁重。农村教师通常需要承担多重角色，不仅要教多个学科，还可能要负责学校的管理工作，这增加了他们的工作负担。同时，农村学生的基础知识水平可能参差不齐，教师需要投入更多的精力进行基础教学，这在一定程度上限制了他们在多元化发展和兴趣培养上的精力和时间。

#### （二）农村中小学教师多元化发展与兴趣培养的局限性

（1）资源和设备不足。首先，缺乏专业设施。如实验室、图书馆、音乐室、运动场等，这些设施的缺乏限制了教师在科学、音乐、体育等方面的多元化发展和兴趣培养。其次，信息技术资源匮乏。农村学校可能缺乏现代化的信息技术设备和互联网接入，限制了教师和学生获取外部资源和信息的能力。

（2）专业发展机会有限。首先，继续教育难度大。农村教师参加外出培训和继续教育的机会少，受到地理位置和交通条件的限制，难以与城市教师一

样频繁参加专业发展活动。其次，缺乏专业支持。农村教师难以获得专业导师或教育专家的指导和支持，缺乏专业成长的环境和氛围。

（3）经济条件限制。首先，收入水平较低。农村教师的工资和福利待遇通常较低，这可能影响他们的职业满意度和继续深造的意愿。其次，自费培训负担重。许多培训和继续教育需要自费，对于经济条件有限的农村教师来说，这可能是一个重大的经济负担。

### 二、农村教师多元化发展与兴趣培养以实现专业发展的经典案例

农村中小学教师多元化发展与兴趣培养以实现专业发展的经典案例可以从以下几个实际的教师事迹中看出。这些案例展示了教师如何利用兴趣爱好提升教学效果，并在专业领域取得显著成就。

**案例（一）：音乐与英语教学结合**

1. 背景

王老师是一名在农村中学任教的英语教师，对音乐有着浓厚的兴趣。

2. 行动

（1）王老师将音乐融入英语教学中，通过创作英文歌曲帮助学生记忆单词和语法。

（2）组织英语歌曲比赛和音乐剧表演，让学生在轻松愉快的氛围中学习英语。

3. 结果

（1）学生对英语学习的兴趣显著提升，课堂气氛活跃，教学效果显著。

（2）王老师因此获得了教育部门的认可，多次在教育研讨会上分享经验，并被评为优秀教师。

**案例（二）：体育与科学教学结合**

1. 背景

李老师是一名科学教师，热爱跑步和户外探险。

2. 行动

（1）在科学课程中，李老师通过户外探险活动进行教学，带领学生进行实地考察和实验，如植物观察、地质调查等。

（2）结合跑步爱好，开展了"科学与健康"主题活动，向学生讲解运动对人体健康的科学原理。

3. 结果

（1）学生不仅掌握了科学知识，还培养了动手能力和探究精神。

（2）李老师的创新教学方法得到了学生和家长的高度评价，同时在校内外获得了多个教学奖项。

### 案例（三）：绘画与历史教学结合

1. 背景

张老师是一名历史教师，同时对绘画有浓厚的兴趣。

2. 行动

（1）张老师将绘画引入历史课堂，通过手绘历史地图、历史事件场景再现等方式，帮助学生更直观地理解历史。

（2）开展了历史主题的绘画比赛，鼓励学生通过绘画表达他们对历史的理解和感受。

3. 结果

（1）学生对历史学习的兴趣显著提高，理解和记忆历史知识更加深刻。

（2）张老师通过这种创新的教学方法，在教学领域内获得了广泛的赞誉，并多次在教育论坛上分享经验。

### 案例（四）：阅读与综合素质教育结合

1. 背景

刘老师是一名语文教师，热爱阅读和写作。

2. 行动

（1）刘老师建立了班级读书角，定期推荐好书，并组织读书会和读书分享活动。

（2）鼓励学生进行阅读笔记和读书心得写作，提升他们的写作能力和阅读兴趣。

3. 结果

（1）学生的阅读量和写作水平显著提高，对文学的兴趣也日益浓厚。

（2）刘老师的阅读推广活动得到了学校和家长的认可，多次被邀请在校内外做阅读教育的专题讲座。

### 案例（五）：摄影与地理教学结合

1. 背景

陈老师是一名地理教师，同时也是摄影爱好者。

2. 行动

（1）陈老师利用摄影记录地理现象和风景，通过图片和视频展示地理知识，让课堂更加生动。

（2）组织了地理摄影比赛，鼓励学生用镜头记录和探索身边的地理现象。

3. 结果

（1）学生对地理学习的兴趣显著提升，地理知识的理解和记忆更加深刻。

（2）陈老师的地理摄影教学法在教育界引起了广泛关注，并在多次教学比赛中获得了奖项。

这些案例展示了农村中小学教师如何通过兴趣培养实现多元化发展，并在专业领域取得成功。这些教师不仅提升了学生的学习兴趣和成绩，还在教育界获得了认可和赞誉。这些经验可以为其他农村教师提供借鉴，激励他们在教学中充分利用自己的兴趣爱好，实现专业发展。

# 附　录

## 乡村教师专业发展状况调查问卷（示例）

尊敬的老师：您好！

感谢您在百忙之中抽出时间来配合我们的调查。为了了解农村小学教师专业发展的现状及影响因素，并能通过此调查了解教师的专业发展状况，作为小学一线教师，您的回答对我们的调研具有重要的参考价值。本问卷采取无记名的方式，对于问卷的统计结果，只从整体的角度进行分析，且纯做学术之用，它与您的职称评定、成绩考核、教学评价等没有任何关系。

您的意见将成为我们更好地了解小学教师专业化状况以及进一步促进教师专业发展的重要依据。您的真实回答是我们研究的宝贵资料，再次感谢您的配合与支持！

### 第一部分

请在符合您个人情况的选项上打"√"。

（1）您的性别：（　　）

    a. 男　　　　b. 女

（2）您的年龄：（　　）

    a. 25岁及以下　　b. 26~30岁　　c. 31~40岁　　d. 41~50岁　　e. 51岁及以上

（3）您的教龄：（　　）

    a. 2年以下　　b. 2~5年　　c. 6~10年　　d. 11~15年　　e. 16年及以上

（4）您的职称：（ ）

    a. 暂无职称　　b. 小教二级　　c. 小学一级　　d. 小学三级　　e. 小教高级

（5）您职前教育类型：（ ）

    a. 是　　　　b. 不是

（6）您入职前的学历：（ ）

    a. 中专及以下　　b. 大专　　c. 本科　　d. 硕士及以上（含教育硕士）

（7）您工作后最终学历：（ ）

    a. 中专及以下　　b. 高中　　c. 大专　　d. 本科　　e. 硕士及以上（含教育硕士）

（8）您所学专业与现在所教学科：（ ）

    a. 一致　　b. 不一致

（9）您目前职位类别：（ ）

    a. 专职教学人员　　b. 教学兼行政人员　　c. 教学兼班主任　　d. 行政人员

（10）您每周大概的课时量：（ ）

    a. 8节以下　　b. 9～12节　　c. 13～18节　　d. 18节以上

（11）您的月收入情况（以2024年1～12月份为准，包括基本工资、福利津贴、
奖金等）：（ ）

    a. 1 000元以下　　b. 1 000～2 000元　　c. 2 000～3 000元　　d. 3 000元以上

（12）您任教学校的类型：（ ）

    a. 乡镇中心小学　　b. 希望学校　　c. 农村完小　　d. 其他（请注明）

（13）您目前的居住区域：（ ）

    a. 农村　　b. 城市

**第二部分**

请认真阅读下列每句话，然后根据该句话与您自己的实际情况的符合程度，在相应的数字上画"√"。除非其他4个选项均不符合您的真实想法，否则请尽量不要选择"不确定"。

| 符合程度项目 | 非常符合 | 比较符合 | 不确定 | 比较不符合 | 非常不符合 |
|---|---|---|---|---|---|
| 1. 我很喜欢教师这一职业 | | | | | |
| 2. 我具备教好所教学科的能力 | | | | | |
| 3. 我能组织、控制和管理好课堂教学 | | | | | |
| 4. 当一个好教师，综合素质最重要 | | | | | |
| 5. 我能准确地估计和判断各类学生 | | | | | |
| 6. 我喜欢用已习惯的大家都采用的方式教学 | | | | | |
| 7. 我认为教育理论素养对教师专业成长很重要 | | | | | |
| 8. 日常教学工作使我身心疲惫，无力寻求新知 | | | | | |
| 9. 我觉得目前的教师越来越难当 | | | | | |
| 10. 我对自己的专业发展有明确的目标和详细计划 | | | | | |
| 11. 我很愿意通过各类培训来提高自己 | | | | | |
| 12. 我参加教师培训及听课评课的频率较高 | | | | | |
| 13. 我觉得自己能在教师培训中学到很多实用的东西 | | | | | |
| 14. 我对当前的晋升和职称评定机制感到满意 | | | | | |
| 15. 我觉得当前教师得到的专业发展机会不多 | | | | | |
| 16. 我希望能通过多种方式提高自己的专业素质 | | | | | |
| 17. 我平时经常购买教育教学参考资料 | | | | | |
| 18. 教学过程中和教学过程后我会经常反思自己的教学 | | | | | |
| 19. 我觉得我目前的工作有较大的发展空间和潜力 | | | | | |
| 20. 我觉得教师这一职业的专业化程度不高 | | | | | |

续表

| 符合程度项目 | 非常符合 | 比较符合 | 不确定 | 比较不符合 | 非常不符合 |
|---|---|---|---|---|---|
| 21. 我在课堂上经常使用一些新颖的教学方法 | | | | | |
| 22. 平时我与同事之间会经常做经验交流和问题探讨 | | | | | |
| 23. 我认为小学教师也需要具备科研能力 | | | | | |
| 24. 我只想做好日常教学工作，不想花太多业余时间参加 | | | | | |
| 25. 我觉得通过努力自己能成为一个教育专家 | | | | | |
| 26. 我认为考评制度对教师的教学有积极的促进作用 | | | | | |
| 27. 我觉得当前一些教师培训重形式，不重实效 | | | | | |
| 28. 我觉得教师的专业地位没有得到社会相应的认可 | | | | | |
| 29. 如果可以再次选择，我还会选择教师职业 | | | | | |
| 30. 我对自己从事小学教师这一职业感到满意 | | | | | |
| 31. 我会经常看一些有关教育、教学理论方面的书 | | | | | |
| 32. 我认为社会舆论导向对我的教学有着积极的影响 | | | | | |
| 33. 我经常使用信息技术手段进行教学（多媒体教学） | | | | | |
| 34. 我经常关注我所执教学科的最新发展 | | | | | |
| 35. 我目前的学历水平能满足学生的需要 | | | | | |
| 36. 我对日常实践和周围教育现象主动且经常进行反思 | | | | | |
| 37. 我校的规章制度非常有利于教师专业发展 | | | | | |
| 38. 我校在教师培训上有充裕的资金保障 | | | | | |
| 39. 我任教后经常参加在职培训 | | | | | |
| 40. 如果有机会调入城市教学，我会选择去城市教学 | | | | | |
| 41. 我觉得参加教师专业培训或进修是非常有必要的 | | | | | |
| 42. 我认为参加教研活动或进修对我的教学帮助非常大 | | | | | |

**第三部分**

不定向选择，您可根据自己的情况选择一个或多个答案，请把您所选择的答案的标号填在题前括号内。

1.您从事教师工作是因为：（　　）

　　a.教师地位高，受人尊重　　　b.教师工作较稳定　　　c.收入不错

　　d.有寒暑假　　　e.自己喜欢教书　　　f.受亲朋择业观的影响　　　g.其他原因

2.您认为理想的教师应当：（　　）

　　a.具有坚定的教育信仰和热情　　　b.耐心、负责、热爱学生

　　c.具有扎实的专业知识　　　d.德高为师，身正为范　　　e.其他

3.在您现阶段的工作中，您觉得自身最缺乏：（　　）

　　a.教育理论学习机会　　b.科研经验　　　c.专业实践经验　　　d.政策支持

4.您觉得自己亟须增加哪些方面的专业知识：（　　）

　　a.普通文化知识　　b.学科专业知识　　　c.教育学、心理学知识

　　d.教学实践知识　　　e.其他

5.您认为目前自己最需要提高的能力：（　　）

　　a.知识体系建构的能力　　b.教学设计能力　　　c.课堂调控能力

　　d.科研创新能力　　e.现代教育技术的运用能力　　　f.其他

6.您在专业发展方面的目标：（　　）

　　a.能胜任本职工作就可以了　　　b.成为学校的名师和学科带头人

　　c.成为市一级的骨干教师　　　d.成为省级乃至国家级骨干教师　　　e.其他

7.您认为教师参与继续教育的目的：（　　）

　　a.提高收入水平　　b.受人尊重　　　c.提高职称

　　d.个人的自我完善　　e.提高教学质量　　　f.其他

8.您比较喜欢的教师培训方式：（　　）

　　a.脱产培训中的专家讲座　　b.教学实践中的听课、评课

　　c.攻读专业学位的系统深造　　d.其他

9.在专业发展活动中，您更愿意参加：（　　）

　　a.进修或培训　　b.教学反思　　c.经验交流　　d.创新性实践

　　e.教育科研　　f.其他

10.您认为有助于迅速提高您的教学水平的教研活动：（　　）

　　a.做课、说课　　b.专家讲座　　c.教学案例分析　　d.名师指点

　　e.专题研讨　　f.自我反思　　g.其他

11.您认为当前有利于小学教师专业发展的条件：（　　）

　　a.行政部门的政策保障　　b.社会氛围良好　　c.学校的支持与鼓励

　　d.本人的发展潜力　　e.工作压力适度　　f.业余时间较为充裕　　g.其他

12.您觉得自己在实现专业发展时遇到的最大困难：（　　）

　　a.行政部门无政策支持　　b社会支持不够　　c.学校不提供条件

　　d.缺少培训经费　　e.日常工作任务重，时间不够用

　　f.家庭负担重，工作压力大　　g.培训课程不合理　　h.其他

13.您觉得目前教师培训存在的问题：（　　）

　　a.内容不实用，没有针对性　　b.费用太高　　c.时间安排不合理

　　d.培训形式不灵活　　e.培训者水平不高　　f.其他

14.在专业发展的过程中，您最需要学校提供哪些支持：（　　）

　　a.提供在职进修的机会并予以经济保障

　　b.创设交流平台，提供专业实践与合作机会

　　c.开展校本培训，提高教师的专业能力

　　d.建立激励制度，鼓励教师长期发展

e.其他

15.您认为自己在专业技能方面，还欠缺哪方面的能力：（　　）

　　a.教育教学能力　　　b.科研能力　　　c.反思能力　　　d.运用信息技术能力

16.您希望教研部门为教师提供哪些支持：（　　）

　　a.提供更丰富的教学资源　　　b.提供更好的工资待遇

　　c.提供更专业的文化知识　　　d.提供更多的培训机会

17.您希望培训活动由谁来组织：（　　）

　　a.所在学校　　　b.教育行政部门　　　c.同级学校联合　　　d.大学培训活动

18.您认为目前影响小学教师专业发展的最主要原因：（　　）

　　a.自我学习意识落后　　　b.领导不重视　　　c.学校现状　　　d.时间不足

19.您认为目前阻碍您进一步发展的相关因素：（　　）

　　a.教学观念陈旧　　　b.教学方法落后　　　　c.教学艺术性欠缺

　　d.学科知识不足　　　e.对儿童心理了解不够　　　f.师生关系处理不当

20.下列哪些方法和方式增进了您关于教学方法和课堂管理方式的知识：（　　）

　　a.作为中小学生时的经历　　　b.师范教育　　　c.职后学历补偿教育

　　d.职后专业培训　　　e.教学观摩活动　　　f.和同事的日常交流

　　g.阅读专业书刊　　　h.有关专家的讲座　　　i.骨干教师（教研员）的指点

21.您认为标志着教师成功的因素：（　　）

　　a.职务的大小　　　b.从条件差的学校向好学校流动

　　c.任教学生的喜欢程度　　　d.任教学生成绩的好坏

　　e.社会知名度的大小　　　f.发表论文著作的多少

　　g.上公开课的级别和次数　　　h.获各种奖项的级别与次数

　　i.职称的高低

# 教师专业发展活动状况调查访谈提纲及访谈概要（示例）

尊敬的老师：

您好！非常感谢您能在百忙中抽出时间接受我的访谈。本调查采用匿名作答，答案没有对错之分。再次感谢您的参与，同时为耽误您的时间表示歉意！

## 一、访谈提纲

访谈内容一：您对目前教师这一工作满意吗？如果满意，原因有哪些？您觉得教师专业还需要哪些提高？

访谈内容二：入职后您参加过教师专业发展方面的培训吗？如参加过，觉得这些培训怎么样？没参加，什么原因呢？

访谈内容三：您在教学方面和工作上遇到的困难有哪些？原因何在？打算如何改进？

## 二、教师访谈概要（示例）

### 访谈问题一

A教师：（男，教龄2年，本科学历）作为一名刚刚参加工作不久的教师，我对目前的工作比较满意，主要是因为我认为能成为一名教师，是一件不容易的事情。其次，学生比较懂事，上课纪律比较好，不用我多强调纪律。目前关于教师专业发展没有多想，只是觉得自己经验还是有点缺乏，需要在教学技能、管理学生方面有所提高。怎么上好课，怎么解决学生学习中的问题，怎么激发学生的学习热情，等等，还需要在工作中不断摸索。

B教师：（男，教龄10年，大专）我工作十多年了，教了十几年书，也算是个老手了。现在对目前工作还算满意，毕竟这份工作还是比较稳定，在教师专业发展方面，我觉得需要提高自己的教育技能和科研创新能力。但是现在还要当班主任，（班主任）要管学生，事情比较多。

C 教师：（女，教龄3年，本科学历）我是一名代课教师（英语）（无事业单位编制），这是第三年，一星期12节课，有双休，待遇还算不错，平时要批改两个班120份作业，差不多每天都有，两个班的早自习还要去管一管，工作日没有太多空余时间。对目前工作还算满意，只是能够解决编制问题就好了，能和学生们在一起是快乐的，能把自己所学的教给学生，自己感到很有成就感。同时对于不同的学生要照顾他（她）的实际情况，鼓励他们努力学习。学生也很喜欢我。在教师专业发展方面，我觉得需要提高自己的专业技能和科研能力。

**访谈问题二**

D 教师：（男，教龄16年，专科学历）我入职后，参加过教师培训，教师教研讲座，去高校进修学习。我觉得这些教师专业方面的培训对教育教学和管理学生工作还是很有用的。通过这些培训我学到了知识，同时拓宽了自己的视野。学校平常会考虑到短期培训中的经费问题，尽量让教师乐于培训，让培训学员做报告，形成一种积极上进的风气。工作5年以后，都能上好课，讲好内容。为了升学，预测热点，也会搞教研。平时主要还是自己发现工作中的问题。当然了，工作平平也很常见，主要的还是上好课、教好学生。

E 教师：（男，教龄9年，本科学历）我参加过教师专业发展相关培训，但是不是很多，主要原因自己当主任，平常忙于教学和管理学生一些琐碎的事情，下班后忙家里的事情。根本没有多余的时间去参加教育局组织的培训。我们学校常常忙于各种考试，很少提供经费与机会去参加培训。有一次暑假，教育局组织我们教师去听某大学教授的专家讲座，我听了大半天，觉得讲得很好，但是很学术化、理论化，跟我们实际教学相差很大。后来我觉得这个专业的提升还是靠自己多反思、多琢磨。

**访谈问题三**

F 教师：（女，教龄10年，本科，语文教师）我觉得教师也是经常闹情绪的，这种个人情绪不能带到课堂上来。在课堂上老师就是上课，完成工作任务，把知识教给学生。我身边有位同事对自己的经济状况不满意，工作中就有点懈怠。

其实，因为经济状况问题，这个问题很难逃避，都得面对，有的觉得还满意，有的只是抱怨工作，也没有辞职不干的打算。换了个学校还是要面临经济状况问题。对经济状况问题需要长远地看，心态也得摆正，这样工作中才能一直保持上升劲。我工作6年了，当然还是有上升劲头，要把成绩做得更好。时间再长点，工作平淡了，也不会觉得枯燥啊。当然啦，也有些人有较大的经济压力和家庭压力，又有工作压力，在压力面前，精力不好，有些倦怠，感到累也很正常。只要想把工作做好，就会好好干。

G教师：（男，教龄22年，中专）我干了这么多年教师，上课、改作业，寒暑假，都已习惯了（习惯了教师工作生活内容），教了大半辈子书，从一个毛头小伙子刚开始工作到如今，上课显得有点老套了。现在在教学方面对我来说，就是多媒体教学技能缺乏，网络知识与信息利用得少。平常上课用PPT给学生上课机会比较少，可能上课的效果没有其他教师用PPT的那么生动和形象。我们这年龄的教师相比年轻教师，接受新思想与观念比较慢，学习新知识比较慢。所以我每天学一点新知识，更新自己的一些老套观念。

H老师：（女，教龄6年，本科，数学教师）我觉得教师这一行，如果想要教好书，出成绩的话。那就是付出更多的心血和时间。但是目前对我来说，工作压力大，班级管理、怎么发展自己的专业是我目前面对的问题。怎么管理自己的班级，怎么让自己班的学生出成绩一直困扰着我。我想我要多向其他有经验的同事请教，有时间多参加教师培训与教育教学研究与讨论。争取反思自己的教学与管理班级中出现的问题。

L教师：（女，教龄15年，本科）我教了这么多书，每天都是重复同样的事情：备课、上课、改作业，感觉这样的工作没有什么新意了。有点身心疲倦了，现在就只想多休息下，不想再去担心自己班的学生是否听话，是否在认真学习等一系列问题了。突然发现自己老了，没有那么多精力和热情去投入到工作中去了。

# 乡村教师支持计划（2015—2020年）（摘选）

　　为深入推进全面建成小康社会、全面深化改革、全面依法治国、全面从严治党"四个全面"战略布局，认真贯彻党中央、国务院关于加强教师队伍建设的部署和要求，采取切实措施加强老少边穷岛等边远贫困地区乡村教师队伍建设，明显缩小城乡师资水平差距，让每个乡村孩子都能接受公平、有质量的教育，特制订乡村教师（包括全国乡中心区、村庄学校教师，下同）支持计划。

## 一、总体要求

### （一）基本原则

　　（1）师德为先，以德化人。着力提升乡村教师思想政治素质和职业道德水平，引导乡村教师带头践行社会主义核心价值观，加强乡村教师对中国特色社会主义的思想认同、理论认同和情感认同。重视发挥乡村教师以德化人、言传身教的作用，教育学生热爱祖国、热爱人民、热爱中国共产党，形成正确的世界观、人生观、价值观，确保乡村教育正确导向。

　　（2）规模适当，结构合理。合理规划乡村教师队伍规模，集中人财物资源，制定实施优惠倾斜政策，加大工作支持力度，加强乡村地区优质教师资源配置，有效解决乡村教师短缺问题，优化乡村教师队伍结构。

　　（3）提升质量，提高待遇。立足国情，聚焦乡村教师队伍建设最关键领域、最紧迫任务，打出组合拳，多措并举，定向施策，精准发力，标本兼治，加强培养补充，提升专业素质，提高地位待遇，不断改善乡村教师的工作生活条件。

　　（4）改革机制，激发活力。坚持问题导向，深化体制机制改革，拓宽乡村教师来源，鼓励有志青年投身乡村教育事业，畅通高校毕业生、城镇教师到乡村学校任教的通道，逐步形成"越往基层、越是艰苦，地位待遇越高"的激励机制，以及充满活力的乡村教师使用机制。通过实施乡村教师支持计划，带动建立相关制度，形成可持续发展的长效机制。

（二）工作目标

到2017年，力争使乡村学校优质教师来源得到多渠道扩充，乡村教师资源配置得到改善，教育教学能力水平稳步提升，各方面合理待遇依法得到较好保障，职业吸引力明显增强，逐步形成"下得去、留得住、教得好"的局面。到2020年，努力造就一支素质优良、甘于奉献、扎根乡村的教师队伍，为基本实现教育现代化提供坚强有力的师资保障。

## 二、主要举措

（1）全面提高乡村教师思想政治素质和师德水平。坚持不懈地用中国特色社会主义理论体系武装乡村教师头脑，进一步建立健全乡村教师政治理论学习制度，增强思想政治工作的针对性和实效性，不断提高教师的理论素养和思想政治素质。切实加强乡村教师队伍党建工作，基层党组织要充分发挥政治核心作用，进一步关心教育乡村教师，适度加大发展党员力度。开展多种形式的师德教育，把教师职业理想、职业道德、法治教育、心理健康教育等融入职前培养、准入、职后培训和管理的全过程。落实教育、宣传、考核、监督与奖惩相结合的师德建设长效机制。

（2）拓展乡村教师补充渠道。鼓励省级人民政府建立统筹规划、统一选拔的乡村教师补充机制，为乡村学校持续输送大批优秀高校毕业生。扩大农村教师特岗计划实施规模，重点支持中西部老少边穷岛等贫困地区补充乡村教师，适时提高特岗教师工资性补助标准。鼓励地方政府和师范院校根据当地乡村教育实际需求加强本土化培养，采取多种方式定向培养"一专多能"的乡村教师。高校毕业生取得教师资格并到乡村学校任教一定期限，按有关规定享受学费补偿和国家助学贷款代偿政策。各地要采取有效措施鼓励城镇退休的特级教师、高级教师到乡村学校支教讲学，中央财政比照边远贫困地区、边疆民族地区和革命老区人才支持计划教师专项计划给予适当支持。

……

（7）全面提升乡村教师能力素质。到2020年前，对全体乡村教师校长进行360学时的培训。要把乡村教师培训纳入基本公共服务体系，保障经费投入，确保乡村教师培训时间和质量。省级人民政府要统筹规划和支持全员培训，市、县级人民政府要切实履行实施主体责任。整合高等学校、县级教师发展中心和中小学校优质资源，建立乡村教师校长专业发展支持服务体系。将师德教育作为乡村教师培训的首要内容，推动师德教育进教材、进课堂、进头脑，贯穿培训全过程。全面提升乡村教师信息技术应用能力，积极利用远程教学、数字化课程等信息技术手段，破解乡村优质教学资源不足的难题，同时建立支持学校、教师使用相关设备的激励机制并提供必要的保障经费。加强乡村学校音体美等师资紧缺学科教师和民族地区双语教师培训。按照乡村教师的实际需求改进培训方式，采取顶岗置换、网络研修、送教下乡、专家指导、校本研修等多种形式，增强培训的针对性和实效性。从2015年起，"国培计划"集中支持中西部地区乡村教师校长培训。鼓励乡村教师在职学习深造，提高学历层次。

（资料来源：国务院办公厅2015年6月1日公开发布的《乡村教师支持计划（2015—2020年）》）

## 部分省市乡村教师专业发展支持文件核心内容表述

聚焦于"乡村教师专业发展"这一关键词，部分省市乡村教师专业发展支持文件的表述分别突出以下内容。

### 一、《北京市乡村教师支持计划（2015—2020年）实施办法的通知》（京政办发［2016］8号）

文件指出，实施"乡村教师支持计划"，五年之内，北京市所有乡村教师、校长参加培训不得低于360学时。把乡村教师培训纳入基本公共服务体系，保障经费投入。完善分层、分类、分岗培训机制，努力整合各方面的优秀教育资源，如高等院校、各级各类教师培训机构、中小学校等，构建起科学合理的教师专业成长支持体系，将现代网络信息技术优势发挥到极致，为每位教师参加网络培训提供方便。首先，要提高教师信息技术应用能力，通过各种信息化手段，使乡村教师培训资源不足的现象得到有效解决。其次，在培训过程中，要充分考虑到教师的实际需求情况，革新培训形式、完善培训内容，灵活调整培训方式，使教师从培训活动中有所得、有所悟。按照高于普通教师 20% 的标准上浮乡村教师培训经费保障水平，以满足其培训需求。鼓励乡村教师在职学习深造，提高学历层次。

## 二、《天津市关于贯彻落实乡村教师支持计划（2015—2020 年）的实施意见》（津政办发〔2015〕105 号）

以"国培计划"为引领，五年之内，天津市所有乡村校长、教师必须参加480学时的培训。整个培训活动由市政府统筹安排与管理，为培训活动提供各种支持，各区县政府要承担主体责任，完善分层、分类、分岗培训机制，为乡村教师参加培训活动提供保障，使每位教师在培训活动中都能有所得。整合全市优质教育资源，构建市、区、校三级联动的乡村教师校长培训体系。充分发挥网络信息化优势，积极创新培训方式，如远程研修、网络工作坊等，按照每人5000元的标准为每位乡村教师配备电子学习设备，搭建学习培训资源云平台，开发乡村教师培训学习应用程序（APP）终端，使乡村教师可以随时随地进行自主学习，破解乡村优质培训资源不足和工学矛盾的难题。加大对乡村骨干教师的培养力度，在实施以培养基础教育学科带头人为目标的"领航教师培养计划"中，设立乡村教师专项培养指标，确保做到"两个覆盖"，即培养的骨干教师覆盖乡村的每一所学校、覆盖乡村学校的每一门课程。在乡村教师培养培训中，充分运用"未来教育家奠基工程""265 农村骨干教师培养工程""优秀教学校长培养工程"实施的经验和成果，组建乡村教师导师团队，与乡村教师结成师徒对子，采取送教下乡、网络研讨等多种方式，为乡村教师的专业发展提供指导和帮助。

全面提升乡村学校校长的管理能力和办学水平，充分发挥校长在规划学校发展、营造师德氛围、领导课程教学、促进教师成长等方面的引领作用，实施"乡村校长领导力提升计划"，开展集中培训、跟岗研修、学校改进行动研究等多种形式的培训，助推乡村学校校长的成长与发展。

### 三、《湖南省〈乡村教师支持计划（2015—2020 年 ）〉实施办法》（湘政办发 [ 2015 ] 114号 ）

截至2019 年底，湖南省要完成所有乡村教师和校长每人360课时的培训计划。要求各相关单位要明确责任，大力支持，首先要从资金上进行保障，其次要从时间上给予保障，最后还要保证培训效果。培训资金数额制定了统一的标准：市、县学校教师培训经费要高出职工工资数的1.5%。这个标准以后还要逐年提升。乡村幼儿园和各中小学校要超出全年经费预算数的8%。要把各高等学院、教师培训机构与各学校紧密结合起来，把有限的资源进行重组整合，让有限的资源能最大限度地在教师的培训过程中发挥巨大的作用。要进一步完善各乡村学校信息化装备，通过各种灵活的方法，把信息技术与课堂教学有机结合，有效解决当前存在的教育资源缺乏的现象。要采取有效方法激励学校和相关教师积极运用信息化设备，同时要在资金等方面提供有力的保障。从现在开始，要把"国培"和"省培"计划的关注点放到大力扶持乡村教师和校长的专业成长上来。在实施"十百千万"计划中，将来要评选的名师等项目里，要保证有一定数量的乡村教师，鼓励乡村教师再学习。注意强化乡村学校一些薄弱学科教师的培训力度，要创新各种培训手段，通过各种途径，对乡村教师展开有效的培训，促进每个乡村教师的成长，确保每位教师的学历都能达标。

### 四、《安徽省乡村教师支持计划实施办法（2015—2020 年 ）》（皖政办 [ 2015 ] 62号 ）

在五年之内，所有乡村校长、教师都要完成 360 学时的培训任务，将此项工作正式列入公共服务体系，由省政府统筹规划、管理，为此项工作的开展提供足够资金。努力整合现有优质培训资源，建好县级教师发展中心。加强高等院校、教师培训机构、中小学校等各部门间的联系，构建起立体化培训体系，为校长、教师提升专业素养与技能提供有力保障。在培训活动中，要以师德培训为主线，将其渗透到培训活动的各个环节。提升教师信息技术操作水平，采用在线学习、数字化课程等方法，为乡村教学提供大量优质教学资源。积极为乡村中小学配置先进教学设备，鼓励教师在日常教学中经常性使用这些设备，组织相关教师进行培训，了解设备的使用及维护方法。要在最短时间内培养一大批优秀音、体、美、双语教师，使学校各门学科的教学都能够齐头并进。从每一所学校的各个年级、各个学科中遴选骨干教师，重点培训1.8万名骨干教师，形成全省的三级骨干教师网络，辐射引领全体乡村教师，实现乡村教师共同的专业发展。为了提高学校办学水平，实施校长省培计划，通过经验汇报、专题讲座、城乡联谊、在线学习、名校挂职等方式，提升校长素质与水平。

**五、《四川省乡村教师支持计划（2015—2020年）实施办法》（川办发〔2015〕107号）**

提升乡村教师的教学能力，使国培计划以及省培计划发挥出自身的引导作用。

通过分层实践等方式提升乡村教师以及校长的教学能力，而各级人民政府也要在公共服务体系的内容中加入乡村教师的培训计划，至少要在2020年之前使每一位乡村教师和校长都能够拥有360小时以上的培训时间。

将师德和法治教育纳入培训内容当中，使教材内容和师德教育相互融合，在课堂中对乡村教师进行同时培养，使整个培训过程都能够因此而受到推动。

立足于整体提升乡村教师应用信息技术等方面的能力，到2017年前完成每人不少于50学时的信息技术应用能力提升专项培训。

在现有"国培计划"和"省培计划"中，大力支持民族地区"双语"教师全员培训，全面提升"双语"教师的专业水平，切实培养一批"双语"骨干教师。

健全乡村教师校长专业发展支持服务体系，加强县级教师发展中心的能力建设。立足于基础建立县级的乡村教师培训队伍，使乡村教师的研修工作成为一种新常态，同时也需要立足于乡村教师的实际需求来对培训方式进行整改。通过专家指导、网络研修等各类形式增强培训的效果以及针对性，同时也能够推动乡村教师提升自我能力素质。

对有意向进行学习深造的教师进行鼓励和支持，帮助乡村教师主动提升学历层次。

## 六、《甘肃省乡村教师支持计划实施办法（2015—2020 年）》（甘政办发［2015］152 号）

各级政府要意识到自己所担负的主体责任，将乡村教师培训活动与公共服务体系相互融合，并且要为教师培训活动提供一定的保障。在建设省级教师培训机构的同时也要在省级以下的各级政府中建立好教师活动中心或学习中心，为乡村教师和各级校长构建能够得到全面发展的服务体系。而且应该在2020年之前使全体校长和教师都能够接受 360小时的学习和培训，在培训过程中，师德教育是最为重要的学习内容，所以应该在整个过程之中得到贯彻。对于乡村教师而言，师德教育并不只是一个学习内容，他们也应该立足于实际，将师德的教育效果带到课堂中去，将教材和实际结合起来，最终达成较为完善的教学效果。与此同时，校方和政府也应该有意识地为教师提供较多的高科技教育机会，使教师能够从根本上掌握当代技术教学的基本技巧，使乡村学校内教学资源不足的问题得到初步解决。与此同时也应该建立与学校自身水平相匹配的激励机制，为教师们提供相应的保障经费。对于少数民族地区而言，乡村教师的双语培训任务也属于一个迫在眉睫的紧要任务，教师应该有意识地培训自己对于相关学科的掌握和教学能力并接受双语培训。立足于乡村教师的实际需求，校方应该改善培训方式，通过送教下乡、专家指导的模式来提升培训所具有的针对性，同时也要提升革命老区乡村教师的思想觉悟，不断丰富培训内容，使教师的教学水平得到全面提升。在这个过程中可以开展巡回支教教学活动，每一年都向乡村地区输送城市优秀教师，对此类地区派放优秀的师范大学生，乡村教师自身也应该主动进行学历深造，通过提升学历层次来提升教育水平。自

2015年起，乡村教师和乡村学校校长的培训纳入了国培计划，为乡村教师和校长提供较为丰富的发展机会。

# 教育部等六部门关于加强新时代乡村教师队伍建设的意见

## 教师〔2020〕5号

各省、自治区、直辖市教育厅（教委）、党委组织部、党委编办、发展改革委、财政厅（局）、人力资源社会保障厅（局），新疆生产建设兵团教育局、党委组织部、党委编办、发展改革委、财政局、人力资源社会保障局：

为全面贯彻习近平总书记关于教育的重要论述和全国教育大会精神，深入落实《中国教育现代化2035》和《中共中央 国务院关于全面深化新时代教师队伍建设改革的意见》，加强新时代乡村教师队伍建设，努力造就一支热爱乡村、数量充足、素质优良、充满活力的乡村教师队伍，现提出如下意见。

**一、准确把握时代进程，深刻认识加强新时代乡村教师队伍建设的重要意义和总体要求**

1. 重要意义。乡村教师是发展更加公平更有质量乡村教育的基础支撑，是推进乡村振兴、建设社会主义现代化强国、实现中华民族伟大复兴的重要力量。面对新形势新任务新要求，乡村教师队伍还存在结构性缺员较为突出、素质能力有待提升、发展通道相对偏窄、职业吸引力不强等问题，必须把乡村教师队伍建设摆在优先发展的战略地位。

2. 总体要求。紧紧抓住乡村教师队伍建设的突出问题，促进城乡一体、加强区域协同，定向发力、精准施策，破瓶颈、强弱项，大力推进乡村教师队伍建设高效率改革和高质量发展。力争经过3～5年努力，乡村教师数量基本满足需求，质量水平明显提升，队伍结构明显优化，地位大幅提高，待遇得到有效保障，职业吸引力持续增强，贫困地区乡村教师队伍建设明显加强。

## 二、加强师德师风建设，激发教师奉献乡村教育的内生动力

3.提升思想政治素质。加强乡村学校教师党支部标准化、规范化建设，注重选拔党性强、业务精、有情怀、有担当、有威信、肯奉献的党员教师担任党支部书记，鼓励书记、校长一肩挑。做好在乡村优秀青年教师中发展党员工作。鼓励乡村学校党组织与乡镇党委、村党支部开展联学联建活动。建强乡村学校思政教师队伍。创新思想政治教育方式，强化社会实践参与，引导乡村教师真正深入当地百姓生活，通晓乡情民意，增强教育实效。

4.厚植乡村教育情怀。探索小班化教学模式，充分融合当地风土文化，跨学科开发校本教育教学资源，引导教师立足乡村大地，做乡村振兴和乡村教育现代化的推动者和实践者。培育乡村教师爱生优秀品质，特别关注留守儿童、特殊困难学生。引导乡村教师通过家访、谈心谈话等方式，帮助学生健康成长。注重加强与家长交流沟通，指导开展家庭教育，形成家校共育合力。注重发挥乡村教师新乡贤示范引领作用，塑造新时代文明乡风，促进乡村文化振兴。

## 三、创新挖潜编制管理，提高乡村学校教师编制的使用效益

5.创新乡村教师编制配备。充分考虑新型城镇化、全面二孩政策、新课程改革、教育扶贫等情况，落实城乡统一的中小学教职工编制标准，科学合理核定教职工编制，向乡村小规模学校适当倾斜，按照班师比与生师比相结合的方式核定。对民族地区、寄宿制、承担较多教学点管理任务等的乡村学校，按一定比例核增编制。各地要结合实际制定小规模学校和寄宿制学校教职工编制的具体核定标准和实施办法。鼓励地方在符合现行编制管理规定的前提下，探索建立教职工编制"周转池"制度，妥善解决中小学教职工编制需要。鼓励有条件的地区制定公办幼儿园教职工编制标准，在配备时向乡村倾斜。

6.挖潜调整乡村学校编制。挖潜调剂出来的各类事业编制资源优先用于补充中小学教职工编制，保障乡村教育事业发展需要。根据乡村学校布局结构调整、城乡区域人口流动、乡村学生规模变化等情况，调整人员编制配置，满足

乡村教育需要。加大教职工编制统筹配置和跨市县调整力度，原则上以省为单位，每2~3年调整一次，市县根据生源变化情况可随时调整。鼓励地方探索教师跨学科、跨学段转岗机制，并为转岗教师提供专业化的转岗培训，缓解英语、音体美、综合实践等学科（领域）教师短缺矛盾。鼓励地方通过跨校兼课、教师走教等方式实现区域内教师资源共享。超编学校确需补充专任教师的，要加大现有人员编制跨校结构性调整统筹力度，保障开齐开足国家规定课程。

7. 规范乡村学校人员管理。加强乡村教师编制使用效益评估，严禁挤占、挪用、截留乡村教师编制，严禁长期空编和有编不补、编外用人。逐步压缩使用编制的非教学人员比例，安保、后勤等事项，可通过政府购买服务等方式满足，所需经费由县级财政承担，对于财政能力确实薄弱的县（市、区），由市级或省级财政统筹。教师配置尚未达标的地区可通过政府购买服务等多种形式支持乡村教育事业，鼓励体育社会组织和专业艺术人才为乡村中小学提供体育、艺术教育服务。

**四、畅通城乡一体配置渠道，重点引导优秀人才向乡村学校流动**

8. 健全县域交流轮岗机制。深入推进县（区）域内义务教育学校教师"县管校聘"管理改革。县级教育行政部门在核定的教职工编制总额和岗位总量内，按照班额、生源等情况，充分考虑乡村小规模学校、寄宿制学校和城镇学校的实际需要，统筹分配各校教职工编制和岗位数量，并向同级机构编制部门、人力资源社会保障部门和财政部门备案。完善交流轮岗激励机制，将到农村学校或薄弱学校任教1年以上作为申报高级职称的必要条件，3年以上作为选任中小学校长的优先条件。城镇教师校长在乡村交流轮岗期间，按规定享受当地相关补助政策。村小、教学点新招聘的教师，5年内须安排到县城学校或乡镇中心校任教至少1年。

9. 加强城乡一体流动。各地应采取定期交流、跨校竞聘、学区一体化管理、集团化办学、学校联盟、对口支援、乡镇中心学校教师走教、"管理团队＋骨干教师"组团输出等多种途径和方式，重点引导城镇优秀校长和骨干教师向乡村学校流动。统筹安排乡镇中心学校和所辖村小、教学点教师交流任教。城镇学校要专设岗位，接受乡村教师入校交流锻炼。

10.多种形式配备乡村教师。结合乡村教育需要，探索构建招聘和支教等多渠道并举，高端人才、骨干教师和高校毕业生、退休教师多层次人员踊跃到乡村从教、支教的格局。创新教师公开招聘办法，鼓励人才到乡村任教。继续实施并完善"特岗计划"，各地应保障特岗教师工资待遇，并按时发放工资。各地可根据实际情况实施地方特岗教师计划。组织招募优秀教师到民族地区、艰苦边远地区支教服务，加大对贫困地区教师队伍建设的帮扶。

### 五、创新教师教育模式，培育符合新时代要求的高质量乡村教师

11.加强定向公费培养。各地要加强面向乡村学校的师范生委托培养院校建设，高校和政府、学生签订三方协议，采取定向招生、定向培养、定向就业等方式，精准培养本土化乡村教师。面向乡村幼儿园、小学的师范生委托培养以地方专科、本科师范院校为主，面向乡村中学的师范生委托培养以地方本科师范院校为主，鼓励支持师范院校为乡村高中培养教育硕士。坚持以乡村教育需求为导向，加强师范生"三字一话"教学基本功和教学技能训练，强化教育实践和乡土文化熏陶，促进师范生职业素养提升和乡村教育情怀养成。鼓励师范院校协同县级政府，参与当地中小学教育教学实践指导，建立乡村教育实践基地，构建三方共建、共管、共享机制，确保教育质量。

12.抓好乡村教师培训。积极构建省、市、县教师发展机构、教师专业发展基地学校和名校（园）长、名班主任、名教师"三名"工作室五级一体化、分工合作的乡村教师专业发展体系。鼓励师范院校采取多种方式，长期跟踪、终身支持乡村教师专业成长，引导师范院校教师与乡村教师形成学习共同体、研究共同体和发展共同体。按照乡村教师的实际需求改进培训内容和方式，严把语言关，提升乡村教师自觉推广国家通用语言文字和中华传统文化的意识。加大送教下乡力度，推动名师名校长走进乡村学校讲学交流。注重开展"走出去"培训，让更多乡村教师获得前往教育发达地区研修、跟岗学习的机会。

13. 发挥5G、人工智能等新技术助推作用。深化师范生培养课程改革，优化人工智能应用等教育技术课程，把信息化教学能力纳入师范生基本功培养。实施中小学教师信息技术应用能力提升工程2.0，建设教师智能研修平台，智能遴选、精准推送研修内容与资源，支持教师自主选学，为教师提供同步化、定制化、精准化的高质量培训研修服务，五年内对全国乡村教师轮训一遍。加强县域内教育资源公共服务平台建设，组织城乡学校结对建立智能同步课堂，实现教师"智能手拉手"。鼓励有条件的地区先行探索，促进信息技术、智能技术与教育教学的深度融合。完善全国教师管理信息系统，推动系统数据的转化和应用，更好服务乡村教师发展。

## 六、拓展职业成长通道，让乡村教师获得更广阔的发展空间

14. 职称评聘向乡村倾斜。对长期在乡村和艰苦边远地区从教的中小学教师，职称评审放宽学历要求，不作论文、职称外语和计算机应用能力要求，坚决破除"唯论文、唯帽子"不良导向，提高教育教学实绩的评价权重。实行乡村教师和城镇教师分开评审。允许乡村小学教师按照所教学科评聘职称，不受所学专业限制。适当提高中小学中高级岗位结构比例，向乡村教师倾斜，乡村学校中高级专业技术岗位设置比例不低于当地城镇同类学校标准。对长期在乡村学校任教的教师，职称评聘可按规定"定向评价、定向使用"，并对中高级岗位实行总量控制、比例单列，可不受所在学校岗位结构比例限制。

15. 培育乡村教育带头人。加强乡村校（园）长队伍建设，在"国培计划""省培计划"等各级培训中专门设立研修项目，全面提升乡村校（园）长队伍整体素质。实施名师名校长培养工程，在遴选时向乡村学校倾斜，搭建阶梯式成长平台，确保持续性培养。鼓励各地在乡村中小学遴选优秀教师校（园）长，支持他们立足乡村、大胆探索，努力成为教育家型乡村教师、校（园）长。全面实施中西部乡村中小学首席教师岗位计划，鼓励各地完善首席教师保障措施。重视乡村学校班主任队伍建设，加大推选表彰优秀班主任力度。积极探索"多校联聘""一校长多校区""乡村校长联盟"等机制，深入推进校长职级制

改革，建立乡村校（园）长后备人才制度，加快乡村校（园）长职业成长。

16. 拓展多元发展空间。乡村教师是乡村人才的重要来源，要加大从优秀乡村教师中培养选拔乡村振兴人才的力度。实施好"农村学校教育硕士师资培养计划"，扩大培养院校范围，让更多符合条件的乡村教师有学习深造的机会。实施教育系统"鹊桥工程"，对两地分居的乡村教师，由人力资源和社会保障、教育部门联合实施，通过在省域内跨区域协商对调等交流方式，解决两地分居问题。

### 七、提高地位待遇，让乡村教师享有应有的社会声望

17. 提高社会地位。开展多种形式的乡村教师服务慰问活动。建立乡镇党委和政府组织、村委会和乡村学校等参加的联席会议制度，重点研究和解决乡村教师队伍建设的困难和问题。研究涉及中小学重大事项时，应吸收教师代表参加，听取教师意见。为更多优秀乡村教师参与乡村治理、推动乡村振兴提供多种渠道。

18. 提高生活待遇。完善乡村教师待遇保障机制，确保平均工资收入水平不低于或高于当地公务员平均工资收入水平。完善绩效工资政策，在核定绩效工资时，对乡村小规模学校、寄宿制学校、民族地区、艰苦边远地区学校给予适当倾斜；支持各地因地制宜调整绩效工资结构，合理确定奖励性绩效工资占比；加大课时量和教学实绩在考核评价和绩效工资分配中的权重，绩效工资分配向班主任、教学一线和教育教学效果突出的教师倾斜。全面落实集中连片特困地区乡村教师生活补助政策，依据学校艰苦边远程度实行差别化的补助标准。将符合条件的乡村学校教师纳入当地政府住房保障体系，鼓励各地采取多种形式对符合条件的乡村教师在城镇购买住房给予一定优惠。同时，通过改建、配建和新建等渠道建设好乡村教师周转宿舍。各地按照有关规定使符合条件的乡村教师享受医疗救助等政策。保障基本医疗卫生服务，定期对乡村教师进行身体健康检查，以学区为单位建立心理辅导中心。

19. 完善荣誉制度。国家继续对在乡村学校从教30年以上的教师颁发荣誉

证书，各地结合实际给予奖励。在各类人才项目、荣誉表彰、评奖评优中，向乡村教师倾斜。鼓励各地加大育人先进事迹和教学典型经验的宣传推介力度，组织开展集体外出学习交流。鼓励和引导社会力量建立专项基金，对长期在乡村学校任教的优秀教师给予物质奖励、培训机会和荣誉表彰。

## 八、关心青年教师工作生活，优化在乡村建功立业的制度和人文环境

20. 促进专业成长。优化乡村青年教师发展环境，在培训、职称评聘、表彰奖励等方面向乡村青年教师倾斜，实施多种形式的乡村青年教师成长项目，加快乡村青年教师成长步伐。健全传帮带机制，充分发挥名师、名校长、骨干教师的示范引领作用，通过结对子、组建学科小组、纳入工作室等方式，主动为青年教师当导师、作榜样，帮助青年教师提高专业发展能力。继续实施乡村优秀青年教师培养奖励计划，提供更多学习机会。

21. 丰富精神文化生活。在保障教育教学的情况下，组织青年教师参加乡村各种文化活动，主动融入当地百姓生活。关心乡村青年教师婚恋问题，发挥工会、共青团、妇联等群众组织的作用，帮助他们幸福成家、美满生活。

## 九、强化组织领导，确保各项政策措施落到实处

22. 明确责任主体。地方党委和政府是乡村教师队伍建设的责任主体。实行一把手负责制，把乡村教师队伍建设成效列入地方党委教育工作领导小组议事日程和地方政府工作考核指标体系，把解决乡村教师队伍建设问题作为县、乡党委和政府为民办实事的重点考量内容。加强统筹力度，建立教育部门牵头，编制、发展改革、财政、人力资源和社会保障等部门协同机制，形成工作合力。各地要把乡村教师队伍建设纳入对地方政府履行教育职责评价内容，对落实不到位的严肃问责。

23. 加强经费保障。健全以政府投入为主、多渠道筹集经费的投入机制。中央财政继续对中西部地区予以重点支持，地方要切实发挥省级统筹作用，强化县级政府管理主体责任，将乡村教师队伍建设作为教育投入重点予以优先保

障。严格经费管理，规范经费使用，提高资金使用效益。

教育部　中央组织部　中央编办

国家发展改革委　财政部　人力资源社会保障部

2020年7月31日

（资料来源：教育部等六部门2020年7月31日发布的文件《关于加强新时代乡村教师队伍建设的意见》）

## 新时代基础教育强师计划（摘选）

高质量教师是高质量教育发展的中坚力量。为贯彻落实《中共中央 国务院关于全面深化新时代教师队伍建设改革的意见》，按照《中华人民共和国国民经济和社会发展第十四个五年规划和2035年远景目标纲要》要求，着力推动教师教育振兴发展，努力造就新时代高素质专业化创新型中小学（含幼儿园、特殊教育，下同）教师队伍，为加快实现基础教育现代化提供强有力的师资保障，制定本计划。

### 一、总体要求

#### （一）指导思想

以习近平新时代中国特色社会主义思想为指导，贯彻党的十九大和十九届历次全会精神，全面贯彻党的教育方针，坚持社会主义办学方向，落实立德树人根本任务，坚持培育和践行社会主义核心价值观，坚持把教师队伍建设作为基础工作来抓，加快构建教师思想政治建设、师德师风建设、业务能力建设相互促进的教师队伍建设新格局。遵循教师成长发展规律，以高素质教师人才培养为引领，以高水平教师教育体系建设为支撑，以提升教师思想政治素质、师德师风水平和教育教学能力为重点，筑基提质、补短扶弱、做优建强、全面提高教师培养培训质量，整体提升中小学教师队伍教书育人能力素质，促进教师数量、素质、结构协调发展，为构建高质量教育体系奠定坚实的师资基础。

（二）基本原则

（1）坚持师德为先。把教师思想政治和师德师风建设放在首要位置，围绕落实立德树人根本任务，全面加强中小学教师思想政治建设，增强教师的政治意识、政治能力，严格落实师德师风第一标准，突出全方位全过程师德养成，推动教师以德施教、以德立身。

（2）坚持质量为重。服务教育高质量发展要求，加强高质量教师队伍建设，推动地方政府、学校、社会各方深度参与教师教育，强化师范院校在教师教育体系中的主体地位，推进职前培养和职后培训一体化，创新师范生教育实践和教师专业发展机制模式，提升教师培养培训质量。

（3）坚持突出重点。按照乡村振兴重大战略部署和振兴教师教育有关要求，立足重点区域和人才紧缺需求，适应区域、学段、学科等发展需要，加强东西部协作、对口支援等，加大中西部欠发达地区师范院校、教师发展机构建设和高素质教师培养培训力度，增加紧缺薄弱领域师资培养供给。

（4）坚持强化保障。中央带动、分级实施，鼓励支持各地创新教师编制、职称、考核评价、待遇保障等方面举措，深化中小学教师队伍建设综合改革，提高教师教育基础能力建设水平，统筹规划、以点带面、辐射引领、整体发展，形成综合保障体系。

（三）目标任务

到2025年，建成一批国家师范教育基地，形成一批可复制可推广的教师队伍建设改革经验，培养一批硕士层次中小学教师和教育领军人才。完善以部属师范大学示范、地方师范院校为主体的农村教师培养支持服务体系，为中西部欠发达地区定向培养一批优秀中小学教师。师范生生源质量稳步提高，欠发达地区中小学教师紧缺情况逐渐缓解，教师培训实现专业化、标准化，教师发展保障有力，教师队伍管理服务水平显著提升。到2035年，适应教育现代化和建成教育强国要求，构建开放、协同、联动的高水平教师教育体系，建立完善的教师专业发展机制，形成招生、培养、就业、发展一体化的教师人才造就模式，教师数量和质量基本满足基础教育发展需求，教师队伍区域分布、学段分布、学历水平、学缘结构、年龄结构趋于合理，教师思想政治素质、师德修养、教育教学能力和信息技术应用能力建设显著加强，教师队伍整体素质和教育教学水平明显提升，尊师重教蔚然成风。

## 二、具体措施

（1）提升教师思想政治素质。全面加强中小学教师思想政治建设，落实意识形态工作责任制。坚持教育者先受教育，将习近平新时代中国特色社会主义思想融入教师培养培训课程，将习近平总书记关于教育的重要论述作为首要必修课程，开展常态化的学习教育，引导广大教师深刻领会"两个确立"的决定性意义，增强"四个意识"、坚定"四个自信"、做到"两个维护"，坚持"四个相统一"，争做"四有"好老师，当好"四个引路人"。深入贯彻落实《新时代公民道德建设实施纲要》《新时代爱国主义教育实施纲要》，大力开展"四史"特别是党史学习教育，精选体现正确价值导向的优秀文学艺术、影视作品，组织和引导师范生、教师阅读观看，加强价值引领，加强铸牢中华民族共同体意识教育，引导广大师范生、教师树立和坚持正确的国家观、历史观、民族观、文化观、宗教观。强化师范毕业生思想政治考察，健全标准、程序，把好第一道关口。加强教师教育院校、中小学党组织、团组织建设，做好在优秀师范生、中小学教师中发展党员、团员工作。

（2）加强和改进师德师风建设。常态化推进师德培育涵养，将各类师德规范纳入新教师岗前培训和在职教师全员培训必修内容。创新师德教育方式，通过榜样引领、情景体验、实践教育、师生互动等形式，激发教师涵养师德的内生动力。将师德师风建设贯穿教师管理全过程，在资格认定、教师招聘、职称评审、岗位聘用、年度考核、推优评先、表彰奖励等工作中严格落实师德师风第一标准。完善教师荣誉表彰制度，加大优秀教师典型表彰宣传力度。深入落实新时代幼儿园、中小学教师职业行为十项准则和幼儿园、中小学教师违反职业道德行为处理办法，严肃查处师德失范行为，加大师德失范行为通报警示力度，持续开展违反教师职业行为十项准则典型案例通报。指导各地各校开展师德警示教育，德法并举，提高警示教育实效性。提升全体教师法治素养。推进实施教职员工准入查询制度。推进师德师风基地建设，推动师德师风建设模式探索、方法创新，发挥引领示范作用。

（3）建设国家师范教育基地。重点支持建设一批国家师范教育基地，构建师范院校为主体、高水平综合大学参与、教师发展机构为纽带、优质中小学为实践基地的开放、协同、联动的现代教师教育体系。基地建设重在加强师范生专业能力发展中心建设和师范专业建设，深化教师教育改革，推进教师教育信息化建设与应用。加大在教育硕士、教育博士授予单位及授权点方面对师范院校的引导支持力度，支持高水平综合大学开展教师教育，推动师范人才培养质量提升。

（4）开展国家教师队伍建设改革试点。鼓励支持地方政府统筹，相关部门密切配合，高校、教师发展机构、中小学等协同，开展区域教师队伍建设改革试点，内容包括师范生培养、教师专业发展、教师人事管理制度改革、教育教学研究与改革等。总结推广试点经验，加快构建现代教师队伍治理体系，提升教育教学水平。

（5）建立教师教育协同创新平台。鼓励支持高水平师范院校建立教师教育协同创新平台，推动优质课程资源共享、学科建设经验分享、教育科研课题共同研究，整体提升我国教师教育的办学水平。充分发挥部属师范大学的引领示范作用，建立部属师范大学和地方师范院校师范人才培养协同机制，支持区域内相关院校在教育科学研究、教师教育师资队伍建设、师范人才培养和基础教育服务等领域开展合作。依托部属师范大学等高水平师范院校，为地方师范院校定向培养博士层次教师教育师资。支持部分办学历史悠久、质量优质、效益明显、地方发展急需的师范高等专科学校升格为普通本科高校。

（6）实施高素质教师人才培育计划。持续实施卓越教师培养计划。推动本科和教育硕士研究生阶段整体设计、分段考核、连续培养的一体化卓越中学教师培养模式改革，推进高素质复合型硕士层次高中教师培养试点。推进部属师范大学公费师范生攻读教育硕士工作，加强履约管理。继续实施农村学校教育硕士师资培养计划。扩大教育硕士、教育博士招生计划。适应基础教育改革发展，遵循教师成长规律，改革师范院校课程教学内容，改进教学方法手段，强化教育实践环节，提高师范生培养质量。实施新周期名师名校长领航计划，培养造就一批引领教育改革发展、辐射带动区域教师素质能力提升的教育家。搭建教师培训与学历教育衔接的"立交桥"。支持在职教师学习深造，提升学历。

（7）实施中西部欠发达地区优秀教师定向培养计划。支持部属师范大学和高水平地方师范院校，根据各地需求，每年为中西部欠发达地区定向培养一批高素质教师，发挥示范带动作用，推进各地进一步加大县域普通高中和乡村学校教师补充力度。中西部欠发达地区优秀教师定向培养计划（以下简称优师计划）提前批次录取，学生在校学习期间免除学费，免缴住宿费，并补助生活费，毕业后到定向就业县中小学履约任教不少于6年，由定向就业县人民政府按定向培养计划统筹落实就业工作，确保岗位和待遇保障。鼓励支持履约任教的优师计划师范生职后专业发展，建立跟踪指导机制，持续提升教书育人本领。

（8）深化精准培训改革。聚焦基础教育课程改革的理念、要求和教育教学方法变革，以中西部欠发达地区农村教师校长培训为重点，充分发挥名师名校长辐射带动作用，实施五年一周期的"国培计划"，示范引领各地教师全员培训开展。发挥国家教师发展协同创新实验基地建设的示范作用，通过建立标准、项目拉动、转型改制等举措，推动各地构建完善省域内教师发展机构体系，建强县级教师发展机构及培训者、教研员队伍。优化培训内容、打造高水平课程资源，建立完善自主选学机制和精准帮扶机制，创新线上线下混合式研修模式，提升中小学教师的信息技术应用能力和科学素养。

……

（11）优化义务教育教师资源配置。深入推进县域内义务教育学校教师"县管校聘"管理改革，加大音体美、劳动教育、信息技术、心理健康教育等紧缺学科教师补充力度，重点加强城镇优秀教师、校长向乡村学校、薄弱学校流动，发挥优秀教师、校长的辐射带动作用，扩大优质资源覆盖面，整体提升学校育人能力。完善交流轮岗激励机制，将到农村学校或薄弱学校任教1年以上作为申报高级职称的必要条件，3年以上作为选任中小学校长的优先条件。城镇教师校长在乡村交流轮岗期间，按规定享受乡村教师相关补助政策。实施银龄讲学计划，鼓励支持乐于奉献、身体健康的退休优秀校长教师到乡村和基层学校支教讲学。加强乡村教师周转宿舍建设，支持地方完善住房保障体系，加大保障性住房供应力度，解决教师队伍住房困难问题。

......

（资料来源：教育部等8部门2022年4月2日发布的文件《新时代基础教育强师计划》）